KB235786

이 책을 먼저 읽은 분들이 추천 서평을 보내주셨습니다.

몇 년 전만 하더라도 한국에서 "법의학" 하면 "문국진"이었다. '한국 법의학의 태두泰斗'
라는 표현은 이제 오히려 진부하다. 우리 법의학은 일제강점기에 일본인이 시작했으
나 한국인 제자를 키우지 않아 해방과 함께 그 명맥이 끊어졌다. 이후 1955년 국립과
학수사연구소가 개설되었는데, 청년의사 문국진이 뛰어들어 다시 그 맥이 이어졌다.
배구선수로 활약하던 우람하고 건장한 체격, 권위와 단호함이 배어 있는 용모, 문학소
년 같이 희고 맑은 피부, 강의를 시작하면 청중이 빠져들지 않을 수 없는 유장한 평안
도 사투리의 언변, 명쾌한 판단, 깊고 넓은 지식. 어느 하나도 쉽게 닮기 어려운 타고
남과 갈고닦음을 고루 갖추었다.
이 책은 문국진 교수가 법의학과 인연을 맺은 때부터 경험한 다양한 법의학 사례를 그
의 '글'이 아닌 '말'로 소개한다. 그리고 그가 새로이 지평을 연 법의학의 세계, 즉 명
화와 명곡을 통해 본 예술가들의 죽음으로 여러분을 초대한다. 특히 냄새와 관련된 법
의학 세계는 여든일곱의 나이에도 열정을 불사르며 집중하고 있는 그의 최근 주제이
기도 하다.
생각해보니, 대한민국 법의학계에 문국진 같은 분을 태두로 모신 것은 우리 모두에게
행운이었다.
_서울대학교 의대 법의학교실 이윤성 교수

한국 법의학의 대부인 문국진 박사의 이 책은 그간에 나왔던 책들과는 사뭇 다르다.
인터뷰라는 독특한 형식을 빌려, 자칫 딱딱할 수 있는 사건과 수사 이야기를 한층 생
동감 있게 전달해주고 있다. 또한 한 시대를 열정적으로 살아온 한 인간에 대한 진솔
한 이야기도 들을 수 있다.

그동안 문국진 박사는 일선에서의 활동과 더불어, 법의학이라는 어려운 학문을 일반 대중들이 쉽게 이해할 수 있도록 저술 활동을 펼쳐왔다. 그리고 예술과 법의학의 융합을 통해 화가나 작곡가들의 삶과 죽음을 법의학적 관점에서 재조명해 공감대를 끌어내고 있다. 특히 이 책에 소개된 '반 고흐의 죽음과 고갱의 권총'에 얽힌 이야기는 예술 세계에서만 오르내리던 당대의 유명한 화가들의 이면을 법의학으로 풀어 설명하고 있는데, 총기와 자살에 대한 심리학적인 면까지 언급하고 있어 흥미진진한 시간여행을 경험하게 해준다.

그는 이 책을 통해 시간을 되돌려 과거를 회상하고 있지만, 독자로서 읽고 난 후의 소감은 이 책에서 다룬 모든 이야기가 대한민국 법의학의 미래로 향하고 있다는 것이다. 이 책을 통해 한국 법의학이 대중에게 성큼 다가가는 새로운 장이 되기를 바라며, 그의 노력과 열정이 독자들에게 고스란히 전달되어 한국의 과학수사와 법의학을 이해하는 데 주춧돌이 되어주기를 희망한다.

법의학의 전설이라 불리는 그가 우리 곁에 오래오래 남아주기를 기원하며, 국과수 원장으로서 감사와 존경을 드린다.

_국립과학수사연구원 정희선 원장

1980년대 경찰대학에 다니던 시절, 나는 문국진 교수의 강의와 저서를 통해 법의학과 과학수사에 눈을 떠 범죄수사 분야에 온몸을 던지게 되었다. 대한민국 법의학계의 태두인 문국진 교수는 전문 법의학도뿐 아니라 경찰관 등 범죄수사에 종사하는 수많은 이들의 스승이다.

그뿐인가, '지상아' 등 일반인의 관점과 수준에서 사람의 죽음을 가벼이 여겨서는 안 된다는 깨우침을 준 많은 저서와 발표문, 기고문 등을 쓴 실력 있는 작가이기도 하다. 그런 문국진 교수의 삶과 철학, 경험과 에피소드들이 담긴 책이 출간되어 한없이 기쁘고 반갑다. 무엇보다, 누구나 쉽고 재미있게 법의학의 향연을 즐길 수 있도록 흥미로운 주제와 사건들을 중심으로 맛깔나게 이야기를 풀어낸 점이 돋보인다. 거짓과 혼돈이 난무하는 이 시대에 상큼한 지적 청량제를 필요로 하는 모든 분께 일독을 권한다.

_경찰대학 표창원 교수

법의관이
도끼에
맞아 죽을
뻔 했디

법의관이 도끼에 맞아 죽을 뻔했다

대한민국 최초 법의학자 문국진이 들려주는 사건 현장과 진실 규명

문국진·강창래 지음

앨마

법의학은 '인권'의학이다

"사람의 생명을 다루는 의학이 임상의학이라면, 사람의 권리를 다루는 의학은 법의학이다." 이 말에 매료되어 나는 당시 불모지였던 법의학의 길로 들어섰고, 이제 법의학을 시작한 지 56년이 흘렀다. 이 인터뷰집은 그간 나의 학문과 감정 실무를 통한 삶에 관한 기록이다.

인터뷰어로서 만나게 된 강창래 작가와는 여러 번에 걸쳐 많은 대화를 나누었다. 그는 내가 펴낸 책의 대부분을 이미 읽었으며, 인터뷰 기간 동안 대학과 병원, 연구소 등의 강의에 항상 참여해 내게 수많은 질문을 던졌다. 그 가운데 중요한 질문 하나가 생각난다. "선생님은 오랫동안 법의학의 교육과 실무에 종사해오셨는데요. 우리나라 법의학이 발전하지 못하는 이유가 뭐라고 생각하세요? 또 앞으로 한국 법의학이 발전하려면 어떻게 해야 되겠는지요?" 간단하게 답하기 어려운 질문이었다. 그때 내가 대답했던 내용의 요지를 여기서 간추려볼까 한다.

대한민국 법의학은 사실 그 학문적 수준으로만 보면 세계적이라 해도 좋을 만큼 손색이 없다. 문제는 그 실천을 위한 사회적인 제도가 이 학문의 발전을 가로막고 있다. 과거의 관행을 그대로 답습하고 있는 낙후된 검시체제로 인해, 국민의 억울한 죽음이 안타깝게 은폐될 수도 있는 형편이다. 이는 사후인권, 즉 사인을 철저히 가려내어 국민들이 안심하고 죽을 수 있도록 보장하는 여러 선진 복지국가와 크게 대비되는 점이다.

검시체제의 낙후성은 변사체의 처리과정을 살펴보면 단적으로 알 수 있는데, 우선 시체가 발견되면 경찰서에 신고가 이루어진다. 경찰관은 시체가 범죄와 관련되었거나 그런 우려가 있는 경우에 한해 검사에게 보고한다. 그러면 검사는 이를 검토해 사인 규명이 필요하다고 판단되는 건에 한해 법원에 압수수색영장을 청구한다. 법원의 판사도 마찬가지로 그것이 일리가 있다고 판단되면, 그때 비로소 영장이 발부된다. 그렇기 때문에 애당초 검찰 측에서 범죄와 관련성이 없다고 생각되는 사망의 경우나, 혹은 그 사인이 애매한 경우에는 그 건을 아예 검시의 대상에서 제외시켜버리는 문제점이 있다. 바로 여기서 억울한 죽음이 은폐될 수 있는 여지가 생긴다. 또한 부검을 실시하는 데에 있어서 지휘, 집행, 실무, 부검여부 결정 등 그 책임이 분산되어 있다 보니, 각기 자신의 부서에 해당되는 책임에만 집착하고 검시 본연의 목적은 뒷전으로 밀리는 경향을 보이기도 한다.

이러한 모순을 없애기 위해 선진국에서는 법의관Medical Examiner, ME 또는 검시관coroner 제도를 실시한다. 검시가 단일 직종에 의해서 시행되는 것이다. 우리나라는 아직도 여러 직종이 참여하다 보니, 이들 상호간의 유기적인 관계가 원활치 못해 신속하고 정확한 사인 규명에 허점을 드러내기도 한다. 특히 실제 집도자가 사건의 현장을 보지 못하고 단지 시체에 대한 소견만으로 범죄의 양상을 논한다는 것은 검시체제의 모순 중의 모순이라 하겠다. 하루빨리 인권과 검시제도의 밀접한 관련성을 깨닫고 검시 제도 개선에 앞장설 정치인이 나오기를 기대한다. 이러한 정치인이 탄생하기 위해서는 무엇보다 국민의 자각된 의식과 호소가 사회에 크게 메아리쳐야 한다고 생각한다. 이 책이 그런 사회적 자각에 조금이나마 기여하기를 바랄 뿐이다.

이번 인터뷰집을 위해 나누었던 작가와의 대화는 그간 모든 것을 잊고 앞만 보고 달려오던 내가 지난날에 섰던 그 자리로 되돌아가보는 귀중한 시간이 되었다. 평생 동안 소중히 여겨온 법의학이라는 학문과 그 실천인 감정 실무에 바친 많은 시간들, 그리고 정년 후에 21년 간 관심을 쏟고 있는 예술과 법의학의 연관성에 관한 공부 등을 꼼꼼히 되새길 수 있는 기회가 되었다. '나보다 나를 더 잘 아는' 강 작가와의 만남은 내게 축복이라 여겨진다. 그간 글을 쓰기 위해 애썼을 강창래 작가와 책이 나오기까지 최선을 다해준 편집진에게 고마운 마음을 전한다.

2011년 9월

여의도 지상재知床齋에서,

유포柳浦 문국진文國鎭

법의학에 비친 음란성과 선정성

지난해 도서관 장서개발을 위한 시리즈 강좌에서 했던 이야기다. 프랑스혁명의 지적인 기원은 무엇일까? 혁명은 무엇으로 말미암아 일어나는가? 왜 가치체계는 바뀌는가? 여론은 어떻게 사건에 영향을 미치는가? 이런 거창한 질문에 답하는 방식은 여러 가지가 있을 것이다. 물론 하나의 답만 있다고는 생각지 않는다. 따로 정답이 있다고 말할 생각도 없다. 다만 공부한 분야에서 가능한 하나의 답을 찾을 수는 있을 것이다. 로버트 단턴이 쓴 《책과 혁명》(길, 2003년)[*]을 잠시 들여다보자. 로버트 단턴은 혁명 전, 그러니까 18세기에 금지된 베스트셀러들을 25년 동안이나 추적했다. 그 과정에서 당시 프랑스 사람들에게 가장 큰 영향을 끼쳤다고 판단되는 세 권의 책을 소개했는데, 그 가운데

---

[*] 영어 제목은 《프랑스대혁명 이전의 금지된 베스트셀러The Forbidden Best-Sellers of Pre-Revolutionary France》이다.

하나가 '포르노 소설'이었다. 놀라운 이야기다. 포르노 소설이 프랑스혁명을 일으켰다니! 그런 책들 가운데 오늘날 우리에게 알려진 고전은 포함되지 않는다. 더 놀랍고 재미있는 사실은 우리에게 알려진 '위대한' 고전을 썼던 바로 그들이 '음란한 소설'을 썼다는 것이다.

법의학은 범죄 해결을 위해 고문이 필요하다는 논리를 쏙 들어가게 만들었다. (오늘날에도 고문의 필요성을 주장하는 학자가 더러 있는데, 그들은 '시한폭탄 이론'을 내놓았다. 이에 대해서는 53~55쪽에서 자세히 다루도록 하겠다.) 아울러 프랑스혁명 이후에 나온 이상理想적인 '인권 선언문'들을 구체화시키는 데 결정적인 역할을 했다.

법의학적인 증거를 바탕으로 범인들을 체포한 결과를 보면, 그동안 고문과 자백으로 만든 범인들 가운데는 우리가 예상하는 것보다 훨씬 더 많은 '억울한 범인'들이 있었을 것으로 보인다. 한편 살인 사건을 저지른 범인들 가운데는 착하다는 평판을 받는 사람도 많았고, 험악한 인상이 아니라 사람들에게 호감을 주는 모습이거나 아주 잘 생긴 경우도 꽤 있었으며, 대개는 지능지수도 평균 이상이었다. 게다가 '좋은 직장'에 다니는 사람들도 많았다. 또 아이들을 해코지하는 범인들에는 '낯선 사람'보다는 잘 아는 친지가 더 많았으며, 사회적으로 존경받는 최고위층 집안에서도 끔찍한 살인자가 나왔다.

인간 행위의 변화는 사고방식의 변화에서 시작된다. 오늘날 법의학의 발달에는 인권이 소중하다는 사고방식이 추진력이 되었을 것이다. 물론 법의학의 발달이 과학과 의학의 발달에 따른 것이라고 생각할 수도 있다. 그러나 한국 상황을 들여다보면, 인권에 대한 사회적인 인식의 변화가 법의학 발달에 큰 힘이 되었다. 법의학의 발달 정도를 보면, 그 나라의 문화 수준을 알 수 있다는 말이 그래서 나왔을 것이다.

인권은 신이 내려준 것이 아니다. 서구의 경우 18세기 프랑스혁명 이전까지는 '절대로' 만민이 평등하지 않았다. 태어나면서부터 왕이나 귀족이 있었고, 평민과 노비와 같은 하층민이 있었다. 프랑스혁명 이전에는 '인간의 권리'란 '지배층 남자의 특권'을 가리키는 것이었다. 문화사가文化史家인 린 헌트는 그런 상황에서 '만민이 평등하다'는 개념이 공감을 통해 발명되었다고 말한다. 그런데 이러한 인권 발명의 배경에도 '음란한 연애소설'이 있었다. 린 헌트는《인권의 발명》(돌베개, 2009년)에서 그 책들에 관해 설명한다. 세 권의 연애소설에 대해 자세하게 다루는데, 그것은 루소의 《신엘로이즈》(1761년), 리처드슨의 《파멜라》(1740년)와 《클라리사》(1748년)다.

이 연애소설들은 서간체로 쓰였는데, 당시 독자들은 자신의 사회적 신분과는 상관없이 주인공들의 비극적인 상황에 매우 '공감'했다고 한다. 그들은 소설을 "… 읽으며 전통적인 사회적 경계, 즉 귀족과 평민, 주인과 하인, 남성과 여성, 아마도 성인과 아동 간의 경계마저 넘어 공감했다. 그 결과 타인들—그들이 개인적으로 모르던 사람들—을 자신처럼, 마치 동일한 내면적 감성을 지닌 존재로 보게 되었다. 이러한 배움의 과정이 없었다면 '평등'은 깊은 의미를, 특히 정치적 성과를 전혀 얻지 못했을 것이다."(《인권의 발명》, 48쪽) 인권의 발명이 이런 연애소설의 덕분이라는 생각에 대해 학자들 사이에서도 꽤 공감대가 있어 보인다. 하승수가 쓴 《청소년을 위한 세계인권사》에도 그런 대목이 있다. "공감을 통해 고문을 폐지"했다는 것이다.*

위에서도 언급했듯이, 놀라운 사실은 '음란한 연애소설'을 쓴 사람 가운데는 루소나 몽테스키외, 볼테르 같은 인물도 포함된다는 것이다. 더욱이 루소의 경우, 지금이야 《사회계약론》으로 유명하지만 당시에는 《신엘로이즈》라는 연애소설로 훨씬 더 널리 알려졌다. 사실 루소의 《사회계약론》은 당시 사람들에게 그다지 인기가 있었던 것 같지 않다. 말하자면 대중적으로 널리 읽힌 것 같지 않다. 1762년과 1791년, 겨우 두 번 출판됐을 뿐이다. 게다가 학자인 조앤 맥도널드 Joan Macdonald 가 1789~1791년 사이에 발표된 정치에 관한 소책자 1,114권을 조사해본 결과, 《사회계약론》은 겨우 12회만 참조됐을 뿐이었다. 그 말은 《사회계약론》을 프랑스혁명의 지적인 기원으로 보기 어렵다는 뜻이기도 하다. 그러나 루소의 비극적인 연애소설 《신엘로이즈》는 《사회계약론》과는 비교도 안 될 정도로 어마어마하게 많은 사람들이 읽었다. 린 헌트에 따르면 《신엘로이즈》 불어판은 1761년부터 40년 동안 115쇄를 찍었다고 한다(《인권의 발명》, 45쪽). 그 당시에는 베스트셀러일수록 해적판이 더 많았으니, 실제로는 얼마나 많은 사람들이 이 소설을 읽었는지 알 수 없다.

실제로 프랑스혁명의 〈인권선언〉 이후 곧바로, 적어도 제도상으로는 고문이 폐지되었다. 최초의 고문 반대 운동가로 볼 수 있는 볼테르의 친구였던, 프로이센의 프리드리히 대왕은 1754년에 사법적 고문을 폐지했다. 스웨덴은 1772년, 오스트리아와 보헤미아는 1776년, 1789년에는 프

＊ 이 책은 인권에 초점을 맞춘 책이 아니므로 아무래도 설명이 부족하다. 만일 인권에 대해 좀 더 깊이 알고 싶다면 앞서 말한 《인권의 발명》이나 《인권, 그 위선의 역사》(커스틴 셀라스 지음, 오승훈 옮김, 은행나무, 2003년)를 권한다. 이 두 권이 너무 무겁다면 《청소년을 위한 세계 인권사》(하승수 지음, 두리미디어, 2011년)나 《불편해도 괜찮아》(김두식 지음, 창비, 2010년)로 시작해도 좋을 것이다.

      법의관이 도끼에 맞아 죽을 뻔했디

랑스가 그랬다. 그러나 이런 인권의 발명은 고문에 대한 가치관을 변화시켰을 뿐 고문을 없애지는 못했다. 그것은 프랑스혁명이 낳은 〈인권선언〉의 태생적 한계였다. 18세기에 인권을 발명한 사람들은 그것이 그토록 보편적인 가치라고 주장했지만, 그들 자신은 그다지 보편적인 사고방식을 가지고 있지 않았다. 미국의 〈독립선언문〉과 프랑스혁명의 〈인권선언〉을 기초한(또는 기초하는 데 깊이 관계한 것이 분명한) 토머스 제퍼슨은 아프리카인의 권리를 옹호하면서도 자신은 흑인 노예를 부리지 않았는가. 프랑스혁명 당시 국민의회에 〈인권선언〉 안을 제출한 라파예트 역시 귀족이었다. 이들은 나중에 역사가들에게 엘리트주의자, 인종주의자, 여성혐오주의자라는 평을 받기도 한다.

물론 그 당시에도 용의자가 죄를 자백하게 만들기 위해서는 고문이 필요하다고 역설하는 법관들이 많았다. 그들은 고문으로 유죄 판결을 받게 되는 한 명의 무고한 수형자가 있을 수 있지만, 반대로 고문이 없다면 유죄 판결을 내릴 수 없는 100만 명이나 되는 범인도 있을 수 있다고 했다. 그렇다고 해서 인권에 대한 보편적인 공감대의 흐름을 막을 수는 없었다. 마찬가지로 수준 높은 인권 의식이 금방 자리를 잡은 것도 아니다. 제국주의가 발호하고 서구가 식민지를 경영하면서 인종차별은 더욱더 심해졌으며, 고문은 지배층에게 여전히 유용한 통치수단이었다. 특히 민족주의가 국가 시스템을 떠받치는 이데올로기로 작동하면서 보편성에 바탕을 둔 〈인권선언〉은 변색된 종이 나부랭이에 불과해졌다. '강력한 국가'를 건설하려 했던 지배층들에게 인권은 중요한 문제가 아니었다(한국의 경우, 박노자의 《나는 폭력의 세기를 고발한다》를 보라. 폭력과 고문으로 얼룩진 인권 유린은 단지 범죄수사에서만 볼 수 있는 게 아니었다. 사회

전체가 인권에 대해 무감각했다). 그리고 두 번의 세계대전을 겪었다. 거대한 전쟁의 소용돌이 속에서 인권은 상상할 수 없을 만큼 잔인한 방법으로 유린되었다. 이처럼 인권의 역사는 세계대전과 함께 종말을 고하는 듯했다.

제2차 세계대전이 끝나고 유엔이 창설되면서 우여곡절 끝에 〈세계인권선언〉(1948년)이 만들어졌지만, 그것 역시 앞으로 이뤄야 할 가치를 나타내는 '선언'이었을 뿐이다. 한국에서도 그 당시의 신문을 뒤적여보면 '인권'이라는 낱말을 자주 발견할 수 있다. 한국인권옹호협회라는 단체도 보인다. 그러나 김대중 정권이 막을 내릴 때까지도(그 전보다 줄어들기는 했지만) 한국에서는 인권 유린의 극한 형태인 고문이 사라지지 않았고, 가혹행위를 통한 수사관행은 여전했다.

박원순 변호사가 쓴 《야만시대의 기록》(역사비평가, 2006년)을 보면, 적어도 노무현 정권이 들어서기 전까지 한국에는 서양에서 들여온 개념을 앵무새처럼 따라 떠들어대는 인권밖에 없었다. 헌법에 쓰여 있던 인권 보장에 관한 조항은 18세기 프랑스의 〈인권선언〉을 그저 되풀이한 것으로, 그 이상도 그 이하도 아니었다. 박원순은 이렇게 말한다.

실제로 법조인, 특히 고문사건을 다루었던 판·검사들에게 헌법이 차지하는 자리는 '없었다'고 하는 것이 적당하다. 고문 금지의 헌법정신이 조금이라도 그분들의 머릿속에 차지하고 있었다면 그 결과는 달랐을 것이다.

— 《야만시대의 기록 1》, 327쪽

     법의관이 도끼에 맞아 죽을 뻔했디

　오늘날 우리는 한국 경찰이 고문을 하고 있다고는 생각지 않는다. 설사 살인 사건을 다루는 강력계라고 해도 그렇다. 변호사를 하다가 로스쿨 교수로 있는 내 친구는 "아마도 10년 전쯤부터 고문은 없어진 것 같다"고 했다. 대략 김대중 정권 말기에서 노무현 정권 초기쯤이다. 박원순 변호사는 《야만시대의 기록》에서 노무현 정권에서도 고문에 의한 치사 사건이 있었다고 말한다. 물론 "인권 정책과 인권 상황은 크게 개선"되었다고도 했다. 그렇다고 해도 "일선 수사기관에서 벌어지는 인권침해의 모습은 본질적으로 바뀌지 않았다"는 것이다. 그러나 내 친구는 이렇게 말했다. "오늘날 가끔 있는 고문 사건들은 교통사고 같은 것이라고 봐야 한다." 아무리 조심해도 사고는 나기 마련이니, 사고를 기준으로 인권 상황을 평가해서는 안 된다는 것이다. 그런가? 그렇다면 참 좋겠다.

　국가인권위원회에서 발간하는 2010년 보고서를 보면, 경찰에 의한 고문은 단 한 건으로 기록되어 있다(그러나 피해자 조사 결과, 한 건의 고문 사건을 일으킨 그곳에서 또 다른 피의자 22명도 고문을 당했다고 주장했다). 지난해 신문에서 떠들썩했던 서울 양천경찰서 피의자 고문 사건이 바로 그것이다. 결국 조사과정에서 CCTV로 녹화된 고문 장면을 찾았고, 그 당시 고문 경찰들은 2011년 6월 10일 현재, 항소심에서 실형을 선고받았다. 지난 신문에서 살인 사건을 취재했던 기자들의 대담 기사를 보면, 옛날에는(옛날이라고 말하기에는 너무나 가까운 지난날이다) 강력계 "수사관 생활을 해본 사람 치고 고문을 하지 않은 사람은 없다"고 공공연하게 쓸 만큼 일상적이었다. 그때 그 시절과 비교해보면, 오늘 우리 사회에는 고문이 거의 사라진 것처럼 보인다. 그 고문이 사라진 자리에 법의학이 인권을 지키며 자리를 잡았다.

이야기가 길었다. 이제 들어가는 마지막 문을 열어젖히자.

'CSI 효과'라는 말이 있다. 미국 드라마 〈CSI〉가 사회에 미치는 영향을 가리키는 말이다. 이 시리즈의 시청률이 올라갈수록 수사 당국은 더 긴장할 수밖에 없다. 과학수사에 대한 지식으로 무장한 범죄자일수록 더 지능적인 범죄를 저지르기 때문이다. 게다가 일반인들은 드라마에 나오는 멋진 과학수사 요원들처럼 실제 수사관이 범죄자보다 더 뛰어난 능력을 발휘해서, 과학적인 방법으로 증거를 확보해 범인을 체포하기를 기대한다. 또 법정에서도 과학적인 증거에 근거해 유무죄 판결이 날 것으로 생각한다. 하나 더 있다. 그 옛날 고문과 자백으로 범인을 '만들었던 시절'에는 실제 범인이라고 해도 고위층 인사를 잡아들이기는 어려웠다. 그러나 법의학적인 증거는 지위고하를 가리지 않는다. '그들도' 옛날처럼 마음대로 범죄를 저지를 수 없다는 사실을 알게 되었다.

또한 전과자라고 해도 범죄를 저지르지 않았다면, 더 이상 경찰을 두려워할 필요가 없다. 고문과 자백이라는 악순환은 법의학적인 증거를 통해 그 고리가 끊어질 것이기 때문이다. 앞으로 법의관이 되려고 하는 사람들도 걱정할 필요가 없다. 범죄자가 스스로 아무리 궁리해도 그는 어쩔 수 없이 증거를 남길 수밖에 없고, 그 증거를 찾아내는 기술 또한 엄청나게 발달했다. 이제 범인이 자신의 DNA 흔적을 남기지 않고 범행을 저지르는 일은 거의 불가능해 보인다. 어디에든 DNA를 흘릴 수밖에 없다는 뜻이다. 30초 정도만 말을 해도 DNA는 주변에 들러붙는다. 사람 몸에서 나온 아주 미세한 일부라 해도, 거의 어떤 것에든 사람의 세포는 묻어 있기 마련이다. 그 세포가 아무리 작은 것이라 해도 그것에서 DNA를 검출할 수 있다.

이처럼 범죄수사가 과학수사 방식으로 바뀌도록 사회적인 공감대를 만드는 데 〈CSI〉의 역할이 무척 컸을 것이다. 가끔 선정성과 음란성으로 비난받는 바로 그 범죄수사 드라마가 오히려 인권 유린의 가능성을 대폭 줄이는 데 기여한 것이다. 마치 음란한 연애소설이 프랑스혁명과 인권선언의 배경을 만들어주었듯이 말이다. 한국에서도 그런 드라마가 책으로 나온 적이 있다. 26년 전 문국진 박사가 쓴 《새튼이》와 《지상아》가 그것이다. 일반인이 법의학에 대해 좀 더 잘 이해했으면 하는 바람으로 쓴 이 책은 법의학 이론이 아니라 법의학으로 풀어낸 강력 사건 이야기다. 이 두 권의 책은 단턴이 프랑스혁명의 배경에 있었다고 말한 루소의 《신엘로이즈》만큼이나 한국 사회에서 엄청난 베스트셀러가 되었다. 이는 동시대 사람들이 마음속에 법의학을 받아들일 준비를 하는 데 도움을 주었을 것이다.

미국 드라마 〈CSI〉 시리즈는 2000년에 시작되었다. 한국에서 만들어진 본격적인 과학수사 드라마는 2011년에 만들어진 〈싸인〉이라고 한다. 법의관들이 인터뷰한 내용을 찾아보면, 지난해까지만 해도 '법의관 지원자'가 없어서 고민스럽다고들 한탄했다. 월급은 적고 일은 고되기 때문이었다. 그러나 올해는 법의관 지원자 수가 많았다. 그래서 국립과학수사연구원 설립 이래 처음으로 '법정 법의관 숫자'를 채울 수 있을 것이라고 한다.

이런 현상을 보면, 오늘날의 과학수사 환경이 2000년을 넘어서면서 갑자기 만들어진 것처럼 느껴진다. 그러나 그렇지 않다. 희생과 사명감으로 자기 자리를 지켰던 사람들이 없었다면, 아직 CSI 효과를 누리지 못하는 수많은 나라들처럼 한국도 여전히 고문에서 벗어나지 못했을 것이다. 국립과학수사연구소는 1955년에 창설되었고, 지난 56년 동안 꾸준히 과학수사의 기틀을 다져왔다. 그 가운데 가장 상징적인 인물을 꼽으라면 단연 문국진 박사일 것이다. 그는 1925년 평양에서 태어나 한국전쟁 당시에 서울로 내려왔고, 서울대학교 의과를 졸업했다. 그가 졸업한 바로 그해, 1955년에 국립과학수사연구소가 창설되었고, '다행히' 법의관이 될 수 있었다. 신문에서 아직 '법의관'이라는 단어를 쓰지도 않았을 때였다. 법의학은 학문도 아니라고들 말하던 그 시절에 그는 도대체 어떤 계기로 법의관을 꿈꾸고 법의관으로서의 인생을 준비했을까. 그리고 전통적으로 두벌죽음을 거부하는 문화 속에서 어떻게 부검을 했으며(일선 수사관들은 두벌죽음에 대한 거부 반응이 법의학적인 부검에 대한 사회적 인식이 꽤 일반화된 지금도 문제가 된다고 말한다), 어떻게 사람들이 알지도 못하는 법의학적인 지식으로 사건들을 다뤄왔을까. 그 우여곡절의 드라마가 이 책에 담겨 있다.

나는 문국진 박사를 만나기 오래전부터 그에 대한 관심이 컸다. 그것은 경찰 강력계의 고문에 쐐기를 박는 중요한 재판을 지켜보면서 시작되었다. 사건에 등장한 문국진 박사의 이름을 보고 그의 책을 모두 사 보았을 정도였다. 내가 설사 문국진 박사를 만나지 않았다고 해도, 나와 내 삶에 그는 어떤 의미가 있다. 그것은 독자들에게도 마찬가지일 것이다. 그것이 1장에서 다룰 이야기다.

2장에는 문국진 박사를 만나 나눈 이야기들을 담았다. 법의학이라는 말조차 없던 시절에 어떤 계기로 법의학을 시작했는지, 그리고 불모지

　　　　　　　　　　　　　법의관이 도끼에 맞아 죽을 뻔했다

인 한국에 어떻게 법의학의 씨를 뿌리고 가꾸어왔는지 당시 상황을 추적해본다. 당연히 그 당시에 있었던 사건도 다룬다. 앞에서도 이야기했지만 음란하고 선정적인 이야기는 사람들의 관심을 끌고, 그 속에 담긴 중요한 의미를 통해 사람들을 변화시킨다. 문국진 박사는 자타가 공인하는 뛰어난 법의관이기도 했지만, 미드 〈CSI〉보다 20년은 앞서 한국식 〈CSI〉 드라마를 글로 풀어낸 글쟁이이기도 하다. 그리고 그 책은 오늘날 미드 〈CSI〉 시리즈처럼 당시 대단한 베스트셀러가 되었다. 특히 《새튼이》와 《지상아》는 그 인기가 대단했었다. 기회가 되면 독자 여러분도 책을 구해서 읽어보기를 권한다. 베스트셀러였던 만큼 도서관이나 헌책방에서 구할 수 있을 것이다.

3장에서는 문국진 박사가 은퇴한 뒤부터 시작한 '북 오톱시book autopsy'를 다룬다. 북 오톱시란 책의 내용을 통해 행하는 부검으로, 그는 지난 21년 간 예술가들의 죽음을 연구해왔다. 대부분의 경우 예술가들의 사인은 잘못 알려져 있다. 그것은 그들의 죽음을 법의관이 조사 연구한 적이 없기 때문이다. 죽음을 연구하는 것은 삶에 대한 연구와 동떨어진 것이 아니다. 죽음은 삶의 마지막 한 형태이기 때문이다. 그러니 3장의 이야기에는 예술가의 삶과 작품이 등장한다.

개인적인 바람이 있다면, 나는 이 책이 독자들에게 음란하고 선정적이어서 재미있기를 바란다. 끊임없이 의미를 부여하려고 애쓰는 내 부족한 글쓰기의 문제점을 뛰어넘어, 독자들은 가볍게 읽어주기를 바란다. 이야기를 즐기면서 직접 의미를 찾아내는 것이 훨씬 더 가치 있다고 믿기 때문이다.

1장

1981년, 첫 만남

달이 밝다고 전화를 다 주시다니요

윤 노파 사건에서 문국진을 처음 만나다

얼룩이 진다, 1982년 2월

달이 밝다고
전화를 다 주시다니요

　　김용택 시인과 진메마을에 갔던 날이다. 마을회관에서 사람들과 어울려 늦은 저녁을 먹었다. 바람을 쐬고 싶어서 잠시 밖으로 나왔다. 강 쪽으로 조금만 내려가면 풀꽃상*을 받은 커다란 정자나무가 있는데, 그 아래에 앉아 강 건너 산 위에서 고개를 내밀고 있는 달을 쳐다보았다. 너무나 고요해서 잔바람의 가벼운 발걸음 소리도 들렸다. 그때 내 주머니에서 이미키와 김승기가 노래를 부르기 시작했다. 〈당신이 그리워질 때〉였다. '통화' 버튼을 눌렀다.

　　"알마 출판사입니다. 전화 통화 괜찮으세요?"

　　"세상에, 달이 떴다고 전화를 다 주시다니요. 하하."

　　출판사에서 오늘 내 스케줄을 알고 있다는 생각에 김용택의 시 한 구

---

* 환경단체인 '풀꽃세상을위한모임'에서 새나 돌과 같은 자연물에 수여하는 상으로, 자연에 대한 존경심을 회복하기 위해 1999년에 제정되었다.

절을 읊었다. 잠깐 멈칫 하나 싶더니 대답이 돌아왔다.

"그래서 이 밤이 너무 신나고 근사하죠."

"와, 대단한데요. 그 시를 외고 있나 보네. 나야 인터뷰집을 쓰려는 거니까 그렇다 치고."

"그 시는 너무나 유명하잖아요. 그런데 좀 급하게 결정해야 할 일이 있어서 전화 드렸어요."

"내게 급한 볼일이라면 한 가지밖에 없을 텐데…(웃음) 무슨 원고예요?"

"문국진 선생님 아시죠?"

출판사에서는 내가 웬만한 사람들은 다 알고 있다고 생각하나 보다. 물론 문국진은 '웬만한 사람'이 아니다. 대단히 유명한 법의학자다.

"법의학자, 문국진 박사 말인가요?"

"맞아요. 아실 줄 알았어요."

"참 나, 한국 최초이고, 최고의 법의학자라고 할 수 있는 분이잖아요. 그분을 모르는 게 오히려 이상하지 않나요?"

"모르는 사람들도 꽤 있지 않을까요? 연세가 아주 많으시잖아요."

"그래요? 지금 얼마나 되셨나요?"

"1925년생이시니까, 여든일곱이세요."

"아, 생각보다 한참 많으시네요."

"현역에서 은퇴하신 지도 꽤 오래 됐어요."

"그렇지만 그분이 쓰신 책들, 《새튼이》나 《지상아》는 그 당시에 엄청난 베스트셀러였잖아요. 출판계에서 밥을 먹은 사람이라면, 알고 있는 게 당연하죠."

"그 책들도 나온 지 30년은 됐을걸요."

"그렇게나 오래 됐나요?"

《지상아》는 아직도 인터넷서점에서 판매되고 있어요."

"그것도 대단한 일이네요. 30년이나 절판되지 않고 팔리고 있다는 건 보통 일이 아니잖아요. 독자가 그만큼 있다는 이야기니까, 그것도 놀라운 일이네요."

"이번 인터뷰를 맡아주시면 좋을 것 같은데, 어떠세요?"

"그분과 인터뷰하는 거라면 무척 재미있겠네요. 그리고 개인적으로 특별한 기억이 있어요."

"아, 만나 뵌 적이 있나요?"

"그런 건 아니고요. 아무튼 문국진 박사라면 해보고 싶네요."

저녁 시간 홍대 앞 '최대포'에 술자리가 만들어졌다. 출판사 사람들이 자주 가는 수수한 고깃집이다. 도착해보니 벌써 여럿이 둘러앉아 삼겹살을 굽고 있다. 내가 자리를 잡고 앉자 담당자는 단도직입적으로 물었다.

"문국진 박사에 대한 '특별한 기억'이 뭔지 이야기해주세요."

"으이구, 성질도 급해라. 이야기가 길어요."

나는 술을 한 잔 털어 넣으며 이야기를 시작했다. 지난날을 이야기해달라고 하는 건 신나는 일이다.

"군대에 있을 때였어요. 아마 1981년이었을 겁니다. 지금 내 몸매를 보면 믿기 어려울지 모르지만 그때는 테니스 코치를 했어요."

"예?!"

다들 한꺼번에 합창을 했다. 갑작스러운 큰소리에 다른 자리에 있던 사람들이 우리 쪽을 쳐다봤다.

"믿거나 말거나 그랬어요! 참, 나 원. 그렇다고 다들 이렇게까지 놀라 다니!"

"아, 예. 말씀하신 걸 믿도록 할게요. 호호"

그 중 한 사람이 이렇게 말하자 다른 사람들도 웃으며 합창했다.

"믿습니다!"

"아무튼 내가 테니스 코치가 된 건, 순전히 우리 집에서 유료 테니스 코트를 운영했기 때문이에요. 당구장 아들이 당구 잘 친다, 뭐 그런 거죠. 군대에서 내가 처음 맡은 직책은 행정병이었어요. 그런데 얼마 지나지 않아 연대장이 바뀌었는데, 그이가 테니스를 무척 좋아했어요. 마니아 수준이었죠. 그런데 테니스장에는 테니스 코치가 한 사람밖에 없었어요. 영관급 이상 장교들이 모두 테니스를 쳤는데 코치는 한 사람뿐이었으니, 늘 아쉬웠을 거예요. 사무실에서 일을 하던 어느 날, 테니스장에 불려갔죠. 연대장이 공을 한번 쳐보자고 했어요. 오랜만에 즐겁게 공을 쳤죠. 마음껏 라켓을 휘둘렀어요. 그러고 그다음 날로 테니스 코치가 된 겁니다. 그런데 첫날부터 혼났죠. 코치가 기분을 내면 안 된다는 거였어요. 연대장이 테크닉을 발휘하며 기분을 낼 수 있게 잘 맞춰줘야 하는 게 내 임무였어요."

"끼어들어서 죄송하지만… 테니스하고 문국진 박사하고 무슨 관계가…?"

나는 눈을 한번 흘기고는 하던 이야기를 계속했다.

"테니스 코치가 되고 나니 주체하기 힘들 만큼 내 시간이 많아지는 겁니다. 오후에 서너 시간, 연대장이 포함된 영관급 장교들과 테니스를 치고 나면 완전히 자유로웠거든요. 그렇다고 바깥으로 마음대로 나다닐 수도 없고, 너무 심심하니 방법이 없었죠. 주변에 있는 글자란 글자는 모두 찾아 읽기 시작했어요. 작은 전단지에서부터 잡지, 신문 그리고 책이란 책은 모두 가져다가 읽었어요. 시인 고은이 그랬다죠. '감옥에 다녀오면 생각이 훌쩍 자란다. 감옥에 가면 다른 할 일도 없고, 당장 급한 걱정도 사라진다. 그러니 자연히 독서를 하고 명상에 잠기게 된다.' 역시 심심해야 독서도 하고, 생각도 하고 그러는 것 같아요. 그런데 요즘은 재미있는 일이 너무 많으니 독서하기가 쉽지 않아요. 책이 안 팔리는 게 어쩌면 당연한 일이에요. 나부터도 바둑 두고, 당구 치고, 비디오 보고, 사람 만나고, 원고 쓰고, 강의 나가고, 그러고도 시간이 남으면 그때 책을 읽게 돼요. 우리가 살아가는 이 사회는 독서에 적당한 환경이 아니에요."

"너무 옆으로 새시는 듯…"

"아, 예. 하하. 아무튼, 너무 심심해서 부대 안에 있는 책들을 모두 가져다 읽었고, 장교들한테 부탁해서 신문과 잡지도 구해 읽었어요."

"아, 그때 문국진 박사에 대해 알게 되셨나 보죠?"

"그랬어요. 당시에는 신문을 한 자도 빼놓지 않고, 광고까지 다 읽었어요. 그때 온 나라를 들끓게 만든 사건이 있었는데, 혹시 '거부 처녀 윤경화 노파 피살 사건'에 대해 들어봤나요?"

"아뇨. 그게 언제 적 사건인데요? 그런데 처녀와 노파는 잘 안 어울리는 낱말 같은데요."

"그렇죠. 근데 사실이 그랬어요. 평생 처녀로 살면서 엄청난 재산을 모은 일흔한 살의 노파가 자기 집에서 열아홉 살 된 어린 가정부와 여섯

살 난 양딸과 함께 망치에 얻어맞아 살해당한 사건이에요. 사건 현장은 끔찍했죠. 1981년에 일어난 일이에요.

이 사건은 대중의 관심을 끌 만한 요소를 갖추고 있었어요. 우선 살해당한 윤 노파부터 흥미로운 인물이었죠. 어린 나이에 금강산에서 입산수도를 했고, 그 유명한 효봉曉峰 스님에게서 청정심清淨心이라는 법명과 보살계를 받았다고 해요. 그녀는 입산해서 득도한 보살로 유명했지요. 실제로 신통한 점술과 영험한 지압술로 잘 알려졌는데, 복채로 한 번에 수백만 원, 많으면 천만 원도 받았다고 하니 얼마나 대단했는지 알 만하죠. 그 당시 수백만 원이면 집을 한 채 살 수 있을 정도일 겁니다. 특히 관운과 정치적 성패에 대한 점술이 신통해서 고위층 부인들이 줄을 섰다고 해요. 이런 이야기가 얼마나 믿을 만한지는 아무도 검증해보지 않았으니까 잘 모르긴 해요. 그러나 이게 〈동아일보〉 김충근 기자의 기명 기사(1981년 8월 6일)에 나오는 내용이니까 아무 근거 없이 쓰지는 않았겠죠.

윤 노파는 돈이 어느 정도 모이자 사업을 시작했고, 그것들도 다 성공적이었던 모양이에요. 사회사업과 사회활동도 활발히 했어요. 불교 발전에도 헌신적이었고, 양육을 맡아 독립시킨 고아도 40여 명이나 되었다고 해요. 이렇게 외형만 보면 좋은 일을 하면서 살았고 살해당할 만큼 원한을 산 일도 없는 것처럼 보였죠.

그런데 윤 노파의 집은 또 그래 보이지 않았어요. 사방을 쇠철망으로 덮어씌우고 개별적인 만남은 철저하게 통제했다고 해요. 대문만 해도 자물쇠가 일곱 개나 되고, 보안 렌즈까지 달려 있었대요. 요즘이야 그런 집이 많지만, 그 당시로는 아주 특이한 경우죠. 집에는 방이 많고 복잡했을 뿐 아니라, 문을 꼭꼭 걸어 잠그는 통에 낮에도 불을 켜야 뭐가 제대로 보일 정도로 어두웠답니다. 그리고 집 안에 불단이 있었고, 탱화도 많이 걸려 있었다고 해요. 그야말로 베일에 싸인 할머니였어요. 그런 윤 노파가 어느 날 살해당한 겁니다."

"그 사건을 문국진 박사가 해결하셨나요?"

"해결? 어떤 의미에서는 문국진 박사가 해결했다고 볼 수도 있죠. 이 사건은 1981년 8월 4일, 윤 노파의 조카 윤영배가 사건 현장을 발견하고 경찰에 신고하면서 세상에 알려졌어요. 경찰은 현장을 조사한 뒤, 피살자와 잘 아는 사람이 범인일 것이라고 봤어요. 피살자가 범인에게 문을 열어주지 않았다면 집 안에 들어가지 못했을 거고, 또 그 많은 자물쇠를 제대로 잠그고 열쇠꾸러미를 가지고 갈 정도라면 그 집 사정을 모르는 사람이라고 보기는 어렵겠죠. 그리고 범행 동기는 유산 상속과 관련된 것이라고 봤어요. 그러니 용의자가 될 사람은 뻔했죠.

경찰은 윤 노파와 가까운 주변 인물을 중심으로 수사를 했고, 이틀 뒤인 8월 6일에 조카며느리인 고숙종을 경찰로 연행해갔어요. 그런데 구속영장이 떨어진 것은 8월 17일, 열하루나 지난 뒤였어요. 그 사이에 고숙종은 범행을 자백하라는 강요와 함께 엄청난 고문을 받았다고 해요. 고문에 대한 이야기는 그 당시 신문에도 나오지만, 박원순 변호사가 쓴 《야만시대의 기록》 3권에 더 적나라하게 나옵니다."

나는 스마트폰으로 교보문고에 접속해서 전자책으로 나온 《야만시대의 기록》에서 책갈피로 표시해둔 부분을 찾아 읽어주었다.

… 잠도 못 자고, 하영웅·이부영·천장기(수사관) 등으로부터 그레이스

호텔 등 여러 곳에서 옷을 벗기고 양손에 수갑을 채운 채 목욕조에 넣어 코와 얼굴에 물을 마구 붓고 전신을 때리고 차면서, 너는 상부로부터 정책적으로 다루라는 지시다, 순순히 자백하지 않으면 죽어서 나간다는 등 폭언과 협박으로 자백을 강요당한 끝에 살려만 준다면 아무것이나 시키는 대로 하겠다는 인생 포기의 순간에서 자백을 한 것입니다.
… 피고인은 누구나 보듯이 꼽추가 되었습니다. 꼽추가 아니면 저렇게 걸을 수 있나요. 성한 사람이 한번 저렇게 걸어보십시오. 꾀병은 하루 이틀이지 6개월을 앓을 수는 없습니다. 피고인이 고문을 받지 않았다면 저런 꼽추 같은 몸으로 30분 동안에 윤 노파 등 세 명을 망치로 죽일 수가 있다는 말입니까?

— '오희택 변호사의 1심 변론요지서', 《야만시대의 기록 3》, 229~230쪽에서 재인용

"세상에, 고숙종이 고문 때문에 척추 장애인이 되었단 말인가요?"

"그랬다고 합니다. 그렇지만 이 부분은 변호사의 변론요지서라는 점을 감안해서 들어야 할 거예요. 감안할 게 아니라 사실 더 심했는지도 모르지요. 아무튼 검찰에서는 고숙종이 쇼를 하는 거라고 주장했어요. 디스크를 앓았기 때문에 원래 허리가 굽어 있었다는 거죠. 그런데 그 당시 강력계에서 고문을 하는 것은 아주 일상적인 일이었고, 그다지 비밀스러운 일도 아니었던 것 같아요. 신문에 실린 취재 기자들의 대담 기사에도 그런 이야기가 나오니까요."

이번에는 인터넷에서 지난 신문을 찾아 스크랩해둔 기사를 읽어주었다.

- 수사관 생활을 해본 사람 치고 고문을 하지 않은 사람은 없다고 합니

 법의관이 도끼에 맞아 죽을 뻔했디

다. 문제는 고(숙종) 피고의 경우 수사관들은 강력범 피의자 가운데 고문을 적게 했다고 생각하는 반면 재판부와 일반에 알려지기로는 고(숙종) 피고가 많은 고문을 당했다고 보고 있는 것이지요.

– 수사과정에서 어떤 형식의 고문이든 고문 없이 피의자로부터 자백을 받아내는 경우는 없다고 봅니다. 그러나 고(숙종) 피고의 경우는 몸이 으스러질 정도로 고문을 당했다면 그러한 고문을 한 수사관에 대해서는 이 사건과 별도로 진상을 밝혀야 한다는 주장도 있습니다.

— '경찰 수사방법의 전환점', 〈동아일보〉, 1982년 2월 2일

"이 신문기사를 봐도 짐작이 되겠지만, 《야만시대의 기록》을 보면 그 당시의 고문 상황에 대해 아주 잘 알 수 있어요. 기자들의 말처럼 일단 강력계에 잡혀 들어간 용의자에게 고문은 당연한 순서였던 거죠. 박원순의 설명에 따르면, 고문은 이승만 정권이 일제강점기의 '고문 수법'을 전수받아 활용했으며 박정희, 전두환, 노태우 정권에서는 아주 심했고, 김영삼과 김대중 대통령 시절에도 계속됐다고 해요. 군사독재 정권이 물러간 뒤에도 여전히 고문으로 몸부림치는 사람들이 있었다는 거죠. 그게 노무현 정부 때에도 완전히 사라지지는 않았어요. 몸서리쳐지지 않아요? 우리는 군부독재가 끝나면서 이근안과 같은 고문기술자의 고문도 사라졌다고 생각하고 있었잖아요. 그렇지 않았던 거죠."

"그게 사실이라면 충격이네요."

"아무튼 고문이 '성행'하던 그 당시, 고숙종은 경찰에 연행된 뒤 열흘 동안 고문을 받았고, 그 후유증으로 멀쩡했던 사람이 병신이 되었어요. 그러고는 '자백'이라는 것을 했고요. 그런데 재판과 함께 새로운 반전이

시작돼요. 고숙종이 자신의 자백은 고문을 못 이겨 한 것일 뿐, 사실이 아니라고 말한 거예요. 그런데 묘하게도 재판정에서 이런 고숙종의 주장이 먹혀들기 시작한 겁니다."

"묘하다니요? 당연한 일로 보이는데요? 고숙종은 외관상으로도 고문을 당한 게 분명해 보였다면서요."

"그렇지만 잘 생각해보세요. 그 당시에는 어떤 형식의 고문이든 간에 고문 없이 피의자로부터 자백을 받아내는 경우가 거의 없었다고 하잖아요. 그럼 고숙종 이전에는 재판정에서 고문에 의한 허위자백이었다고 주장한 피고가 없었을까요? 아마 있었을 겁니다. 그래 봐야 아무 소용이 없었겠죠. 그 당시 신문기사에도 그런 이야기가 나오고요. 《야만시대의 기록》 3권을 보면 '군사 독재 시기를 지나면서 고문이 널리 확산, 보급되었으며 우리 사회의 보편적 현상이 되어버렸음을 통탄하지 않을 수 없다'(385쪽)고 했어요. 〈CSI〉 같은 미드에서 요즘 우리가 보는 것처럼 '고문에 의한 자백'이었다는 사실이 밝혀지면, 그것만으로도 피고를 처벌할 수 없다고 가정해봅시다. 그랬다면 '고문에 의한 자백'이 그렇게 일상화되지는 못했을 거예요. 그런데 고숙종의 경우는 달랐어요. 본인은 서울대 음대 출신이고, 남편은 검찰의 사무직 간부였다고 해요. 아버지는 용인에서 개인병원을 운영하고 있던 의사였고요."

"세상에, 그 정도의 배경을 가진 사람도 고문을 당해서 살인범으로 몰릴 수 있었군요! 그렇다면 돈 없고 빽 없는 사람이라면 누구나 그런 일을 당할 수 있었다고 봐야겠군요."

"한홍구도 그런 말을 한 적이 있어요."

"이 사건을 한홍구 교수가 역사책에서 다룬 적이 있나요?"

  법의관이 도끼에 맞아 죽을 뻔했디

"〈한겨레신문〉에 연재된 '사법부-회한과 오욕의 역사'라는 글에서 다뤘어요. '이런 배경을 가진 사람도 고문을 받아 살인범으로 몰린다는 것도 놀라운 일'이라고 했지요. 그리고 박원순도 《야만시대의 기록》 3권에서 이 사건을 다뤘고요."

"이게 그렇게 중요한 사건이었나요?"

"그럼요. 아주 중요한 사건이었죠."

"잘 이해가 안 되네요. 보기에 따라서는 그저 돈에 대한 탐욕 때문에 저질러진 살인 사건 같아 보이는데 그처럼 큰 의미가 있었다니 말입니다."

"더 들어보면 알 수 있어요. 아무튼, 재판이 시작되자 증거가 문제되기 시작했어요. 검찰이 법정에 제출한 결정적인 증거라고는 피고인 고숙종의 자백 테이프밖에 없었거든요. 다른 것들은 정황 증거일 뿐이죠. 그런데 그 자백이라는 것도 범행 현장의 상황에 맞지 않았고, 상식적으로 봐도 앞뒤가 맞지 않는 것이었어요. 형사들의 고문과 협박에 의해 만들어진 시나리오였으니, 그럴 수밖에 없었는지도 모르죠."

"예를 들면요?"

"자백에 따르면, 고숙종이 윤 노파에게 아파트를 한 채 사 달라고 했는데 거절하자 윤 노파를 죽이고 자신도 죽어버리겠다고 생각했다는 거예요. 사실 이 범행 동기만 해도 납득이 잘 안 가죠. 아버지가 개인병원을 운영하고 있는 의사고, 남편은 검찰청 사무직 주사였어요. 그리고 본인은 명문여고 출신에 서울대학교 음대를 나온 사람이었어요. 대단한 부자는 아닐지 몰라도, 아파트를 사주지 않는다고 20년 동안 '어머니'라고 부르던 사람을 '우발적으로' 죽였을까.

또 고숙종이 살인 도구를 가지러 나갔다가 들어왔다는 동선을 보면, 어쩌면 이렇게 거짓말을 못할까 싶을 정도로 허술해요. 고숙종은 '우발적으로' 뒤뜰로 나가 나일론 끈을 가져와야겠다고 마음먹었답니다. 나일론 끈으로 목을 졸라 죽이려 했다는 거죠. 그래서 부엌에 가서 칼을 들고 뒤뜰로 나갔어요. 나가는 길에는 두 개의 사잇문이 있고, 또 뒤뜰로 나가는 문을 거쳐야 해요. 나갈 때도 열려 있었고, 들어올 때도 닫지 않았다고 말했어요. 고숙종은 뒤뜰로 나가 나일론 끈 두 개를 끊어서 가지고 들어오다가, 주방에 있는 쌀통 위에 망치가 있는 것을 보고 망치로 때려죽이는 것이 더 쉽겠다는 생각이 들어 망치를 들었다고 해요. 여기서 끝나는 것도 아니에요. 고숙종은 주방 옆에 있는 가정부 방으로 들어가 나일론 장갑을 찾아서 꼈답니다. 나일론 장갑을 끼고 망치를 흔들어보니까 미끄럽기에, 다시 면장갑을 찾아 오른쪽 손에만 꼈다는 거예요. 그러니까 고숙종은 양손에 나일론 장갑을 끼고, 오른손에만 면장갑을 더 꼈어요. 그리고 나일론 끈 두 개와 망치를 들고 가서 때려죽였다는 겁니다.

판사는 판결문에서 이 자백을 모두 믿을 수 없다고 말합니다. 그 이유는 우선 사람은 셋인데 나일론 끈을 두 개만 끊었다는 것은 말이 안 된다. 둘째, 수사 기록에 따르면 범행 현장에서 뒤뜰로 나가는 사잇문 두 개는 잠겨 있었다고 되어 있다. 셋째, 망치가 더 쉽겠다고 생각했다면, 나일론 끈은 왜 계속 들고 다녔는가. 넷째, 수사 기록을 보면 주방 옆 가정부 방에는 불이 꺼져 있었다. 그렇다면 그 어두운 방에서 어떻게 나일론 장갑을 찾아서, 그리고 다시 오른쪽에만 면장갑을 끼고 나왔다는 말이냐. 뭐 이런 거죠. 물론 더 어처구니없는 사실들도 많아요."

    법의관이 도끼에 맞아 죽을 뻔했디

"이렇게 말씀하시는 걸 보면, 결국 무죄로 풀려났나 봅니다."

"그랬어요. 이 사건을 맡은 재판장은 김헌무金憲武라는 인물이에요. 나는 이 판사의 이름을 잊지 못해요. 사건에 대한 기사를 꼼꼼히 챙겨 읽으면서, 판사가 제대로 판결하겠다는 노력이 대단하다는 것을 느낄 수 있었거든요. 신문에서도 그이가 모친상을 당하고도 이 사건을 제대로 판결하기 위해 애썼다고 칭찬했을 정도예요. 나도 3만 4,000자나 되는 판결문을 읽으면서 감동했어요. 어쩌면 내가 그렇게 감동했던 이유는 기대 밖의 판결이어서 그랬는지도 몰라요."

"그게 왜 기대 밖의 판결이었나요?"

"물론 이번에는 '무죄'가 확정될지도 모르겠다는 생각은 했어요. 그러나 김헌무는 한창 윤 노파 사건을 다룰 때인 1981년 11월에 박동운 간첩 사건도 맡았는데, 재빨리 '사형선고'를 내렸던 사람이거든요. 그 사건은 아마 공판도 제대로 열리지 못하고 판결이 내려졌을 겁니다. 그 당시 박동운을 체포해 구속 송치했다는 기사가 7월 31일에 났고, 김헌무가 선고를 내린 것은 11월 4일이었으니까 대략 두 달이 걸린 셈인데, 정말 어처구니없는 판결이었죠. 당시는 너무나 살벌한 시대였지만, 그래도 간첩 사건에서 사형선고가 나는 것은 오히려 이례적인 경우였다고 해요. 한홍구도 말한 적이 있는데, 모두들 '뭐 이따위 판결이 다 있냐'고 말했다고 해요. 그 당시 신문에도 간단하게 났었고요. 이 사건과 윤 노파 사건과의 관계는 한홍구의 설명을 들어보면 쉽게 이해가 갈 겁니다."

공안사건과 일반 형사사건을 가릴 것 없이 만연되어 있었던 수사기관의 고문은 일반 형사사건에서부터 제동이 걸리기 시작했다. 한국의 사법부가 수사기관의 고문을 문제 삼아 피고인에게 무죄를 내린 대표적인 예는 1981년 8월4일 서울 용산구 원효로에서 발생한 윤경화 노파 일가족 살해사건의 고숙종 피고인에 대해 1982년 2월 1일 서울형사지방법원 제14부(재판장 김헌무 부장판사)가 무죄판결을 내린 것이다. 한국 사회에서 고문이 없어지는 대장정이 시작되는 획기적인 판결이었다. 그런데 딱 석 달 전인 1981년 11월 3일 김헌무 부장판사는 이른바 '진도 간첩단 사건'의 주범 박동운에게 사형판결을 내린 바 있다.

국정원과거사위의 조작의혹 간첩사건 조사 당시, 국정원 쪽 조사관이 초기 기록 검토만으로 조작된 것이 분명하다고 인정한 것은 바로 박동운 일가 간첩사건 딱 한 건이었다. 이 사건은 국정원과거사위에서 아무런 이의제기 없이 조작사건으로 진실규명되었고, 2009년 11월 13일 서울고등법원에서 열린 재심에서도 무죄를 받았다. 그만큼 엉성한 조작사건인데도 1심에서 사형판결이 떨어진 것이다.

1심의 내용은 황당했다. 안기부는 박동운이 자귀로 무전기 등 간첩행위의 자료를 파괴했다고 주장하면서, 날은 없어지고 자루만 남았다며 나무막대기 하나를 유력한 물증으로 제시했다. 박동운이 증거인멸죄로 기소된 것도 아닌데 어떻게 이것을 증거로 사형을 내릴 수 있을까? 공판조서를 보아도 박동운 등 피고인들은 안기부에서 당한 고문의 상처가 남아 있다며 재판부에 신체감정을 신청하기도 했지만, 재판부는 뚜렷한 이유 없이 이를 거부했다. 재판부는 그야말로 바짓가랑이를 걷어 보이게 하지 않은 죄를 범한 것이다. 80년대 초반은 대단히 험한 때였지만, 송씨 일가 사건에서 보듯이 웬만한 간첩 사건에서 사형판결은 거의 나오지 않았다. 그런데 김헌무 부장판사는 사형을 선고한 것이다. 조작간첩 문제를 다루는 인권변호사나 활동가들은 박동운에 대한 사형판결에 대해 "뭐 이따위 판결이 다 있냐"고 입을 모았다.

윤경화 노파 일가 살해사건의 범인으로 기소된 고숙종씨는 경찰에서 심한 고문을 받아 꼽추가 된 몸으로 법정에 섰다. 경찰과 검찰은 고숙종씨가 쇼를 하는 것이고, 원래 디스크를 앓아서 허리가 굽어 있었다고 주장했다. 재판부는 판결문에서 고숙종씨가 당한 고문피해를 상세히 기술한 뒤, "피고인이 검찰에서 한 자백의 임의성은 인정되나 검찰에서의 자백은 현장의 객관적 상황과 모순"되고, "진술의 일관성이 없는 점 등에 비추어 진술에 신빙성이 없어 이를 유죄의 증거로 삼을 수 없"다며 무죄를 선고했다. 고숙종씨는 고등법원과 대법원에서도 모두 무죄를 받았고, 고문피해에 대한 민사소송에서도 고문을 받은 사실이 인정되어 손해배상을 받았다.

—'한홍구 교수가 쓰는 사법부-회한과 오욕의 역사', 〈한겨레신문〉, 2010년 3월 7일

"아하, 그러니까 결국 윤 노파 사건을 시작으로 자백만으로는 유죄 판결을 내리지 않게 되었다는 거군요. 그런 의미에서 무척이나 중요하고요. 그래서 이 사건을 여러 군데서 다뤘군요."

"그랬죠. 그리고 윤 노파 사건 판결이 나고 같은 해에 박상은 양 살해사건에 대한 판결이 났는데, 역시 자백만으로는 안 된다며 무죄판결이 났어요. 그러면서 증거재판주의에 대한 목소리가 높아졌죠. 그런데 내가 보기에는 무척 아쉬운 점도 있어요. 그해 신문에서는 억울한 누명을 쓰고 1년 2개월이나 옥살이를 하던 김시훈이라는 사람 이야기가 크게 났어요. 그게 뉴스가 된 것은 아마도 '무죄인가, 아닌가' 하는 문제보다

는 진범이 잡힘으로써 자연히 무죄가 되었다는 기막힌 사연 때문이었을 겁니다.”

“그게 왜 아쉬운가요?”

“어쩔 수 없나 보다, 그런 생각은 드는데요. 윤 노파 사건의 피고인인 고숙종이나 박상은 사건의 피고인인 정재파, 둘 다 있는 집 자식이었고, 김시훈은 막일을 하는 노동자였다는 것 때문이죠. 고숙종의 변호인은 두 사람이었어요. 오희택吳禧澤 변호사는 수원지검장까지 지낸 사람이었고, 김형준金炯準 변호사는 대구 고검 검사까지 지낸 사람이었죠. 법정에서 검사 선후배가 맞서 싸운 셈입니다. 그러니까 보통 말하는 아주 ‘유능한 변호사’의 도움을 받았던 거죠. 그리고 정재파의 아버지 역시 대기업 간부였고, ‘유력 언론사’에 가까운 친척들이 있을 정도였다고 해요. 능력 있는 변호사를 선임해서 재판에 임할 수 있었던 거죠.

게다가 이 두 사건은 언론에서도 대서특필했어요. 언론의 감시까지 붙었으니 공정한 재판이 될 확률이 높았죠. 그러나 김시훈 사건은 재판에 대한 내용조차 언론에서 찾을 수 없었어요. 다만 진범이 잡히고 난 뒤에 뉴스가 되었고, 잘못된 재판이었다고 말하기 시작한 겁니다. 그리고 김시훈에 대한 이야기는 찾아보기 힘들 정도로 기사화되지 않았어요. 김시훈 역시 고문을 받고 허위자백을 하고 징역형을 선고 받았는데, 이런 사람에 대해서는 언론에서도 그다지 관심이 없었던 거죠.”

“쓸쓸하군요.”

“한홍구도 그랬죠. 고숙종의 경우에는 변호인들이 접견만 40여 차례, 현장조사만 6차례 할 정도로 사건에만 전념할 수 있도록 피고인의 가족들이 뒷받침을 해줬다는 겁니다. ‘유전무죄, 무전유죄’인 거죠.”

"그런데 고문에 의한 허위자백이라는 말을 들으면 늘 궁금한 게 있어요. 사법체계라는 것이 형사에서 끝나는 게 아니라 검사, 판사, 변호사도 있잖아요. 재판을 세 번이나 하고요. 그런데 어떻게 고문에 의한 허위자백으로 사형선고까지 받고 그러나요? 사람이니까 실수할 수도 있다, 뭐 그런 정도가 아니잖아요. 도무지 이해할 수 없어요."

"나도 한때 그게 궁금해서 기록들을 찾아본 적이 있어요. 고문에 의한 허위자백이 그렇게 흔하다면, 기록으로 남아 있을 거라 생각했죠. 억울하게 당한 사람들이 하나같이 입을 다물고 있을 리도 없고, 인권변호사나 진보적인 역사학자들, 기자들이 그런 내용을 글로 남기지 않았을 리도 없잖아요. 가장 잘 정리된 책이 박원순 변호사가 쓴 《야만시대의 기록》이었어요. 모두 세 권인데, 다 합치면 1,600쪽이 넘어요. 아주 흥미로운 자료는 조갑제가 쓴 책입니다. 아직도 한국의 르포르타주 문학의 대표작으로 꼽히는 두 권이에요. 《사형수 오휘웅 이야기》(한길사, 1986년)와 《고문과 조작의 기술자들》(한길사, 1987년)이죠. 앞의 책은 아직도 판사들이 많이 읽는 책 가운데 하나라고 해요. 뒤의 책에서는 윤 노파 사건에서 고문을 받은 고숙종을 다루고 있어요. 한 챕터로 꽤 길어요."

"조갑제에 대해 짚고 넘어가야겠어요. 지금 말씀하신 조갑제가 〈조선일보〉의 조갑제, 그러니까 조갑제닷컴의 조갑제와 동일 인물인가요?"

"그래요. 바로 그 조갑제, 맞아요."

"보수 중에서도 보수적인 인물로 꼽히는 사람인데…."

"맞아요. 조갑제의 변신에 대해서는 이해하기가 쉽지 않아요. 조갑제의 저작물 가운데 《유고有故》(한길사, 1987년)라는 책이 있는데, 이건 박정희의 몰락에 대한 이야기예요. 대단히 많이 팔린 책이고요. 지금도 헌책을 구하기 쉬울 정도니까요. 그러나 《사형수 오휘웅 이야기》나 《고문과 조작의 기술자들》은 헌책을 구하기 어려워요. 아무튼 조갑제는 갑자기 박정희 찬양자가 됩니다. 조사해보면 뭐 갑자기는 아니겠지만, 일반인들에게는 갑작스러웠죠. 조갑제의 변신에 대한 이야기는 2011년 4월 18일자 〈한겨레 21〉에서 볼 수 있습니다. 고나무 기자가 조갑제를 만나 인터뷰한 뒤에 쓴 글입니다. 한번 찾아 읽어보세요. 흥미로워요."

"예, 그럴게요."

"고문에 의한 허위자백이 어떻게 재판에서 통용되느냐, 하는 것은 박원순 변호사의 책을 보면 쉽게 이해할 수 있어요."

나는 아이폰에서 다시 여러 권의 전자책을 찾아서 차례대로 읽어주었다.

"먼저 고문의 정도가 어디까지였는지 우리가 이 자리에서 다 이야기할 수는 없지만, 이런 짓도 서슴지 않았다고 해요. 다른 것들은 상상에 맡기죠."

박 씨의 처 한증자 씨와 출가한 여동생(허현의 처)도 실오라기 하나 없는 알몸으로 무수히 구타당하고 물고문으로 조작된 사실에의 시인을 강요당했다. 박 씨의 매제 허현 씨에게는 성기에 종이를 말아 불을 질러 살갗이 짓물러지고 심한 화상을 당하는 등 인간이 저지를 수 있는 극악한 행위를 서슴지 않았다고 한다.

—'정권 안보와 간첩 조작', 《월간 말》, 93쪽, 《야만시대의 기록 3》, 93쪽에서 재인용.

"이 글에 나오는 '박 씨'는 바로 김헌무 판사가 사형을 선고한 박동운을 말합니다. 피고문자의 목소리가 들리지 않는 은밀한 곳에서 극악한

법의관이 도끼에 맞아 죽을 뻔했디

고문을 받으며 죽음의 공포와 마주선다면, 누군들 시키는 대로 하지 않을 수 있겠어요. 사실 고문하는 것은 바른 말을 듣겠다는 태도가 아닐지도 모릅니다. 겁이 나서 아무 말이나 하는 건데, 무슨 수로 진실과 거짓을 구별하겠어요? 또 고문을 당한 뒤 자기가 하지도 않은 범행을 어떻게 자기가 한 것처럼 생각하게 되는지를 잘 보여주는 사례도 있어요."

공포의 40일 간이었다. 잠을 안 재우는 고문도 당했다. 며칠씩 잠을 안 재우고(그들은 교대했다) 겨우 몇 시간 깜빡 잠들게 했다. 그것은 미칠 것 같은 수면이었다. 그렇지만 단잠은 곧 깨워졌고, 다시 깨워진 나는 똑같은 자술서를 썼다. 꾸덕꾸덕 졸면서 또는 혼몽한 의식상태 속에서 자술서를 쓰고 또 썼다. 토씨 하나라도 틀리면 구타와 욕설이 뒤따르고, 그것을 핑계 삼아 같은 내용을 다시 쓰게 했다. 몇 자루의 볼펜이 닳을 때까지 그 작업은 반복되었다. 그러는 사이 나는 그 사실을 암기하게 되었고, 자기 암시에 의한 묘한 환각상태에 빠져들게 되었다. 실제는 없었던 일이 자술서의 내용처럼 행동한 것처럼 생각이 들고 나중에는 그런 언행을 한 것이 틀림없는 사실이라고 엉뚱하게 확신하게 되는 것이었다.

—박정석의 '진보가 우리를 자유케 하리라' 일부, 《역사의 심판은 끝나지 않았다》,

5공정치범명예회복협의회 지음, 살림터, 1997년, 161쪽

"정말 끔찍하군요."

"아마도 이런 과정을 통해 자기 자신을 범인이라고 확신하게 되는지도 모르죠. 가능한 일이에요. 검사 앞에서도 꼭 같은 허위자백을 하게 만드는 과정도 나와요."

그렇게 매일 쓰고 때리고 달래는 사이에 내가 잡혀온 지 약 두 달 정도가 되는 날이었습니다. 하루는 처음 보는 어떤 사람이 들어왔는데 내가 언뜻 보기에 조금 높은 사람같이 생각되었는데, 인자스럽게 웃으면서 여기 생활이 어떠냐고 묻고 여태껏 조사받은 게 사실이냐고 하며 제가 먼저 베껴 썼던 것을 보여주더군요. … 마구 때리던 사람의 얼굴이 떠올라 망설이자 그 사람은 부드럽게 웃으면서 괜찮다고 하기에 용기를 내어 "사실은 모두 허위입니다. 그 사람이 써온 것을 그대로 베껴 쓴 것입니다"라고 대답했더니 갑자기 가슴속에서 녹음기를 꺼내 스위치를 끄며 얼굴 표정이 험악하게 변하면서 "이 새끼, 생똥 더 싸야겠군" 하며 밖으로 나갔습니다. … 홀딱 벗겨놓고 얼마나 패는지, 시멘트 바닥에 무릎을 꿇고 살려달라고 애원했는데, 아마 개새끼도 그렇게 무자비하게 때리지는 않았을 겁니다. … 이번 한 번만은 용서를 해줄 테니 사나이답게 의리를 지키자고 하며 반성문을 쓰라고 하여 "앞으로는 어떤 사람이 와서 물어도 무조건 이 자술서가 사실이라고 대답하겠습니다"라고 썼습니다.

—1988년 11월 8일 정삼근의 양심선언서 일부, 《야만시대의 기록 1》, 111쪽에서 재인용

"그리고 이어서 박원순 변호사는 이렇게 설명해요. '수사가 어느 정도 마무리되면 이제 검찰에서 또 한 번의 통과의례가 치러진다. 검사가 작성하는 조서는 임의성이 부정되지 않는 한 증거능력이 있기 때문에 검사 앞에서도 자백을 유지하는 것이 대단히 중요하다. 따라서 수사관들은 검사의 첫 피의자 신문조서 작성 때 대체로 입회함으로써 피의자의 자백 진술이 유지되도록 감시하는 경우가 보통이다. 심지어 경찰이나 안기부, 보안대에서 미리 검사 앞의 조서 작성에 관한 예행연습을 하는

법의관이 도끼에 맞아 죽을 뻔했디

경우도 있다.' 그러니까 검사 앞에서 피의자가 정말로 자유롭게 진술을 하는 게 아닌 거죠."

"고문에 의한 허위자백이 검사에게까지 어떻게 통용이 되는지 좀 알 것 같네요. 그런데 아직 두 가지가 남았어요. 하나는 고문을 심하게 하면 몸에 멍이 들거나 상처 같은 흔적이 있지 않을까요? 그리고 재판정에서는 고문을 받아 허위자백을 했다고 말할 수 있을 것 아니에요. 그것도 그렇지 않은가요?"

"고문에 의한 흔적은 '자백'이 끝난 뒤 없애는 과정이 있다고 해요. 쇠고기를 얇게 저며서 상처에 붙여둔다거나 목욕과 마사지를 통해 흔적을 없애는 거죠. 심한 경우에는 의사를 불러 상처를 치료하게 했다고 합니다. 상처가 너무 심하면 검찰에는 서류만 보내고 피의자는 감방에 가둬두기도 했고요."

"그러니까 매우 기술적으로 고문을 하고, 그나마 흔적이 남으면 없앤 다음 재판정에 서도록 하는 거군요. 그랬으니 고문을 받았다고 주장해봐야 증거는 사라진 뒤였겠군요."

"그렇죠. 고문을 당한 피의자는 법정이 마지막 희망 아니겠어요? 그러나 대개는 피고의 주장이 무시되었다고 해요. 다시 박원순 변호사의 말을 인용해보죠."

고문피해자들은 마침내 법정에서 모든 것을 밝힐 수 있으리라고 기대하며 마지막으로 호소하게 된다. 대부분의 고문피해자들이 법정에 와서는 비교적 자유롭게 고문 사실과 조작 내용을 폭로한다.
그러나 법관이 이에 귀 기울여 무죄를 선고한 경우는 거의 없었다. 특히 공안사건은 더욱 그러하다. … 검사가 조사할 때 고문수사관이 입회하는 것이 통례였고, 검사가 직접 협박·고문하는 경우도 다반사였다. 그런데도 법원은 아무 일도 없었다는 듯이 버젓이 유죄를 선고하곤 했다.

—《야만시대의 기록 1》, 113쪽

"그렇군요. 이제 문국진 박사가 등장할 차례인가요? 하하."

"맞아요. 윤 노파 사건을 들먹인 것은 그 속에 문국진 박사가 등장하기 때문이에요. 그 당시 사건 기록을 보면 국립과학수사연구소(이하 국과수)의 감정 결과나 감정 내용에 대한 이야기가 계속 나옵니다. 거 왜 망치 있잖아요. 망치에 혈흔이 있었는데 손잡이에는 혈흔이 없었다거나, 면장갑을 끼고 범행을 저질렀다는데 나일론 장갑에는 피가 잔뜩 묻어 있고 면장갑에는 손바닥 부분에 아주 조금 묻어 있다거나, 범인이 범행을 저지른 뒤 집 안의 불을 껐는데 어느 스위치에는 혈흔이 있고 어느 스위치에는 혈흔이 없다거나, 뭐 그런 것들이죠. 그리고 판결문을 보면 루미놀luminol 검사*에 대한 이야기도 잠깐 나와요. 국과수의 이런 감정 결과만 봐도 자백과 살인 현장의 상황이 맞아떨어지지 않아요. 그런데 7차 공판이 있기 전에 재판부에서는 갑자기 고려대학교 의과대학 교수로 재직하고 있던 문국진 박사에게 현장 검증을 한 뒤 증언을 해달라고 요청해요."

---

* 사건 현장에 남은 혈흔을 극소량까지도 찾아낼 수 있는 물질이다. 물이 가득 찬 양동이에 단 한 방울의 혈액만 떨어져도 DNA를 감별할 수 있을 만큼 감도가 뛰어나다. 이 때문에 주로 범인이 핏자국을 감추기 위해 증거물 세탁을 시도했을 때 유용하다. 특히 신선한 혈액보다 시간이 지난 혈흔에 더욱 강하게 반응하는 특성이 있다. 루미놀 용액과 과산화수소수 혼합액을 핏자국이 있을 만한 자리에 뿌리면, 실제 피가 있는 자리일 경우 화학반응을 일으켜 일시적인 발광현상이 나타났다가 사라진다.

　　　　법의관이 도끼에 맞아 죽을 뻔했디

"루미놀 검사라면 혈흔을 검사하는 방법을 말씀하시는 건가요? 그런데 고려대학교 교수에게 현장 검증을 하고 증언을 해달라고 요청했다면, 국과수의 감정이 믿을 만하지 않았다는 이야긴가요?"

"나도 이 기사를 읽으면서 왜 갑자기 '법의학 전문가 고대 의대 문국진 교수'가 등장하는지 알 수가 없었어요. 재판이 진행되는 동안의 쟁점이 법의학적인 해석의 문제라고는 생각지 않았거든요. 그런데 마지막 공판에서 재판부가 임의로 선정해서 초치招致한 문국진 교수가 현장 검증을 하고, 7차 공판에서 실제로 증언을 해요.

내용은 간단한 것이었어요. 첫째는 윤 노파가 계단 난간에 끼어 있었다는 검사의 공소 사실은 실제로 그랬을 가능성이 희박하다는 것, 두 번째는 소파에 묻은 면장갑의 흔적은 왼손이라는 것 정도였어요. 사실 이런 정도라면 국과수의 감정만으로도 가능했을 겁니다. 그런데 재판부가 굳이 문국진 교수의 의견을 듣고자 한 이유는 무엇일까? 그 당시에는 아무리 생각해도 잘 모르겠더라고요. 재판부에서 검찰 쪽에 국과수의 감정을 요청하거나 재요청하는 게 아니라 국과수 외부 사람에게 감정을 부탁한 걸 보면, 재판부에서는 무죄 쪽으로 심증이 굳어진 모양이라고만 생각했어요."

"이 재판과 아무런 상관없는 외부 인사를 선정했다면, 그 분야에서 존경받는 권위자를 찾았다고 봐야겠네요. 그래야 잡음이 없을 테니까요."

"내가 판사라도 당연히 그랬겠죠. 그래서 문국진 박사의 저서를 읽어보고 싶었어요. 그 당시 문국진 박사의 나이가 쉰일곱이었고 고려대학교 의대 교수라고 했으니, 뭐가 있어도 있지 않겠나 싶어서 알아봤죠. 먼저 의무대에 있는 군의관에게 물어봤어요. 혹시 고대 의대 교수인 문국진 박사를 아느냐고. 그리고 대학 후배들에게 편지를 썼죠. 서점에 가서 알아봐달라고…."

"책은 구하셨나요?"

"아직까지도 한국에는 법의학 교과서가 한 권밖에 없어요. 바로 문국진 박사가 쓴《최신 법의학》이라는 책이죠. 그게 1980년에 초판이 나왔어요. 그리고 그 뒤에 여러 번 개정판이 나왔고요."

"그럼 혹시 1980년에 나온 초판본을 가지고 있단 말씀인가요?"

"하하, 그럼요. 그렇게 해서 만난 문국진이라는 이름을 내가 어떻게 잊을 수 있겠어요. 군대에서 그저 시간을 죽이며 지낼 때, 보고 또 보고 하던 책 가운데 하나가 바로 그 책이에요."

"전공 과정에 필요한 교과서라면 재미있지는 않았을 텐데요."

"혹시 그거 알아요? 발자크가 심심하면 꺼내 읽던 책이 뭔지?"

"글쎄요."

"민법 법전이었다고 해요."

"그걸 왜요?"

"민법이라는 게 뭐예요? 사람과 사람 사이의 관계에 문제가 생겼을 때, 그것을 해결하기 위해 정리해둔 법이잖아요. 그러니 그 민법 조항들을 잘 새겨보면, 그 시대의 상식이나 이데올로기, 삶의 방식 같은 것을 알 수 있죠. 결국 사람들의 삶을 들여다본 것이라고 말할 수 있겠죠."

"법의학 교과서도 그런가요?"

"《최신 법의학》에 실린 내용은 주로 살인 사건과 관련된 것이고, 죽음의 이유를 다루죠. 법의학은 살인 현장에서 일어난 일을 정확하게 재구성하는 데 결정적인 역할을 합니다. 그러니 얼마나 재밌겠어요."

"…"

다들 동의하기 어렵다는 표정들이다. 하긴 도서관에서 장서개발에 대한 강의를 할 때도 비슷한 반응이었다. 그 당시 내가 가장 재미있게 읽은 책은 이민희가 쓴 《16~19세기 서적중개상과 소설·서적 유통 관계 연구》라고 했더니 반응이 뜨악했다. 사실 재미없다고 생각하는 사람들이 더 많을지도 모르겠다. 다만 이건 얼마나 깊은 잠에 빠져들 수 있느냐 없느냐 하는 문제일지 모른다.

"그 뒤에도 문국진 박사의 저서를 읽어보셨나요?"

"군대에서 본 게 《최신 법의학》만은 아니었어요. 군의관이 잡지를 한 권 보여주더라고요. 〈유경柳鏡〉이었어요. 당시 유한양행에서 발행하던 사보였는데, 그 사보에 문국진 박사의 글이 연재되고 있었어요. 이 잡지에 실린 글들이 나중에 《새튼이》와 《지상아》로 묶여 나왔어요."

"정말 특별한 만남이네요. 그러면 그 뒤에 나온 문국진 박사의 저작물들을 다 보셨다는 건가요?"

"그러지는 못했을 거예요. 워낙 전문적인 책도 많이 내셨으니까요."

"그렇군요. 근데 윤 노파 사건에서 문국진 박사가 등장한 의미는 뭔가요?"

"나중에 알게 된 건데요. 문국진 박사는 1955년, 그러니까 한국에 국과수가 독립기관으로서 업무를 시작한 바로 그해에 서울대 의대를 졸업했고, 곧바로 법의관이 됐어요. 놀라운 인연이죠. 그리고 법의학을 바탕으로 한 증거재판주의의 토대를 마련하기 위해 애썼어요. 그런 문국진 박사의 활약은 법조계에서 잘 알려졌다고 해요. 그리고 1970년부터는 고려대 교수로 재직하면서 법의학을 널리 알리고 후진을 양성하는 데

힘을 쏟았으니, 열매를 맺기 시작하는 기미가 보일 때가 된 거죠. 모르긴 해도 김헌무도 문국진 박사에게서 법의학에 대해 강의를 들었을 겁니다. 문 박사는 1977년부터 법무연수원에서도 법의학 강의를 했으니까요. 그러니까 문 박사는 '고문에 의한 허위자백'으로 판결을 내리곤 하던 야만적인 관행을 깨뜨리는 데에 큰 역할을 한 숨은 공로자인 셈이죠.

고문이 왜 시작됐겠어요? 좀 거칠게 보면, 수사관이 보기에 범인이 자백을 하지 않으니 고문을 한 거 아니겠어요? 문제는 수사관의 심증이 틀릴 때도 많고, 그래서 사람을 잡게 되는 경우가 많았던 거죠. 법의학적인 감정을 통해 범인의 자백 없이도 범행을 재구성하고 증명할 수 있다면, 고문의 필요성은 없어지는 거지요. 그러니까 증거재판주의를 제대로 실천하려면 법의학에 바탕을 두어야만 하는 거 아니겠어요. 문 박사가 말했듯이, 법의학은 그 사회의 하층민이 억울한 누명을 쓰는 것을 막아주고, 지배층의 범행을 제대로 드러내주는 거잖아요. 고문이라는 것이 특별한 경우를 제외하고는, 지배층에게도 똑같이 적용되진 않았을 겁니다. 물론 시한폭탄 이론에 해당하는 경우는 논쟁이 있을 수 있겠지만 말입니다."

"시한폭탄 이론이요?"

"예, 그 이야기는 너무 장황해질 것 같아요."

"그럼 원고에서 보충해주시고요. 이야기를 듣다보니 한국 법의학에서 문국진 박사의 의미를 다시 새겨보게 되었습니다."

"자리를 옮깁시다. 2차는 내가 사죠."

  법의관이 도끼에 맞아 죽을 뻔했디

고문을 정당화하는 시한폭탄 이론을 가장 잘 설명하고 있는 책은《고문의 역사》인 것 같다. 다음은 그 책에서 인용한 내용이다.

1992년 미국 뉴욕의 철학교수인 마이클 레빈Michael Levin은 〈뉴스위크〉에 기고한 '고문의 실정The Case for Torture'이라는 글에서 고문의 필요성을 참작해야 하는 경우도 있기 때문에 우리는 곤경에 처할 수 있다면서 다음과 같이 말했다.

완전히 정당화될 수는 없지만 고문이 사실상 필요한 경우도 있다. 맨해튼 섬에 폭탄을 몰래 설치한 테러리스트가 있다고 상상해보자. 이 폭탄은 7월 4일 정오에 터질 것이라고 한다. 이 운명적인 날 오전 10시에 체포된 용의자는 자신의 테러 계획이 실패하느니 차라리 죽는 것이 낫다고 생각하고 있으며, 폭탄이 어디에 있는지 결코 말하지 않으려 한다고 가정하자. 수많은 무고한 생명을 구하는 유일한 길은 바로 이 용의자를 가장 끔찍한 고통에 처하는 것뿐이다. 이때 그래선 안 된다는 어떠한 근거가 있을 수 있을까? 내 생각에는 없는 것 같다. 고문은 명백히 죄악이지만, 동시에 수많은 무고한 생명을 살릴 수 있는 유일한 수단이기도 하다. 우리와 그들, 즉 선의를 위해 고문하는 경우와 그렇지 않은 경우를 가르는 경계선은 뚜렷하다. 만약 고문이라는 수단이 질서를 유지하기 위한 하나의 방법으로 부득이하게 선택된 것이라면 서구민주주의가 미로에 빠질 위험은 거의 없다.

언뜻 보면 이 주장에는 논박의 여지가 없어 보인다. 그러나 인권침해와 자유탄압, 투옥과 고문을 반대하고 고발하기 위한 조직인 국제사면위원회는 이 문제를 철저히 숙고한 끝에 다음과 같은 결론에 도달했다.

어떤 사람이 폭탄을 설치했다고 인정했을 경우를 생각해보자. 이 경우에 고문은 무고한 생명들을 구할 것이다. 한 사람이 폭탄을 설치한 것으로 의심되는 경우를 생각해보자. 이 경우에 고문은 이를 밝혀낼 것이다. 어떤 사람의 친구가 폭탄을 설치했다고 의심받는 경우를 생각해보자. 이 경우에 고문을 하면 용의자의 신원을 밝힐 수 있을 것이다. 한 사람이 위험한 생각을 갖고 있는데, 아마도 폭탄을 설치하려는 계획일지도 모르는 경우를 생각해보자. (중략) 이 경우에 고문은 위험한 사람들을 조용하게 만들 수 있을 것이다. 어떤 사람이 용의자의 행방에 대해 말하기를 거절한 경우를 생각해보자. 이 경우에 고문은 같은 행동을 저지를 수 있을 법한 다른 사람들까지도 위협할 것이다.

노벨상을 받은 프랑스의 소설가 알베르 카뮈는 다음과 같이 지적한 바 있다. "고문이라는 수단을 통해 30개의 폭탄을 제거했다고 하자. 그 대가로 당장 몇몇 사람들을 구할 수 있을지는 모르나, 동시에 다른 방식으로 다른 곳에서 활동할 50명의 새로운 테러리스트를 만들어냄으로써 더 많은 무고한 사람들의 죽음을 불러올 것이다."

(중략)

그리고 "명백히 유죄일 경우에는 고문이 허용될 수 있다"는 레빈 교수의 입장처럼 애매한 측면이 있기 때문에 힘을 얻지 못했으며 그로 인

   법의관이 도끼에 맞아 죽을 뻔했디

해 다음과 같은 결과만이 역사적으로 드러났다. 즉 고문은 가장 가학적인 인간들에게만 환영받았으며, 애초에 고문을 인정했던 목적—정보를 얻거나 잘못에 대한 법적인 처벌을 내린다는 실제적인 필요—에서 멀어진 채 권세 있는 자들이 자신보다 약한 자에게 멋대로 고통을 가하면서 가학적인 즐거움을 누리는 것을 공식적으로 허용한 결과만 낳았던 것이다.

—《고문의 역사》, 브라이언 이니스 지음, 김윤성 옮김, 들녘, 2004년, 6~9쪽

이 설명에는 어떤 경우라도 고문을 반대하는 입장과 특별한 경우에는 찬성한다는 입장이 대립하고 있다. 독자 여러분의 생각은 어떠한가?

　"〈유경〉에서 문국진 박사가 쓴 글 가운데 기억나는 이야기를 좀 더 해주세요."

　2차에서 이런저런 이야기를 하다가 잠깐 말이 끊겼을 때 누군가가 말했다.

　"〈그렇게 예민합니까?〉나 〈재판비결〉이 가장 기억에 남아요. 두 이야기는 다음에 할 기회가 있을 겁니다. 또 기억에 남는 건 윤노파 사건 선고공판이 있었던 바로 그달 치 〈유경〉에서 읽었던 글입니다. 제목은 〈얼룩이 진다〉였어요. 시반屍斑, livor mortis 또는 postmortem lividity에 대한 이야기였습니다. '시체 시屍' 자에 '무늬 반斑' 자, 그러니까 한자의 뜻으로만 보면, 시체의 무늬가 되는 셈이죠. livor mortis는 라틴어인데 이를 직역하면 '죽음의 푸른색'쯤 되고, postmortem lividity는 '죽은 뒤의 검푸른색'이라는 뜻입니다. lividity는 흙빛이나 납빛을 가리키기도 합니다.

흙빛이라면 적갈색쯤 되겠죠. 아마 실제 시반의 색깔이 조금씩은 다를 겁니다. 그래서 용어도 저렇게 생겨났겠지요. 아무튼 한쪽에서는 아직 고문으로 자백 받을 궁리만 하고 있는데, 다른 한쪽에서는 법의학적인 증거를 이야기하고 있어요."

나는 문국진이 쓴 《배꼽의 미소》(청림출판, 1986년)라는 책에서 〈얼룩이 진다〉를 찾아 읽어주었다(다음은 문국진 박사의 허락을 받아 〈얼룩이 진다〉를 리라이팅한 것이다).

사람이 살아 있는 동안 적혈구의 무게를 부담스럽게 느끼는 일은 없다. 그것은 심장이 부단히 박동하기 때문에 혈구는 혈류를 따라 전신을 돌게 되어 적혈구 자체의 중량이 인체에 부담이 되지 않는 것이다.

그러나 사람이 사망하면 심장박동이 정지되어 혈구는 정지된 그 혈액에 머물고 그 자체의 무게로 인하여 가라앉게 된다. 이러한 현상을 법의학에서는 혈액취하血液就下, hypostasis라는 말로 표현한다. 이러한 혈액취하가 피부에 나타나면 암적갈색을 띠는데 이때 피부의 변색을 시반이라고 하며, 시골 노인네들 사이에는 '얼룩'이라는 말로 통한다.

시반은 검시檢屍할 때 소홀히 하여서는 안 되는 중요한 검사 항목 중의 하나다. 시반은 시체의 하방부下方部(아래쪽)에만 생기고 상방부上方部(위쪽)에는 절대로 생길 수 없다는 철칙이 있고 또 비록 시체의 하방부라 할지라도 압박을 받은 부위에는 나타나지 않는다. 따라서 시반을 자세히 검사함으로서 시체가 죽었을 때 어떤 자세였는지를 알 수 있다.

예를 들어 하늘을 보는 자세로 누워서 사망한 경우 시반은 잔등, 허리, 사지의 후면에 나타난다. 만일 이때 시체와 접촉되는 지면에 어떤 물체

   법의관이 도끼에 맞아 죽을 뻔했다

가 있다면, 예를 들어 조약돌이 많은 강가라면 암적갈색 시반에 조약돌 모양이 여기저기에 무늬처럼 나타날 것이다. 조약돌이 닿아서 압박을 받은 부위에는 혈구가 가라앉아 고일 수 없기 때문에 이런 형태가 나타난다.

법의학자는 이 시반을 보고 그 시체가 발견된 곳이 사망 장소인지, 사망한 뒤에 옮겨진 것인지를 알아내기도 한다. 또 자살이냐 타살이냐를 판단할 때도 도움이 된다.

이제 시반으로 살인사건의 단서를 잡고 해결한 예를 하나 소개하기로 한다.

조그마한 항구의 A다방에는 서울에서 미모의 K마담이 와서 일하기 시작하면서부터 손님이 많아졌다.

손님들의 대부분은 마담의 미모 때문에 일시적인 호기심을 갖고 모여드는 남자들이었다. 그러나 해군에서 갓 제대한 P는 K마담을 처음 보는 순간부터 일시적인 호기심이 아니라 열렬히 사랑하게 되었다.

K마담이 A다방에서 일을 시작한 지 삼사 개월이 지났다. 그 사이에 뭇 사나이들의 유혹은 그칠 줄을 몰랐다. 그 가운데서도 W사장은 K마담의 눈길을 끄는 고객이었으며 두 사람은 가까운 사이라는 소문이 자자했다.

이런 소문을 들은 P청년은 괴로웠다. K마담에 대한 사랑은 시간이 흐를수록 깊어만 갔지만 K마담은 이런 남자의 순정보다는 돈 많은 남자에게만 관심이 있었기 때문이다. P는 소문만이 아니라 W사장과 만나는 것을 여러 번 목격하기도 했다.

하루는 P의 열렬한 호소에 못 이겨 K마담은 다방 영업시간이 끝난 다음 근처 해변에 만나러 나갔다. P는 K마담에게 지난날을 청산하고 자기와 결혼해줄 것을 간청했다. 그러나 K마담은 귀담아 들으려 하지 않았다.

자기의 진실된 사랑을 너무나 냉정하게 외면해버리는 K마담의 반응에 화가 난 P는 갑자기 K마담에게 달려들어 목을 졸랐다. 얼마 후 K마담은 새파랗게 질리며 입에서 거품을 내뿜었다.

자기도 모르는 사이에 저지른 행위에 겁을 먹은 P는 도망칠 수밖에 없었다. 집으로 돌아와 곰곰이 생각해 보니 K마담이 자기와 만나는 것을 다방 사람들이 알고 있다는 것이 생각난 P는 K마담의 시체를 그대로 해변에 두어서는 안 될 것 같았다. P는 그 해변에 다시 가서 K마담의 시체를 그 근처 솔밭으로 옮겼다. 그런 다음 그 근처에 있는 전화 줄을 끊어 K마담을 목매달아 자살한 것처럼 위장하고는 집으로 돌아갔다.

다음날 경찰은 시체를 발견하고 수사를 시작했다.

검시를 맡은 J의사는 소나무의 높은 가지에 목매고 죽은 시체로 발견된 K마담의 시체에서 몇 가지 이상한 점을 발견했다. 우선 목매 죽은 시체에서는 시반이 시체의 하방부인 팔다리의 아래쪽, 그리고 하복부에 나타나야 한다. 그런데 K마담의 경우는 등쪽과 뒤쪽 허리에도 시반이 나타났기 때문이다. 시반은 시체가 죽은 뒤 얼마 동안은 얼굴이 하늘을 보는 자세로 누워 있었으며, 그 뒤에 누군가가 목맨 모습으로 위장했다고 말하고 있었다. 그리고 목에는 전깃줄에 의한 의흔* 외에 몇 개의 반월상(半月狀, 반달 모양) 표피박탈을 확인했다. 반월상의 표피박탈은 손톱에 의한 것으로 손으로 목을 졸라 살해하는 액사* 때 보이는 것이다. 그

    법의관이 도끼에 맞아 죽을 뻔했디

래서 J의사는 경찰에게 목의 상처와 시반으로 볼 때 누군가가 목을 눌러 죽인 뒤 자살로 위장하기 위해서 목을 매달아놓은 살인사건이라고 설명해주었다.

탐문조사를 해보니 그 전날 K마담은 P를 만나러 나간 뒤에 죽은 것이 분명했다. 그러나 P가 범인이라고 단정할 만한 물증이 없었다. 그래서 수사관이 저자를 방문했던 것이다.

나는 P청년의 손톱 밑의 손톱 때를 채취하여 혈흔검사를 해보자고 했다. P가 범인이라면 목을 조를 때 손톱 밑에 K마담의 표피가 끼어들었을 것이기 때문이다. 수사관은 P의 손톱을 채취해왔고, 검사해본 결과 혈흔 양성반응이었다. 다시 혈형검사를 해보니 피해자인 K마담의 혈액형과 일치했다. 결국 P는 이런 물증 앞에서 순순히 모든 것을 털어놓을 수밖에 없었고 체포되었다.

"어때요? 이야기를 단순화시켜서 그렇지, 요즘의 〈CSI〉에서 수사하는 방식과 비슷하지 않아요?"

"박원순 변호사의 《야만시대의 기록》이나 윤 노파 사건과 비교하면 동

---

* 의흔縊痕과 액사扼死: 의흔縊痕, constriction mark의 '의縊'는 목을 맨다는 뜻이고, '흔痕'은 흔적이다. 자기 체중에 의한 힘이 목에 감긴 끈에 작용하여 죽게 되는 것을 의사縊死, hanging라고 한다. 그러니까 의흔은 의사의 흔적이다. 자기 체중이 아닌 다른 힘에 의해 목 졸려 죽은 경우는 교사絞死, ligature strangulation라고 한다. 그리고 대개 손으로 목이 졸려 죽은 경우는 액사扼死, manual strangulation라고 한다. 액사의 경우에는 대개 목을 누른 범인의 손톱에 의해 반월상의 표피박탈이 생긴다. 오른손잡이가 범인이라면 오른쪽에 하나, 왼쪽에 2~4개가 생기고, 왼손잡이라면 왼쪽에 하나, 오른쪽에 2~4개가 생긴다. 그러나 강간치사의 경우에는 범인이 가슴과 배 위에 올라앉아 목을 누르기 때문에 그런 흔적들이 생기지 않을 정도의 작은 힘에 의해 질식사하기도 한다. 이런 경우에는 그 흔적이 잘 드러나지 않는다. 또 강간치사 후에 시체를 물속에 던져 넣었을 경우에도 물 때문에 조직이 부풀어 올라 그 흔적을 찾기 쉽지 않다. 그래서 경험이 적은 의사는 발견하지 못하는 경우가 많다(《최신 법의학》, 문국진 지음, 일조각, 1980년, 119~126쪽 참조).

시대의 수사 이야기라고는 믿어지지 않을 정도로 다르네요. 그런데 왜 혈형검사를 했나요? 요즘은 모두 DNA 검사를 하는 것으로 알고 있는데요. 그 당시 한국에는 그런 검사 기술을 몰랐거나, 아니면 그런 검사를 할 수 있는 시설이 없었나요?"

"아, DNA 검사? 지금은 아주 흔해서 다들 그러려니 하지만 사실 그건 지금으로부터 겨우 20년 전, 1989년에 영국에서 처음으로 시작된 겁니다. 한국에서는 1991년부터였고요. 지문검사가 처음으로 시작된 것도 19세기 말이었어요. 유럽에서는 20세기가 되어서야 자리를 잡기 시작했죠. 그러니까 본격적인 과학수사가 시작된 것은 이제 겨우 100년 남짓 되었다고 봐야 합니다."

"한국에서 과학수사가 시작된 것은 과학수사연구소가 창립되었을 때로 봐야 할까요?"

"물론 현대적인 의미에서는 그렇다고 봐야 하겠죠. 그러나 조선시대에도 아주 대단한 과학수사 기록들이 남아 있습니다. … 그런데 이러다가는 정말로 밤을 새겠어요. 오늘은 일단 이 정도로 하고 그 이야기들은 원고로 보는 게 좋겠어요."

   법의관이 도끼에 맞아 죽을 뻔했디

2장__

법의학과 기묘한 사건들

구스타프 클림트를 거쳐 '알마'를 만나다

아침 일찍 여의도에 있는 문국진 박사의 집으로 가는 길에, 편집자가 내게 알려줄 게 있다면서 말했다.

"문 박사님과 통화를 하고 약속을 잡았는데, 처음엔 좀 묘했어요."

"묘하다… 고요?"

"인터뷰집 때문에 전화를 했다고 말씀드렸는데, 바로 만나자고 하시는 거예요."

"그러면 문 박사님은 우리가 왜 찾아뵙는 건지도 모르고 계신다는 건가요?"

"아닙니다. 말씀을 드리긴 했어요. 알마의 인터뷰집 시리즈의 기획 의도도 말씀을 드렸고요."

"그렇다면 필요한 내용은 다 알고 계시겠네요. 그런데 여든일곱이나 되셨는데 이메일을 잘 보실 수 있을까요?"

"이메일을 보시는 정도는 전혀 문제가 되지 않나 봐요. 무척 건강하신 것 같아요. 그런데 문 박사님이 이런 종류의 일을 잘 하지 않으시는 걸로 알고 있어요. 얼마 전에도 한 출판사에서 찾아갔다가 거절당한 일이 있다고 들었어요. 그때 아주 대단한 베스트셀러 작가도 함께 갔다고 하던데요."

"그랬어요? 그런데 뭐가 묘하다는 건가요?"

"제가 '알마 출판사입니다.' 이러니까 문 박사님이, '알마요? 알마라니, 거 참 희한한 일이 다 있네. 무슨 일인지 모르겠지만 일단 한번 와 보시오.' 대뜸 이렇게 말씀하셨어요. 저는 그래도 무슨 일 때문에 전화를 드렸는지는 말씀드려야 할 것 같아서 설명을 드리기는 했는데, 문 박사님은 계속해서 '하여튼 한번 만나자'고 하시더라고요."

여의도에 있는 아파트에 들어섰다. 평범해 보이는 집이었다. 문국진 박사는 거실 소파에 자리를 권하고 인사가 끝나자마자 물었다.

"출판사 이름이 알마입니까?"

문국진 박사는 자식뻘의 나이인 우리에게 깍듯이 높임말을 썼다.

"선생님, 말씀을 낮추시는 게 저희가 편할 것 같습니다."

"그건 시간을 두고 보자우요. 인연이 있으면 자연스럽게 그리 되겠디요. 그런데 '알마'가 무슨 뜻입니까?"

함께 간 편집자가 대답했다.

"꿈과 전설의 도서관으로 알려진 알렉산드리아 도서관의 애칭이기도 하고요, 아랍어로는 무엇인가를 잘 자라게 한다는 뜻도 가지고 있습니다."

  법의관이 도끼에 맞아 죽을 뻔했디

"그렇군요. 참 묘한 인연입니다. 전화를 했을 때 나는 '알마'라는 여성에 대한 자료를 보고 있었어요. 그런데 '알마'라며 전화가 왔으니 깜짝 놀랐지요. 내가 관심을 가지고 있던 '알마'와는 다른 '알마'였군요."

나는 음악가 구스타프 말러(1860~1911)의 부인, 알마 말러가 떠올랐다. 그녀는 20세기 초, 빈에서 활동하던 천재적인 예술가들을 사로잡았던 아름다운 여인이다. 알마는 말러에게 실망한 뒤 그와 이혼하기 전부터 건축가이자 바우하우스 이념의 창시자였던 발터 그로피우스와 연애를 시작했고, 그 뒤에도 많은 예술가들과 사귀었다.

"구스타프 말러의 부인이었던 알마 말러 말씀인가요?"

"호오, 강 선생은 알마 말러를 아는군요."

"아닙니다. 잘 모릅니다. 지난해부터 한국에서 구스타프 말러 전곡 연주회가 시작되었는데 대단한 인기를 누리고 있잖습니까. 그래서 그에 대한 자료를 좀 보았는데, 거기에 부인이었던 알마 말러의 이야기가 있기에 기억하고 있을 뿐입니다."

"그렇군요. 구스타프 말러의 음악을 이야기하면서 알마 말러 이야기가 나왔다면, 말러의 작품들 가운데 상당수가 알마에게서 영감을 받았거나 그녀를 위해 작곡했기 때문일 거요. 특히 교향곡 10번은 알마를 위해 쓰였는데 완결 짓지 못하고 죽었지요."

"교향곡 10번을 제가 좋아해서 해설을 읽어보았는데, 그런 이야기도 나오더군요."

"그렇다면 알마 말러가 19세기 말, 20세기 초 예술의 도시였던 빈에서 많은 천재적인 예술가들과 잘 알고 지냈다는 사실도 알고 있겠군요."

"잘 모릅니다만, 당당하게 내놓고 연애를 했다고 하더군요."

"맞아요. 알마는 여러 명의 남자와 관계를 가졌을 거요. 그 때문에 많은 사람들이 그녀를 님포마니아nymphomania라고 비난하는데, 내가 보기에는 그런 게 아닙니다."

"님포마니아는 무슨 뜻인가요?"

"한국어로는 색광녀色狂女, 모남증慕男症, 여자색정증女子色情症 등과 같은 용어로 바꿀 수 있어요. 이런 여자는 성욕을 억제하지 못하고 성행동을 강박적으로 하는데, 오르가슴을 느끼지 못하거나 계속적으로 오르가슴을 느끼려고 하는 욕구가 강렬합니다. 그러니까 자꾸만 성 상대를 바꿔야 해요. 어원은 짐작하겠지만, 그리스·로마 신화에 나오는 님프nymph에서 나온 말이디요."

"여자의 경우가 님포마니아라면 남자의 경우는 뭐라고 하나요?"

"사티리아시스satiriasis라고 합니다. 한국어로는 갈녀증渴女症 또는 남자색정증男子色情症이라고 하지요. 이런 과잉 성 행동, 즉 하이퍼섹슈얼리티는 대개 열등감이 성에 대한 충동적인 욕구라는 보상적인 행위로 나타나는 것입니다. 일종의 강박신경증이지요."

"아, 그렇다면 알마는 님포마니아는 아니지만 남성 편력은 심했던가 봅니다."

"내가 조사해보니까, 알마는 그저 성적인 만족을 위해서 남자들과 관계를 가진 게 아니요. 19세기 말에 태어나서 20세기 중반까지 당시 세계 예술의 중심지라고 해도 좋을 빈에서 살면서 천재적인 예술가들을 만났고, 그들에게 예술혼을 불어넣었던 여자요.

화가였던 오스카 코코슈카는 알마와의 첫 만남 이후 2년 6개월 동안에 무려 400통이 넘는 편지를 보냈어요. 열정적으로 사랑했던 거디요.

그 당시에 그린 그림이 〈두 사람의 초상Double Portrait〉(1912~13)이요. 말할 것도 없이 코코슈카와 알마요. 그 당시 코코슈카는 스물일곱 살의 불같은 청년이었고, 알마는 그보다 일곱 살 위인 서른네 살이었어요. 알마 역시 코코슈카를 사랑했지만, 코코슈카의 끈질긴 청혼을 받아들이지는 않았어요. 알마는 코코슈카에게서 느낀 폭풍 같은 사랑과 열정 그리고 그것에서 비롯되는 집착이 두려웠고, 말러와의 결혼생활에서 지긋지긋했던 구속감과 독점욕, 질투심을 다시 겪고 싶지 않았던 거요. 그러면서 알마는 코코슈카에게 '당신이 후세에 남을 만한 걸작을 만들게 되면 그때 결혼합시다'라며 코코슈카의 예술혼에 불을 질렀어요. 그 말을 믿고 밤낮을 가리지 않고 노력해 만든 작품이 바로 〈바람의 신부〉요. 코코슈카의 대표작으로 꼽히는 그림이디요. 하지만 알마는 결국 코코슈카를 떠나 그로피우스와 결혼하게 됩니다.

알마는 여러 남성과 관계를 맺었고, 세 번의 결혼을 했어요. 내가 보기에 알마는 남자를 사랑했다기보다 그들이 가진 천재적인 재능을 사랑했던 것 같습니다. 그리고 그들의 예술혼을 일깨웠어요. 그렇게 보면 알마야말로 위대한 예술가를 만들어낸 예술가라고 봐야 하디 않겠어요?"

알마에 대한 이야기가 길었다. 나는 내내 궁금했던 것을 묻지 않을 수 없었다.

"그런데 선생님께서는 왜 그렇게 알마에 관심을 두시는지요?"

"클림트에 대한 자료를 보다가 알마라는 여자를 알게 되었어요. 그런데 내가 보기에 알마에 대한 평가가 불공평한 것 같았어요. 그래서 좀 더 깊이 조사하기 시작했디요. 보통 말하듯이 단순하게 음란한 여자가 아니었어. 아주 지적이고 음악에도 무척 조예가 깊었어요. 처음에는 아무것도 못하게 하던 말러도 알마가 작곡한 곡을 들은 뒤에는 그 재능을 인정했을 정도요. 그리고 알마는 예술가의 천재적인 재능을 알아보는 직관이 아주 뛰어났어요. 직감이 아니라 직관 말이요."

직감은 그저 본능적인 느낌과 비슷한 것이고, 직관은 지식과 경험, 생각들을 바탕으로 떠오르는 영감 같은 것이다. 그러니까 알마는 본능적으로 그들의 재능을 알아본 것이 아니라 자신의 경험과 지식, 그리고 깊은 사고를 바탕으로 얻은 직관을 통해 확신을 가졌다는 말이 된다. 그렇다면 알마의 인간적인 깊이와 넓이가 대단하다는 뜻이다.

"그러니까 선생님께서는 그저, 그저라고 하니까 좀 이상하긴 합니다만, 그처럼 대단한 직관을 가진 알마에 대한 세인들의 평가가 잘못되었다는 생각 때문에 그러신다는 거군요."

"그럼, 법의관이 뭐하는 사람인가. 억울한 사람이 있으면 증거를 조사해서 그 억울함을 씻어 줘야디."

문국진 박사는 아주 진지하게 말했다.

"알마에 대해 조사를 시작하신 지는 얼마나 되셨어요?"

"벌써 6개월이나 되었는데, 아직도 알마 말러에 대한 자료를 더 보고 있어요. 아마 이번 달에 글을 쓰고 나면 또 다른 자료를 보게 되겠디요."

"그러니까 선생님께서 알마에 대한 자료를 읽고 있는데 '알마'가 전화를 한 거군요."(웃음)

"내 말이 그거 아니요. 세상에 이런 인연이 또 어디 있겠어요?"(웃음)

"선생님께서는 그림에 대해 언제부터 연구를 시작하셨는지요? 클림트에 대한 자료를 보다가 알마에 대해 관심을 가졌다고 하시기에 여쭙는

　　　　　　　　　　　　　　法의관이 도끼에 맞아 죽을 뻔했디

겁니다."

"벌써 20년이 되었디요. 내가 고려대학교에서 정년퇴임한 뒤에 북 오톱시를 시작했어요. 현장을 떠나 은퇴한 상황에서, 부검을 계속할 수 있는 유일한 방법은 책을 통한 것이었디. 알아보니까 예술가들의 죽음이 잘못 알려진 것이 많더라고. 법의학적인 지식이 없는 사람들이 조사하고 결론을 내리다보니 그렇게 된 것 같아요. 그래서 시작했디요. 남아 있는 문서나 책과 같은 자료를 '부검해서' 죽음의 원인을 제대로 규명해보자고 시작한 거요. 그런데 죽음이라는 것은 그 사람의 삶과 동떨어진 어떤 것이 아니요. 죽음의 모습에는 삶의 모습이 보입니다. 그러니 죽음의 이유를 정확하게 규명하기 위해서는 그들의 삶을 알아야 하는 거요. 예술가들의 삶은 그들의 작품을 통해서 가장 잘 들여다볼 수 있디 않겠어요? 그래서 음악을 듣고 그림을 공부하게 된 거디요."

"북 오톱시라고 할 때 '오톱시'는 부검이라는 뜻을 가진 그 오톱시 autopy를 말씀하시는 겁니까?"

"그렇디요."

"북 오톱시와 관련된 이야기는 선생님 인생의 시기로 보면 말기의 주제인 셈이군요."

"그렇게 볼 수 있디요."

"그러면 선생님, 그 이야기는 나중에 다시 듣기로 하고, 다음번에 뵐 때는 먼저 법의학 이야기를 해주시는 게 어떨까 싶습니다."

문국진 박사와의 첫 만남에서는 '알마'와의 인연에 대한 이
야기가 길었다. 그리고 앞으로의 인터뷰 일정에 대해 의논했다. 집으로
돌아와 인터뷰할 내용을 정리하기 위해 자료를 뒤적이는데, 서울대학교
법의학교실의 이윤성이 〈중앙일보〉와 인터뷰한 내용이 눈에 들어왔다.

• 많은 분야 중에 왜 법의학을 선택하셨나요.
"의학 분야 중에서 뭔가 좀 독특하다고 생각을 하기 때문에 그런 질문
을 하는 것이겠죠? 그런데 산부인과 의사 보고 '왜 산부인과 택했느냐'
고는 안 묻잖아요. 그런데 우리 아내도 제게 집요하게 물어요. '그냥 치
료의학 하지 왜 쓸데없는 것을 해서 돈도 못 벌고 그러느냐'고요."(웃음)
• 그래도 법의학에 관심을 갖게 된 계기가 있을 것 같은데요.
"제가 서울대 의대 본과 2학년 때 우리 형이 고려대 의대 본과 4학년이었

어요. 형이 당시에 고려대 법의학 교수셨던 문국진 선생님 강의를 들었
어요. 그러고 나서 집에 와서 하는 말이 '법의학이라는 게 있는데 폼 나
더라' 해요. 그래서 제가 도서관에 가봤더니 법의학 책이 꽤 있더라고요.
읽어봤더니 재미있어요. 그리고 우리 사회에 꼭 필요한 분야더라고요."

이 인터뷰 기사가 실린 것이 2011년 3월 26일이다. 문국진 박사가 법
의관이 된 지 56년이 지난 지금도 사람들은 '어쩌다가 법의관'이 되었느
냐고 묻는다고 한다. 아직도 법의관이 된다는 게 일반적인 선택이라고
생각되지 않는다는 뜻이다. 물론 인터뷰에는 이런 질문이 거의 단골 메
뉴로 들어가지만, 특별한 경우가 아니면 이런 질문은 별 의미가 없는 것
이 보통이다.

그렇다면 문국진 박사가 법의관이 되려고 했을 때는 어땠을까? 내가
가지고 있는 《최신 법의학》 초판을 들춰보니, 문국진이 대학을 졸업한
해는 1955년이다. 그해에 국과수가 독립기관으로 출범했다. 문국진 박
사가 대학을 다닐 때는 국과수라는 기관이 없었다. 그렇다면 법의학이
나 법의관이라는 말을 어디서 들어보기도 쉽지 않았을 것이다. 그런데
문국진은 무슨 인연으로 졸업과 동시에 법의관이 되었던 걸까?

"대단한 인연이었지요. 내가 법의학을 전공하겠다고 마음먹은 것은
대학 3학년 때의 일이요. 청계천 근처였을 거요. 비가 많이 쏟아지기에
헌책방에 잠깐 들어갔지요. 비가 긋기를 기다리면서 이 책 저 책을 뒤적
거리는데, 후루하다 다네모도^{古畑種基}가 쓴 《법의학 이야기^{法醫學の話}》라는
책이 눈에 딱 들어오는 거요. 그래서 잠깐 서서 읽어 보게 되었지요. 그
런데 그 책에 이런 말이 있어요.

                                                          법의관이 도끼에 맞아 죽을 뻔했다

'사람에게 생명도 중요하지만, 권리도 그에 못지않게 소중하다. 사람의 생명을 다루는 의학이 임상의학이라면, 사람의 권리를 다루는 의학은 법의학이다. 법의학은 인권을 소중히 여기는 문화가 발달된 민주국가에서만 발달한다. 따라서 법의학의 발달 정도를 보면, 그 나라의 문화 수준이나 민주화 정도를 알 수 있다.'

나는 그만 이 말에 홀딱 반해버렸지요. 인간의 권리를 다루는 의학이 있다고 생각하니까 가슴이 뛰는 거요. 이 책을 읽고 나는 법의학을 하겠다고 결심하게 되었어요. 그래서 알아보기 시작했지요. 서울대학교가 경성제국대학이었던 시절에는 법의학교실이 있었어요. 그 당시의 법의학교실 현판이 그때도 남아 있었거든요. 그 현판은 지금도 의과대학 구 건물에 있어요. 아마 돌에 새겨서 건물에 붙박아놓은 것이라 떼어내지 못했던 것 같아. 그러던 것이 해방 뒤에 없어진 거요. 의학 교육이 미국식으로 바뀌면서 그렇게 되었디. 그 당시 한국의 시찰단이 미국에 가서 보니까, 의과대학에 법의학교실이 없었던 거요. 그런데 그 시찰단은 미국의 제도를 몰랐던 거디요. 미국에서는 대학 단위로 법의학교실을 두고 있지 않았거든. 그걸 모르고 한국으로 돌아와서 의과대학에서 법의학교실을 모두 없애버린 거요. 그래서 한국이 법의학의 불모지가 되고 말았디.”

이승만 정권 시절의 이야기다. 이승만은 미국통으로 잘 알려진 인물이 아닌가. 미국은 전 세계에서도 법의학적인 시스템이 가장 잘 마련되어 있는 나라다. 미국의 법의관 제도는 1877년 메사추세츠 주에서 시작되었고, 1917년에는 뉴욕에서 가장 개혁적인 법의관 제도가 제정되었다. 그러니 그 당시 한국 정부에 법의관의 역할이 얼마나 중요한지를 아는 사람이 없었다고 보기는 어렵다. 게다가 한국의 의과대학 교육에서 법의학적인 교육 자체가 아예 없었던 것도 아니었다. 의과대학에서는 전 과정을 통해 네다섯 시간 정도의 교육을 받았다. 물론 그것은 "환자가 죽었을 경우에 필요한 검시 지식"을 배우는 정도였다고 한다. 그러니 법의학에 대한 무관심은 문국진 박사가 앞서 말한 '인권'에 대한 무관심으로 볼 수도 있을 것이다. 일제강점기의 신문을 보면 이런 구절이 나온다.

> 조선의 경찰제도는 종래로 고등관계 방면에만 전력을 질주하야오고 사법관계 방면은 등한시된 까닭에 간신히 이에 대한 시설이라고는 경기도에 형사과가 잇어 전조선 범인의 지문, 사진, 범행 동기에 관한 "카드"를 수집하므로써 유일한 과학적 범죄수사의 기초가 되어 있는 형편이다.
> (중략)
> 여하간 지금의 조선경찰제도는 사상 방면에만 편중되어 사법경찰에는 거의 무능력하다고 일반의 비난이 점점 높아가는 중에 잇다.
>
> — '사상적 방면에만 편중 과학적 기능은 멸여', 〈동아일보〉, 1933년 5월 30일

현대 한국에서의 '고문의 역사'를 보면 일제강점기의 '고등관계' 경찰들이 쓰던 고문 수법을 그대로 흡수해서 정권 유지에 사용했음을 알 수 있다. 조갑제가 쓴 《고문과 조작의 기술자들》을 보면 그런 이야기가 '잘' 나와 있다. 그 내용은 대충 이런 것이다.

일제강점기에 독립운동가를 고문한 것은 주로 조선인 고등계 형사였다. 그렇게 고문을 몸에 익힌 조선인 고등계 형사는 해방 후 이승만 정권

   법의관이 도끼에 맞아 죽을 뻔했디

의 권력 핵심부에 들어갔다. 그들은 주로 정치적인 사건에서 억지자백을 받아내기 위해 고문을 활용했다. 조갑제는 일본의 경우 악랄한 고문을 일삼던 특별고등경찰을 패망 뒤에 '공직에서 모두 추방'했다고 말하면서, 그렇지 못했던 한국의 '반민중적'인 상황에 대해 지적하고 있다. 그러나 위키백과사전에 따르면, 미 점령사령부가 처음에는 특고경찰들을 추방했지만 나중에는 일본의 사회주의자들을 견제하기 위해 '활용'했다고 한다. 이 문제는 근거가 보다 분명한 자료 확인이 필요할 것 같다.

이 책을 읽어보면, 30년 전 조갑제가 '민중'이라는 낱말을 이렇게 즐겨 쓴 적이 있다는 사실이 그저 놀라울 따름이다.

아무튼 이런 '일제강점기 고문기술자들'의 힘이 필요했던 정권이라면, 미국의 법의학 제도를 잘 알았다고 해도 그것을 제대로 도입하려고 했을 리 만무하다. 어쩌면 미국의 의과대학 시찰이라는 명분 아래 법의학을 통한 '인권 지키기'를 원천적으로 봉쇄하려 했던 것인지도 모른다. 법의학은 지위고하를 막론하고 냉정하게 범죄 사실을 밝히는 학문이기 때문이다. 특권을 핵심으로 하는 폭압적인 정권이 법의학을 제도적으로 정착시키려 했겠는가.

다시 문국진 박사와의 이야기로 돌아가보자.

"선생님께서는 의사가 되려고 의과대학에 들어가신 것 아닙니까? 의사가 하는 일은 인간의 권리를 지키는 일과는 거리가 좀 있잖아요. 그런데 인간의 권리라는 문제에 어떻게 그렇게 갑자기 빠지게 되셨나요?"

"그때도 남들이 잘 안 하는 뭔가 다른 걸 해야겠다는 생각을 하고 있었어요. 의사가 되더라도 늘 환자만 보는 임상의사가 되고 싶지는 않았거든. 그래서 병리학이나 세균학과 같은 기초의학을 전공하려고 했디요. 그런데 아직 전공분야를 정하지 못했을 때였어요. 그러다가 그 책을 보고 이거다, 한 거지요."

"그렇지만 그때는 법의학을 어디서 배울 수도, 또 그걸 써먹을 직장도 없었잖아요?"

"그랬지요. 내 스승이 장기려 박사인데, 내가 법의학을 하겠다니까 막 화를 내셨디. 그런 건 학문도 아니라고 하시면서 외과를 전공하라고 하셨디요. 나는 그때 퍽 섭섭했어요. 장기려 선생님이 무의촌 봉사활동을 다니실 때 나도 열심히 모시고 다녔거든. 그런데 법의학을 너무 폄하하시니까 마음이 아주 안 좋았디요. 그래도 나는 결심을 그대로 밀고 나갔어요.

졸업을 하고 나니 이제, 막막한 거요. 한국에 법의학과나 법의학교실이 있는 것도 아니고 그런 일을 하는 곳도, 배울 곳도 없었으니까. 한때는 일본으로 밀항이라도 해야 하나, 그런 극단적인 생각도 했디요. 그때만 해도 일본과 국교가 수립되기 전이었거든. 그렇지만 부모님들이 다 계신데 그럴 수도 없었디요. 그래서 고민 끝에 학교의 병리학교실을 찾아갔어요. 그 당시 병리학과 주임교수가 이제구 교수님인데, 그분께 찾아가서 부탁을 드렸지요. 아무래도 병리학이 법의학과 가장 가까운 분야니까.

그런데 정말 내가 법의학을 하게 될 운명이었던 것 같아요. 병리학교실에 며칠 나갔나 그랬는데, 이제구 교수님이 날 부르시는 거요. 그래서 갔더니, 당시 국과수에서 법의학과 사람이 필요하니 추천을 해달라는 공문이 왔다는 거요. 정말 대단한 인연 아니오? 내가 졸업한 바로 그해에 국과수가 독립기관으로 발족하면서 법의관을 뽑았던 거요. 가보니

    법의관이 도끼에 맞아 죽을 뻔했디

청와대 뒤쪽에 있는 창고를 개조해서 국과수로 쓰고 있더라고. 국과수에서도 서울대학교 의대 졸업생이 왔다고 무척 반겼디요. 그래서 법의학을 시작할 수 있었던 거요."

"정말 대단한 인연이네요. 마치 운명에 의해 인도되는 것처럼 느껴질 정도입니다. 그런데 선생님, 법의학이 인간의 권리를 보호한다는 말씀이 쏙 들어오지는 않아요. 사건을 예로 들어서 설명해주실 수 있을까요?"

법의학이 인권을 보호하는 학문임을 잘 보여주는 사건을 예로 들어달라고 부탁했더니, 문국진 박사는 다음과 같은 이야기를 해주었다.

"어드멘가 썼던 이야긴데, 아마 60년대에 일어났던 사건일 거요. 한강에 백사장이 있었고, 그곳에서 블록을 찍어내곤 했디요. 그 백사장에서 여자 변사체가 발견되었어요. 시체를 감정해보았더니 턱과 유두, 대음순(여자 성기의 일부분)에 치흔(이빨 자국)이 있는 거요. 그러니까 경찰에서는 변태적인 성범죄로 보고 수사를 했디요. 그런데 유두와 대음순에 있는 치흔은 문치(앞니) 자국밖에 없어서 개인식별을 하는 데 별 도움이 되지 않을 것 같았어요. 그렇지만 턱에 난 치흔은 뚜렷해서 증거 가치가 있는 것이었어.

치흔이 시체에 뚜렷하게 남아 있다는 건 죽은 뒤에 만들어졌다는 의미요. 만일 살아 있을 때 턱을 깨문다면 누구라도 반항하거나 피하려고 하지 않겠어요? 그러면 찰과상과 교흔(입으로 문 자국)이 뒤섞여서 원래의 치흔을 알아보기 어려울 거요. 그러니까 범인은 이 여자를 살해한 뒤 성범죄자의 소행인 것처럼 위장했다고 봐야 하는 거요. 아무튼 치궁齒弓의 형태와 치아의 배열 상태는 지문처럼 만인부동이요. 누구도 같은 사람은 없어. 용의자를 찾으면 용의자의 치아를 석고모형으로 떠서 시체의 턱에 남아 있는 치흔과 비교해보면 되는 거요.

경찰에서는 그 주변에서 블록을 찍는 인부들 가운데 누군가가 저지른 범행일 거라고 생각하고, 그들 중에서 좀 수상해 보이면 잡아가서 족치고 했다. 그 당시는 몽둥이로 마구 때리면서 '빨리 불라, 이 ××!' 뭐 그랬다. 그러나 경찰이 찾아와서 '이놈이 맞는 것 같다'고 해도 시체에 나 있는 치흔과 일치하는 사람을 찾지 못했어요. 인부들 가운데는 누구와도 맞지 않았다. 그러다가 한 수사관이 피해자 남편의 치흔과 비교해보자고 제안했어. 그런데 그게 딱 맞는 거요. 그렇지만 그 당시 나로서는 치아의 모형과 교상(물려서 남은 상처)으로 개인식별 감정을 하는 게 처음이었거든. 매우 신중하지 않을 수가 없었다. 남편이 그랬다는 것도 쉽게 믿어지지 않았으니까. 일주일 동안 이리 맞춰보고 저리 맞춰보고 할 수 있는 정밀조사를 다 해봤어요. 그런데 아무래도 맞는 거요. 남편의 치흔이었던 거요.

나는 치과 전공자가 아니었기 때문에 확인을 받고 싶었다요. 그래서 모 치과대학의 K교수를 찾아갔어요. 가서 용건을 이야기했더니 자기도 며칠 전에 이와 비슷한 내용으로 감정을 의뢰받았는데, 동일인이 아니라고 판단하고 이미 통보했다는 거요. 그 감정 내용과 내가 가져간 것을 비교해보니 같은 건이었어요. 경찰에서 같은 사건에 대한 감정을 두 군데에 동시에 의뢰했던 거디요. 나는 그 두 개가 동일인의 것이라고 판단하고 있었기 때문에 그 이유와 근거를 자세하게 설명했어요. 그랬더니 이 K교수가 자기가 잘못 감정했다며, 내 말이 맞다는 거요. 나는 그 자리에서 감동했어요. 대개는 그렇지 않거든. 자기가 감정한 것이 잘못되었다는 것을 알면서도 끝까지 고집을 부리는 것이 보통이요. 그런데 이 분은 곧바로 인정하는 거요. 전문가가 자신의 잘못을 인정한다는 건 정말 대단한 거디요. 아무튼 나는 내가 제대로 감정했다는 것을 확인 받아서 돌아왔어요.

날짜를 보니 크리스마스 이브라 며칠 지난 뒤에 통보하자고 생각했어요. 그 사이에도 나는 내 감정이 정말 맞는지, 혹시라도 틀리지 않는지 다시 확인하고 또 확인하고 그랬어요. 결국 나는 새해도 지난 뒤에 통보했디요. 그리고 그 남편은 1월 4일에 연행되었고, 경찰서에서 자백을 했어요. 그런데 이 사람이 법정에서 경찰의 고문 때문에 허위자백을 했다고 주장을 하는 바람에 내가 증언대에 서게 되었어요.

그 자리에서 엉터리 같은 변호사에게 휘말릴 뻔했디요. 변호사가 반대심문을 하는데 감정서 사본을 들고 나와서는 이렇게 말문을 여는 거요. '이 사진과 이 사진은 육안으로 보아도 전혀 다른데, 어떻게 이것을 동일하다고 하는 거요?' 그러고는 감정서의 사진을 지적하는 거요. 그런 다음에는 내 대답도 기다리지 않고, 계속해서 열일곱 장이나 되는 사진을 모두 다 다른 것이라고 아주 빠르게 말하더라고. 무슨 말인지 다 알아듣지도 못한 상태에서 정신을 못 차리겠는 거요. 그런데 마지막 말이

들렸어. '감정인의 감정이 다 잘못되었지요?' 그 말은 느리고 또렷했어. 나는 '네 그렇습니다' 하마터면 큰 소리로 그럴 뻔했디요. 그때 퍼뜩 그런 생각이 들더라고. 이게 재판 비결이구나. 유능하다는 변호사들은 분위기를 이렇게 만들어서 자기가 원하는 대답을 하게 만드는구나, 내가 정신을 차려야겠다. 그러고는 큰 소리로 대답했디. '아닙니다. 이 감정은 틀림없이 동일인이라는 것을 증명하고 있습니다!' 결국 남편은 유죄선고를 받았디요."

"재미있네요. 그런데 선생님, 이 이야기가 인간의 권리를 지켜준다는 건…?"

"생각해보라우. 만일 말이요. 내가 치혼을 가지고 '과학적인 증명'을 하지 않았다면, 남편이 범인인 줄 알았겠어? 만일 남편이 아니면 누가 범인이 되었겠어?"

그때 나는 퍼뜩 깨달았다. 억울하게 옥살이를 한 김시훈이 떠올랐던 것이다. 그가 어떻게 살인 사건의 범인이 되었는지는 당시 신문에 자세하게 나온다.

김씨(김시훈을 가리킴)는 자신이 검거되던 작년(1981년) 7월 12일부터 검찰에 송치되던 7월 30일까지 18일 동안 경찰에 의해 전주시 진북2동 파출소의 2층 숙직실 등 비밀장소로 끌려다니며 고춧가루를 코와 눈에 집어넣거나 발가벗긴 채 구타하는 등 갖은 고문을 당했으며 이로 인해 오른쪽 다리의 무릎과 정강이가 부서지는 중상을 입기도 했다고 털어놓았다.

김씨는 또 경찰이 진술서를 받는 과정에서 자신에게 온갖 고문을 가해

정신을 잃게 한 후 종이와 볼펜을 주고 부르는 대로 적도록 해 자술서를
만든 다음 이 자술서를 기초로 담당 형사들이 자신의 피의자 신문 조서
를 작성했다고 말했다.

"아, 그렇겠군요. 블록을 찍던 인부들이 괴롭힘을 많이 당했겠군요.
어쩌면 그들 가운데 누군가가 고문을 받고 허위자백까지 해서 살인범이
되었을지도 모르고요. 그렇지만 치흔으로 대조한다는 과학적이고 믿을
만한 방법이 일반화된다면, 그런 식의 고문은 필요가 없어지겠군요."

"바로 그거요. 증거는 지위고하를 가리지 않으니까. 사람을 차별하지
않으니까. 억울한 사람이라면 돈을 들여서 변호사를 댈 필요도 없는 거
요. 법의학이 공정하게 집행되기만 한다면 말이요."

이 이야기를 하지 않고 넘어갈 수 없다. 이 사건은 한국의 국과수에 법
치의학실이 설치되게 해준 사건이기도 했다. 이 사건이 신문에 나자 청
와대에서 문국진을 불렀다. 당시 대통령이었던 박정희가 물었다고 한다.
'소원이 뭐냐, 한 가지만 말해라. 뭐든 들어주겠다'. 문국진은 '승진이나
포상 같은 건 바라지 않는다, 국과수에 법치의학자가 들어오는 것이 소
원'이라고 했다. 그러자 그 자리에서 담당자를 불러서 지시했고, 바로 이
뤄졌다. 그래서 국과수에 법치의학 담당자가 생기게 된 것이다. 그때 들
어왔던 제1호 법치의학 담당자가 나중에 제6대 국과수 소장이 되었는
데, 그가 김종열金鐘悅이다.

나는 웃으면서, 그래도 포상이나 승진에 대해 조금의 욕심도 나지 않으셨냐고 물었다.

"그런 게 뭐가 중요해요. 돈은 그저 먹고 살면 되는 건데, 그거야 어떻게든 되는 거고. 그리고 돈이나 명예에 욕심이 많았으면, 내가 법의학을 하디 않았겠디."

그의 대답은 간단했다.

"그때 국과수에서 받았던 월급이 아주 적었을 텐데요. 그 당시에는 공무원 월급이 아주 적었다고 들었습니다. 얼마쯤 받으셨는지 기억나세요?"

"대략 쌀 한 가마니 값이었디요."

"요즘도 국과수 법의관들의 월급이 적다고 하던데, 그때는 정말 심했군요."

2010년 연말에 〈조선일보〉 김윤덕 기자가 법의학자인 한길로 박사를 인터뷰한 내용을 보면 월급 이야기가 나온다. 당시 고려대 의대 법의학교실 부교수였던 한길로 박사는 "시체를 만지고 싶어" 교수 타이틀을 버리고 교수 월급보다 3분의 1이나 적은 국과수 평연구원으로 자리를 옮겼는데, 그때 주위에서 다들 "미쳤다"고 했을 정도였다고 한다.

"그런 데다가 사회적인 인식도 부족했으니, 누가 하려고 들지를 않았어요. 왔다가도 도망가고들 했디."

인권을 지키는 일은 정말 '자본주의적인 일'이 아니다. 돈이 되는 일은 아니지만, 꼭 필요하다면 공공의 이름으로 해야 한다. 국가가 나서서 해야 할 일이 바로 그런 일이다. 그렇게 보면 국가는 태생적으로 반시장적

법의관이 도끼에 맞아 죽을 뻔했디

인 성격을 지니고 있다. '시장'을 신처럼 떠받드는 신자유주의에 의한, 신자유주의를 위한 국가는 국가라고 인정하기 어렵지 않겠는가. 요즘은 돈이 안 되는 일에는 국가도 나서지 않는다.

이야기가 여기까지 왔을 때, 나는 DNA가 범죄수사에 처음으로 사용되었던 이야기가 생각났다. 따지고 보면 그 이야기도 문국진 법의관이 맡았던 사건처럼 해석할 수 있다. DNA 검사를 통해 세계 최초로 잡힌 범인, 그리고 억울한 누명을 벗었던 사람에 관한 이야기다.

나보러Narborough는 영국 잉글랜드 중부 레스터에서 남쪽으로 16킬로미터쯤 떨어진 작은 마을이다. 1983년 11월 21일 저녁 늦게 15세 소녀 린다 만이 성폭행을 당한 뒤 목 졸려 죽었다. 시신은 집에서 그리 멀지 않은 들판에서 발견됐다. 범인 추적이 시작됐다. 그러나 수사는 성과가 전혀 없었다. 사건에 대한 관심은 시들해졌다. 그러다가 1986년 여름 8월 2일에 또 다른 15세 소녀 돈 애시워스가 자두나무 덤불 속에서 발견됐다. 역시 나보러 근처였다. 애시워스도 성폭행 당한 뒤 목이 졸려 죽은 상태였다.

이번에는 용의자가 빨리 나왔다. 리처드 버클랜드라고 하는 인근 병원 잡역부였다(방점은 인용자). 애시워스의 시신이 발견된 지 꼭 일주일 만에 체포됐다. 물론 범행도 자백했다. 희생자의 나이나 살해 방법, 그리고 범행 현장이 나보러 인근이라는 점에서 두 사건은 공통점이 많았고, 따라서 경찰은 당연히 리처드 버클랜드가 린다 만도 살해했을 것으로 의심했다. 경찰은 한 과학자에게 도움을 요청했다. 그는 유전자 지문 감식genetic fingerprinting으로 알려진 새로운 기법을 막 개발한 인물로

레스터 대학Leicester University 교수 알렉 제프리스Alec Jeffrerys였
다. 많은 과학적 발견이 종종 그러하듯이 제프리스의 발견도 다른 것을
조사하는 과정에서 우연히 이루어졌다. 그는 원래 혈액에서 근육으로
산소를 운반하는 조직을 통제하는 미오글로빈 유전자를 찾고 있었다.

(중략)

경찰이 제프리스를 초빙한 것은 이 기술을 리처드 버클랜드에게 사용
해보기 위해서였다. 우선 린다 만과 돈 애시워스의 시신에서 채취한 정
액 샘플을 버클랜드의 혈액 몇 방울과 함께 제프리스에게 보냈다. 후일
제프리스는 당시가 평생에 가장 긴장된 순간이었다고 회고했다. 그때까
지 자신이 개발한 기법은 영국에 들어온 이민자가 법 규정대로 원래 영
국 거주민의 가까운 친척이 맞는지를 실험하는 용도로만 쓰고 있었던
것이다. 연쇄살인 사건은 분명 그보다는 훨씬 흥미진진한 일이었다. 어
느 날 밤늦게 제프리스는 결과를 보러 실험실에 들렀다. 다음날 아침까
지 기다리기가 답답해서였다. 그런데 현상액에서 필름을 건지는 순간
그는 충격을 받았다. 두 소녀의 시신에서 채취한 정액이 동일인의 것임
을 바로 알 수 있었다. 그런데 살인자는 리처드 버클랜드가 아니었다. 제
프리스에게 이런 결과를 통보받은 경찰은 화가 났다. 버클랜드가 자기
범행이라고 자백을 한 상태였기 때문이다. 경찰은 새 기술에 뭔가 결함
이 있다고 보았다. 그러자 이번에는 제프리스가 화를 냈다. 내무부 법의
학 전문가들이 별도로 실험을 한 결과 제프리스의 검사 결과가 맞는 것
으로 확인되었다. 경찰은 원점에서 다시 출발할 수밖에 없었고 버클랜
드는 결국 무죄로 석방됐다. 그런 점에서 버클랜드는 DNA 검사로 혜택
을 본 최초의 인물인 셈이다. 경찰은 일단 의외의 감식 결과를 인정하고

  법의관이 도끼에 맞아 죽을 뻔했디

나보러에 거주하는 모든 남성의 DNA를 조사하기로 했다. 4,000명분을 검사했지만 문제의 정액과 일치하는 샘플은 없었다. 그런데 나보러에서 좀 떨어진 곳에 사는 제빵업자 이언 켈리라는 사람이 어느 날 친구들한테 콜린 피치포크라는 친구 대신 검사에 응했다는 얘기를 털어놓았다. 피치포크는 나보러 가까운 동네에 사는 인물이었다. 수상하게 여긴 켈리의 다른 친구가 경찰에 신고했다. 경찰은 피치포크를 체포해 DNA 검사를 했다. 친구의 의심은 '역시나'였다. 검사 결과 피치포크의 DNA가 두 소녀의 몸에서 나온 정액과 일치한 것이다. 1988년 1월 피치포크는 유전자 지문 감식으로 유죄판결을 받은 최초의 사례가 되었다. 선고는 종신형이었다.

—《생각의 역사 2: 20세기 지성사》, 피터 왓슨 지음, 이광일 옮김, 들녘, 2009년, 1044~1046쪽

이 이야기를 봐도 그렇다. 만일 법의학이 제 역할을 하지 못했더라면 블록을 찍어내는 인부가, 혹은 병원 잡역부가 '자백을 하고 종신형'을 살거나 사형을 당했을 것이다. 버클랜드의 경우 특별하게 '고문을 당했다'는 말은 없었지만 상상을 해보면 고문 비슷한 상황이 있지 않았을까 싶다. 자신이 하지도 않은 살인을 했다고 순순히 인정할 사람이 어디 있겠는가. 역시나 다른 자료에서, 그랬으리라 짐작되는 매우 점잖은 표현을 찾아볼 수 있었다. "수사팀은 여러 가지 방법을 동원해 계속 자백을 강요했"(《DNA, 연쇄 살인의 끝》, 김형근 지음, 글항아리, 2009년, 45쪽)다. 이 두 이야기에서 문국진이 말했듯 법의학이 인간의 권리, 특히 하층민들의 권리를 보호하는 데 아주 중요한 역할을 하고 있음을 알 수 있다. 만델이 지적했던 것처럼, 우리는 그저 범죄소설이나 드라마를 통해 "즐거운

살인"을 대리경험하고 있는지도 모른다.

일반인들이 법의학의 역할에 대해 충분히 잘 이해하고 받아들일 때, 확고한 제도적인 뒷받침이 따를 수 있을 것이다. 이 일은 〈CSI〉나 〈싸인〉처럼 수사 방법과 제도에 대한 꿈과 희망이 담긴 이야기가 일반인에게 잘 전달될 때 더욱 효과적일 것이다. 문국진의 생각도 마찬가지였다.

"나는 〈싸인〉이나 〈CSI〉 같은 드라마는 잘 보디 않아요. 그런데 사람들이 너무 많이 물어봐요. 〈싸인〉이 어떻더냐고. 그래서 봤디요.

처음에는 아주 화가 나더라고. 저런 엉터리가 어디 있나 싶었던 거요. 법의관 윤지훈이 국과수 소장이 강의하는 데 가서 큰 소리를 내고, 그러는 건 너무 비현실적인 장면이요. 그리고 권력층의 부탁을 받아서 증거를 훼손하고 법의학적인 소견을 조작하고 그러는 건 말도 안 돼. 법의관은 진실이 생명인 거요. 그래서 언제 기회가 되면, 저 드라마 작가에게 단단히 이야기를 해야겠다고 생각했어요. 그런데 결과가 마음에 들더라고. 결국 국과수가 권력으로부터, 누구로부터도 간섭 받지 않도록 독립되어야 한다는 것에 초점이 맞춰지는 것을 보고는 마음이 다 풀렸어요. 그래야 있는 그대로의 진실을 지킬 수 있는 거디요.

그리고 실제는 전혀 그렇지 않지만, 그 드라마에서는 법의관들이 현장에 나가서 수사도 하고 그러잖아요. 사실 그래야 하거든. 그런 바람은 잘 표현되었어요. 아마 수사관계자들은 이번에 나온 〈싸인〉을 다들 본 것 같아. 내가 지난번에 국과수 56주년 기념식에서 검찰부총장을 만나서 그 이야기를 했디요. 〈싸인〉을 보면 법의관들이 현장에 나가곤 하는데, 사실 그래야 하는 것 아니냐고. 그랬더니 고개를 끄덕이면서 고려해봐야겠다고 그러더군.

　법의관이 도끼에 맞아 죽을 뻔했디

이번에 대한법의학회 모임에 가면 그런 이야기를 좀 할 작정이오. 법의학문화상을 하나 만들어보자고. 그래서 〈싸인〉과 같은 드라마를 만든 사람들에게 상을 주자고. 그렇게 격려해줘야 더 좋은 법의학 드라마를 만들 거 아니오. 그러면 자연히 일반인들도 법의학이 얼마나 중요한지 잘 알게 될 거고. 그래야 제도도 만들어지는 거디요. 언제나 제도가 먼저 만들어지는 게 아니야. 세상이, 세상 사람들 인식이 바뀌어야 제도가 만들어지는 거요. 내가 왜 《새튼이》나 《지상아》를 썼겠어요. 그런 바람을 가지고 있었기 때문이디요."

〈싸인〉의 20회 이야기는 마치 국과원(국립과학수사연구소가 2010년에 원院으로 승격되었다)의 지위가 어떤 권력으로부터도 독립되어야 한다는 메시지를 위해 만들어진 듯하다. 문국진은 그 부분에 감명을 받았다고 했다. 그토록 중요한 '독립'의 문제는 미국에서도 여전히 마찬가지인 것처럼 보인다. 다른 점이 있다면, 미국의 경우 그것이 제도의 문제라기보다 법의관 개인의 문제로 남아 있는 것이다. 법의관이었던 마이클 베이던의 말을 들어보자.

검사들은 법의관이 자기 팀의 일원이기를 바란다. 법의관도 경관이나 검사들처럼 납세자들로부터 봉급을 받고는 있지만 독립적이고 중립적이어야 한다. 경찰과 지방 검사들은 3인조라는 둥 세발의자라는 둥 하면서 다리가 하나 없어지면 사건에서 진다고 얘기한다.
불행하게도 많은 법의관들은 스스로를 바로 검찰의 일원으로 생각하기도 한다. 그러한 사고방식에 너무도 쉽게 빠져드는 것이다. 경찰들은 "선

생, 사망시각을 오전 3시로 잡아주시면 그놈을 맘대로 주물러댈 수 있
단 말입니다." 그런 얘기를 듣고 나서 눈앞의 검시대에 누워 있는 시체에
누군가가 저질러놓은 끔찍한 짓을 목도하는 한편 '그놈'이 살아오면서
저질렀음 직한 추악한 일들에 대하여 듣는다. 하지만 그중 어떤 것이 길
잡이 역할을 하고 또 어떤 것이 오해를 불러일으킬 수 있는지에 대한 경
계를 늦춰서는 안 된다. 당연한 얘기지만 경찰도 실수를 할 수 있기 때
문이다.

―《죽은자들은 토크쇼 게스트보다 더 많은 말을 한다》, 마이클 베이든 지음, 안재권 옮김,

바다출판사, 2005년, 16~17쪽

사실 제도가 담당자의 모든 행동을 규정할 수는 없다. 결국 어떤 제도
가 제대로 집행되느냐 하는 것은 담당자 개인의 몫이 아닐까 싶다. 그 개
인은 또 일반적인 사회 인식의 수준과 관련이 있을 것이다. 물론 진보적
인 정치가가 하는 역할도 중요할 것이다. 그러나 정치가는 '대중의 지지'
없이는 설 자리가 없다. 그 대중의 지지는 인식의 변화를 바탕으로 한다.

한국의 법의학과 관련된 제도는 아직도 수준 미달이다. 내가 알기로
는 2005년, 당시 유시민 의원이 검시제도 개선안을 국회에 발의한 적이
있다. 하지만 이 법률안은 17대 국회 내내 해당 기관들의 주도권 다툼으
로 표류하다가 회기를 넘기면서 자동적으로 폐기됐다. 이런 상황을 바
로잡을 수 있는 것은 정치가 한 사람이 아니다. 많은 정치가들이 관심을
가져야 한다. 그 관심은 대중의 지지와 연결되어 있다. 결국 어떤 것이든
사회적인 변화는 개개인의 인식 변화에서 시작되는 것이고, 그 인식 변
화가 만들어내는 제도의 완성 역시 그 제도를 운용하는 개인의 인식 수

　　　　　　　　　　　　　　　　　　　　법의관이 도끼에 맞아 죽을 뻔했디

준에 달려 있다.

그렇게 생각을 정리하고 보니, 문국진이 일반인들의 인식 변화를 위해 애쓴 일들이 사회개혁을 위해 얼마나 중요한지, 그 의미가 새삼 또렷해진다. 그는 국과수에서 고려대학교 의과대학으로 직장을 옮기고, 1976년부터 법무연수원과 서울대, 연대, 이화여대 등에서 강의를 했다. 또한 1978년에 유한양행의 사보 〈유경〉에 법의학 이야기를 쓰기 시작했고, 1985년부터는 일반인을 위한 법의학 이야기를 단행본으로 출판해 대단한 베스트셀러를 만들어냈다.

'새튼이'와
'지상아'

"선생님께서 펴내신 베스트셀러 《새튼이》(김영사, 1985년)나 《지상아》(청림출판, 1986년)는 아마 세계적으로도 상당히 이른 시기에 나온 '일반인을 위한 법의학 이야기'가 아닌가 싶습니다. 두 권은 그런 의미도 있는 것 같습니다."

"글쎄, 그게 시기적으로 얼마나 이른지, 늦은지 그런 생각은 해본 적이 없어서 잘 모르겠어요."

"〈법의관 퀸시Quincy, M.E.〉라는 미국 드라마 아시죠? 한국에서는 〈형사 Q〉라는 제목으로 방영됐습니다. 1976년부터 1983년까지 미국 NBC에서 방영된 것인데, 한국에서는 1981년에 MBC에서 방영했습니다. 그 드라마가 아마도 법의관이 주인공인 것으로는 거의 최초가 아닌가 싶은데요. 위키백과사전을 찾아보니까 그 드라마 앞엣것이 코러너coroner, 그러니까 '검시관'이 주인공이었더라고요. 그런데 선생님이 〈유경〉에 글을 쓰기 시작한 게 1976년이었잖습니까."

문국진 박사는 '시기'에는 관심이 없어 보였다. 다만 〈형사 Q〉라는 제목에 대해서 언급했다.

"아, 거 〈법의관 퀸시Quincy, M.E.〉 말이요. 그걸 한국에서는 〈형사 Q〉라고 번역을 해서 방영을 한다기에, 내가 전화를 해서 담당자에게 한참을 설명했던 적이 있어요. M.E.Medical Examiner라는 게 형사와 얼마나 다른지 한참을 설명해주었디요. 그런데 그쪽에서 하는 대답이 한국에서는 아직 시기상조라는 거요. 법의관이라고 하면 일반인들이 모를 거 같아서 그럴 수밖에 없다고 했어요."

"텔레비전 드라마의 주인공이 법의관이라는 것을 확실히 했다면, 오히려 한국 사회에서 법의관에 대한 인식이 좀 더 일찍 자리 잡을 수 있었을지도 모르는데, 안타깝군요."

"내가 그런 설명도 했어요. 〈유경〉에 일반인을 위한 법의학 이야기를 쓴 지 4~5년이 되었다, 그런데 일개 회사의 사보지만 그 법의학 이야기를 찾아 읽는 사람이 무척 많다. 그런 경험을 생각해보면 일반인들이 받아들일 수 있다. 그래도 소용없더라고."

"선생님 저서가 베스트셀러가 된 것을 보면 일반인들이 '받아들일 수 있었다'고 보는 게 맞는 것 같은데요.《새튼이》와《지상아》, 둘 다 대단한 베스트셀러였잖습니까. 그 당시 저는 출판사 편집부에서 근무할 때였으니 잘 기억하고 있습니다."

"뭐 대단하디는 않았지만 베스트셀러가 되긴 했디요. 당시 그 책을 낸 출판사들이 기반을 잡는 데 도움이 되었다고들 했디요."

30년 전에 나온 책이라면 이미 '고서'에 속한다. 정보의 유통 속도를 보면 적어도 조선시대의 300년쯤에 해당될 수도 있다. 그러니 대개의 경우, 그 책이 '살아 있는 경우'는 드물다. 그런데 《지상아》는 아직도 인터넷서점에서 새 책을 살 수 있었다(이건 정말로 출판계에서 아주 드문 경우다). 그런데 《새튼이》는 구하기가 쉽지 않았다. 경기도에 있는 도서관 전체를 뒤졌는데, 두 권밖에 없었다. 그 당시 베스트셀러였으니 헌책방에서는 구할 수 있을지 모른다. 검색해봤더니 네 권이 보인다. 발 빠른 독자라면 《새튼이》를 읽어볼 수 있을 것이다. 겨우 네 명이겠지만.

〈CSI〉 드라마를 좋아하는 사람이라면, 이 두 권의 책은 '아직도' 재미있을 것이다. 이것은 그저 내 짐작이 아니다. 인터넷에서 본 '아마도 20대'의 독후감이다. 블로거 이름은 디자인퀸, 그이에게 《새튼이》는 아르바이트를 온 동생이 읽고 있던 책이었다. 낡고 오래된 책을 읽는 게 신기해서 구경삼아 들었다가 자기도 모르게 빠져들어 그 자리에서 몇 단락을 읽었고, 빌려달라고 했더니 선물로 주더라고 한다. "이런 보물을!!" 그 책의 표지 안쪽에는 이런 글이 쓰여 있었다고 한다. 아마도 그 책을 준 동생의 삼촌이 레지던트 시절에 써둔 것인 듯하다.

92년 1월 26일 pm 9시에 구입, 92년 1월 27일 am 3:18분 완독!
깃똥차게 재밌다. 00병원에서 읽음.

— http://designqueen.kr/130104548617

블로거 디자인퀸의 의견도 레지던트 시절의 그 삼촌과 같았다. '깃똥차게 재밌'었다. 《새튼이》에 나오는 이야기 가운데 하나가 얼마 전 설경구가 주연했던 영화 〈용서는 없다〉에도 나온다. 그만큼 아직도 '유효한'

이야기가 실려 있다. 그 이유는 아마도 고려대학교 황적준 박사의 설명과 같을 것이다.

"법의학이라는 게 사람의 죽음에 대한 연구 결과 아니요. 다른 과학과 달리 사람에 대한 연구는 느릴 수밖에 없습니다. 사람을, 그것도 사람의 죽음을 가지고 실험한다는 게 한계가 분명한 일이어서 그런 거요. 물론 몇 가지 새로운 기술들이 발견되어 적용되고는 있지만, 기본적인 것은 아직도 다 그대로입니다. 50년 전의 법의학 교과서 내용의 대부분을 아직도 그대로 적용할 수 있어요."

독자 여러분도 기억할 것이다. 황적준 박사는 박종철이 고문으로 죽었다는 사실을 밝혀낸 것으로 이름이 알려진 유명한 법의학자다. 그는 문국진 박사의 수제자 가운데 한 사람이다. 그래서 나는 문국진 박사에게 청을 넣어 황적준 박사를 만나보았다. 내가 인터뷰이의 주변 사람들을 만나보는 이유는 인터뷰이에 대한 내 느낌을 확인하기 위해서다.

책 이름으로 쓰인 '새튼이'와 '지상아'는 둘 다 국어사전에 나오지 않는 낱말이다. 그것부터 먼저 밝혀보자. 아래는 국어학자 서정범의 '새튼이'에 대한 설명이다.

새타니 어원에 대해 최초로 언급한 분은 이규태씨가 아닌가 한다. 그는 '새가 트인 잇새나 입술의 틈이 벌려서 나온 소리라는 말일 게다'라고 했다. 즉 '새튼이'는 사이가 트인 데서 소리가 난다는 데서 생겨진 이름이라고 보고 있다.

명도明圖·태자太子와 같이 존칭어를 쓰고 있는 것으로 보아 새가 트인 데서 소리가 나기 때문에 '새튼이'라고 불렀다고 하는 것은 어렵지 않나

 법의관이 도끼에 맞아 죽을 뻔했디

한다.

신성神聲이 아니라 잇새에서 나온다는 소리로 보면 신을 얕잡는 것이 되기 때문이다. 호칭이 새튼이뿐만 아니라 새타니·새트니·새티니·새치니·새처니가 있다.

새트니는 새타니·새트니·새티니·새치니로 변한 것이다. 그러므로 새트니만 가지고는 해결이 되지 않을 것이며 새타니계의 말을 종합적으로 고찰해야 될 것이다.

—《한국무속인열전 5》, 서정범 지음, 우석출판사, 2002년, 297~298쪽

법의학 이야기와 무속인은 무슨 관계가 있을까? 문국진의 설명을 들어보자.

"미라라고 하면 대개 이집트 미라만 생각하지요? 거, 미라라는 게 뭐겠어요. 사람이 죽은 뒤 건조하고 통풍이 잘 되는 곳에 두면, 수분 증발이 빨라서 썩지를 않는 거요. 세균의 발육보다 수분 증발의 속도가 빠르면 미라가 되는 거거든. 인체 수분의 50%가 급속히 증발하면 세균 번식이 정지되니까, 그러니 썩지를 않는 거지요. 약품으로 인체를 썩지 않게 만들기도 하지만, 옛날에는 이런 자연환경만으로도 미라가 되는 경우가 많았어요. 거, 왜 사막에서 미라가 발견된 이야기도 있지 않아요?

한국에도 그런 미라 이야기가 있어요. 명도 또는 태자혼이라고 하는 미라가 있는데, 그에 얽힌 이야기요. 옛날에는 알다시피 일부종사라는 개념이 있었잖아요. 여자 입장에서는 이혼하고 싶어도 엄두도 낼 수 없었지요. 그러니까 정 안 되겠다 싶으면 그냥 도망쳐버리는 거요. 산후에 갓난아기를 버리고 도망가기도 했는데, 그러면 그 애가 살아나기가 어려

위요. 요즘이야 인공영양식이니 우유니 하는 것들이 종류도 많지만, 그때만 해도 모유가 아니면 갓난애에게 먹일 수 있는 게 없었디요. 그러니 어떻겠어? 아버지 입장에서는 아무리 정성을 다한다 해도 젖동냥만으로는 부족하고, 그러면 애는 허약해지고 마침내 영양실조로 죽고 마는 거디요.

피골이 상접할 정도로 처참하게 여윈 어린애의 시체를 부둥켜안고, 그 아버지는 탄식을 하겠디요. 그러다가 어린애의 넋이나마 위로할 목적으로 애 엄마를 찾아 나서요. 옛날에는 그저 걸어 다니는 수밖에 없지 않았겠어요? 애 엄마를 언제 찾을 수 있을지 모르니까, 기약 없고 정처 없는 여행을 해야 했겠디요. 그래서 소금장사를 하면서 다녔디. 소금상자 밑바닥에 어린애 시체를 넣고는 팔도 방방곡곡을 찾아다녔겠디요. 그러다 보면 소금상자 속의 어린애가 미라가 되는 거요. 그렇잖아도 바싹 마른 어린애인데, 소금이 수분을 빨아들이니까 시체의 수분은 급격하게 소실되고 썩지를 않는 거디요. 이런 현상을 보고 옛날 사람들은 그 어린 것이 어머니 정이 그리워 죽어서나마 만나보려고 썩지도 않은 거라고 생각했어요. 그 어린애 미라를 새튼이, 또는 명도나 태자혼이라고 불렀디요.

새튼이를 지고 다니던 아버지가 마침내 애 엄마를 찾아서 어린애가 죽었다는 것을 알리고, 새튼이를 꺼내서 어머니에게 던졌디요. 그랬더니 애를 버리고 떠났던 어머니가 그만 급사해버렸디. 그런 이야기가 전해지자 사람들은 새튼이를 무서울 정도로 총명하고 전지전능한 귀신으로 생각하게 된 거디.

그러나 엄마 입장에서 생각해보면 이런 거요. 보기 싫어서 도망친 남편이 눈앞에 나타났다는 것만 해도 공포스러운데 자기가 낳은 아기가

　　　　　　　　　　법의관이 도끼에 맞아 죽을 뻔했디

죽었다고 하고, 시체를 자기 품에 안겨주니 충격은 말도 못하게 컸을 거 아니요. 요즘 식으로 말하면 신경성 쇼크로 죽었다고 봐야디요. 그렇지만 옛날 사람들은 이 모두가 새튼이 때문에 생기는 일이라고 믿었어요. 지방에 따라서는 새튼이 귀신을 섬기는 곳이 아직도 있어요. 그리고 무속인 가운데는 새튼이 무당도 있는데, 이 무당은 뭇사람들 앞에서 새튼이와 대화를 한다는 거요.

글쎄, 새튼이 무당이 다 그런지는 나도 잘 모르디요. 그렇지만 내가 조사했던 무당에게는 문제가 있었디. 그런 사건 하나를 다뤄본 적이 있거든.

새튼이 무당이라고 자칭하는 여인이 사람들 앞에서 새튼이와 대화를 하면서 점을 치는데, 새튼이 소리가 다른 사람들에게도 들린다는 거요. '쏴- 쏴-' 하는 소리가 말이요. 그런데 이 무당이 고위층 부인들을 상대로 유언비어를 퍼뜨리다가 수사 대상이 된 거요. 수사관들이 일반인으로 가장하고 점을 치러 가보았는데 정말로 '쏴- 쏴-' 하는 소리가 들리더라는 거요. 그래서 나에게 찾아온 거요. 이 무당의 소리를 과학적으로 설명할 길이 없겠느냐는 거였디요.

호기심도 생기고 해서 수사관이 알려준 새튼이 무당집엘 가봤어요. 많은 여인들이 밖에서 차례를 기다리고 있었디. 나도 기다렸는데 그 '쏴- 쏴-' 하는 소리가 바깥까지 들릴 정도로 컸디. 그날은 아무것도 알아내지 못했어요. 이상한 소리가 나는 것은 사실이었으니까. 그 소리를 무당이 내는 게 아니라면 귀신이 내는 소리겠디요. 그렇지만 그럴 리는 없지 않소.

그런데 이 무당이 경찰서로 연행되어 수사관에게 조사를 받게 되는 일이 생겼어요. 그때 가까이서 관찰할 수가 있었디요. 이 무당은 수사관이 대답하기 곤란한 질문만 하면 '쏵– 쏵–' 하는 소리를 내는데, 그건 새튼이가 노해서 소리를 치는 거라고 했지.

그때 이상한 점을 하나 발견했디. 새튼이 소리가 그 무당이 바라보는 방향으로만 나는 거요. 그래서 고성능 마이크를 사방에 장치한 다음 무당과 대화하게 해서 녹음해보았디. 그랬더니 확실한 거요. 소리는 무당의 상반신에서 나오는 거였어. 그래서 무당의 상반신을 검사해보았디. 그래도 그런 소리가 날 만한 장치는 발견할 수가 없었어. 그러다가 우연히 이 무당의 치아 구조를 보게 되었는데, 위쪽 앞니 두 개 사이가 좌우로 유난히 많이 벌어져 있었디. 확인해보니 그 이상한 소리는 이빨의 틈새를 이용한 것이었어요. 이 사건 때문에 새튼이에 대해서 알게 된 거요. 법의학을 하다 보니 귀신까지 감정하게 된 거디요.ˮ(웃음)

문국진은 증거를 제대로 찾아내기 위해서는 범인에 대해 좀 더 잘 알아야 한다고 했다. 무속인이 용의자라면 무속인에 대해서 알아야 했던 것이다. 문국진에게는 사건 하나하나가 모두 "배울 점이 많고, 연구해야 할 대상"이었다. 그래서일까. 여성의 지위 문제나 인류학적인 지식, 그리고 음악과 미술에 대해 해박한 지식을 바탕으로 글을 썼다. 그는 벌써 1970년에 《진료과오와 법의학》이라는 책을 낼 정도로 '의료과오' 문제를 일찍부터 다뤘고, 1982년에는 《생명윤리와 안락사》라는 책을 통해 안락사 문제를 다뤘다. 그 이후에는 미술과 법의학, 음악과 법의학에 대한 책을 10권 넘게 썼다.

이번에는 '지상아紙狀兒. foetus papyraceous' 이야기다.

지상아의 한자를 풀어보면 '종이 모양의 태아'라는 뜻이다. 학명도 마찬가지다. foetus 또는 fetus는 '태아'라는 뜻이고, papyraceous는 '종이 모양'이라는 뜻이다. 그런데 이런 태아가 있단 말인가?

"아주 희귀한 경우요. 태아가 자궁 안에서 죽으면 양수가 스며들어요. 그래서 표피가 떨어지기도 하고 수포가 생기면서 몸이 물러져버리디. 그것을 시태침연屍胎浸軟, maceration이라고 해요. 그런 뒤에 석회침착石灰沈着, calcification이 일어나면 석태石胎, Lithopedion가 되고, 그 뒤에 탈수되고 위축되면 지상아가 되는 거요."

"석회가 죽은 태아에 스며들어 쌓인다는 건가요?"

"석회가 어디서 생기는가 하는 게 궁금한 모양인데, 사람 몸에도 석회가 있어요. 보통 골계통에 존재하는데 병적인 상황이 생기면 다른 세포 조직에도 석회가 스며들어 덩어리가 되기도 하고, 널빤지 모양으로 나타나기도 해요. 만일 살아 있다면 병이 되겠디. 예를 들어 대동맥 벽에 석회침착이 일어나면 대동맥경화증이 되는 거요."

"그런 현상이 죽은 태아에게도 나타나는군요. 그런데 태아가 죽고 지상아가 될 정도라면, 의사가 미리 알지 않았을까요?"

"알 수 있디, 당연히. 그러니 그걸 몰랐다고 하면 의사가 태만했던 거디."

"아, 그런 사건을 감정하신 적이 있으신가요?"

"그럼, 그러니까 책에 썼디. 한번은 경찰이 아기의 몸통, 머리, 태반이 든 상자를 들고 와서 감정을 의뢰한 적이 있었어. 병원에서 분만하는 도중에 아기 머리가 툭 떨어졌는데, 이게 어떻게 된 일인지 조사해 달라는 거였디. 그러면서 정황을 설명해줬디. 산모는 그 산부인과 단골이었고, 분만 예정일 하루 전에 병원을 찾았다는 거요. 의사가 진찰을 하고는 태아의 상태가 좋고, 분만은 예정대로 진행될 것이니 입원하라고 했다는 거요. 그다음 날 예정대로 분만이 진행되었어. 진통 끝에 태아의 머리가 보여서 의사는 숙달된 솜씨로 태아의 머리를 잡아당겼는데, 그만 태아의 머리가 툭 떨어져버렸다는 거요.

다들 얼마나 놀랐겠어? 제대로 생각할 겨를도 없이 허둥지둥 상황을 마무리했겠지만 보통 일이 아니디. 개업한 지 30년이나 된 산부인과 의사였지만 목이 떨어진 단두아를 받아보기는 처음이었을 테니까. 산모 쪽은 또 얼마나 어처구니가 없었겠어. 다들 너무 놀라서 넋을 잃었을 거요. 그 전날 의사가 분명히 산모나 태아가 건강하다고 했는데 분만 도중에 아기의 머리가 떨어졌다는 건 아무리 생각해도 이해할 수가 없었겠디. 그래서 의사에게 어떻게 된 일이냐고 따졌지만, 의사 역시 이유를 알지 못하니 미안하고 죄송하다는 말밖에 할 수가 없었던 거요. 그렇지만 아기가 죽었는데 미안하다는 말만으로 되겠어? 결국 산모가 그 의사를 경찰에 고발한 거요.

그런데 경찰이 가져온 죽은 태아의 모습을 보니, 이건 분만 도중에 죽은 게 아니야. 모습을 보니, 자궁 안에서 죽은 지 오래 된 지상아였디. 의사가 죽 진찰을 했다면 태아가 죽었다는 사실을 어떻게 모를 수 있었겠나 싶어서 좀 더 살펴봤디. 다시 떨어진 머리와 몸통을 봤지만, 생활반응을 찾을 수가 없었디. 생활반응vital reaction이라는 건 외부 자극에 대한 생체의 병태생리학적인 반응을 말하는 거요. 이런 생활반응이 없으면 외부 자극이 죽은 뒤에 가해졌다는 뜻이요. 그러니까 이 아기는 분만되기 전에 죽은 것이 분명한 거디. 그랬으니까 머

    법의관이 도끼에 맞아 죽을 뻔했디

리가 그렇게 떨어져버리지 않았겠어?

이런 경우는 희귀한 거요. 그래서 좀 더 깊이 연구하고 상황을 정확하게 판단하기 위해 의사에게 진료부를 받아서 검토해보았디. 그런데 진료부를 보고, 나는 한 번 더 놀랐어. 태아의 심음心音, heart sound이 정상이라고 쓰여 있었거든. 이게 사실이라면 진찰 당시에 태아가 살아 있었다는 이야기요. 그것도 건강해서 심장박동이 정상이라는 거 아니요. 이건 말도 안 되는 거디. 의사가 진찰할 때 청진기를 산모의 배에 대고 심음을 들으면서 정신을 딴 데 팔지 않았다면, 이럴 수가 없는 거요.

그런데 새로운 문제는 태아가 자궁 안에서 죽은 이유를 알아내는 것이었디. 나는 죽은 태아의 장기조직의 각 부분을 채취해서 조직검사를 했어요. 그랬더니 태아는 선천성 매독에 걸려 있었어. 그러니까 부모가 매독에 걸려 있었다는 이야기가 되는 거지."

"세상에, 그러면 부모나 의사까지도 분만할 때까지 매독에 걸린 걸 몰랐단 말인가요?"

"매독이라는 병은 모를 수도 있디. 상당히 오랫동안 통증 없이 진행되고, 저절로 낫는 것처럼 보이니까 잘 모르는 경우가 많아요. 매독은 병의 진행 상태에 따라 1기, 2기, 3기로 나눌 수 있디.

매독은 성행위를 통해서 감염되는데, 감염되고 나서 3~4주가 지나면 대개 성기에 구진丘疹이, 사타구니에는 임파선염(림프샘염)이 생기는데 통증이 없어. 게다가 치료를 하든, 하지 않든 한 달쯤 지나면 그런 증상은 자연히 없어져버려요. 이때가 1기 매독인데 병원에 가서 진단을 받지 않으면, 매독인지 모르고 지나치기 쉬운 거요. 그러고 나서 다시 석 달쯤 지나면 2기 매독이 시작되는데, 이때 피부에 매독진[*]이 생기디. 이것도 저절로 없어져요. 3기 매독은 다시 그로부터 수개월 내지 수년 뒤에 나타나는데, 온몸의 장기에 매독균이 감염되어 통증도 심하고 제 기능도 못해요. 눈이 멀거나 정신착란을 일으키기도 하고, 결국 죽음에 이르는 거요.

매독이라는 병이 이렇게 자각증상이 적고, 그 증상을 내버려둬도 저절로 사라지기 때문에 병원에서 적시에 진단을 받지 않으면, 자기가 매독에 걸렸는지 모르는 사람이 많아. 페니실린이 발견되고 나서 거의 자취를 감췄지만 옛날에는 매독으로 죽는 사람이 아주 많았어요. 슈베르트도 매독에 걸려 죽었디."

"베토벤도 매독으로 죽었다고 하던데요. 선천성 매독이었다고…."

순간 이어령 선생의 인터뷰집 《유쾌한 창조》의 한 부분이 떠올랐다. 베토벤을 죽일 것인가, 살릴 것인가에 대한 문제였는데, 베토벤의 어머니가 매독에 걸려 있었다는 이야기였다. 그런데 문국진의 생각은 좀 달랐다.

"베토벤에게 선천성 매독이 있었다는 건 믿기 어려워. 무엇보다 베토벤의 어머니가 유산했다는 기록이 없어요. 베토벤의 형제는 일곱이었는데 넷은 어릴 때 죽었고, 셋은 건강하게 살았어. 살아남은 셋 중에서 베토벤이 가장 큰 형이었고. 가족병력으로 볼 때 매독이 있었다고 볼 만한 근거가 약한 거요. 베토벤이 후천적으로 매독에 걸렸다고 하면, 그건 그럴 수도 있겠다 싶디. 그 당시 유럽에는 매독이 워낙 유행하고 있었으니까.

그렇지만 베토벤의 사인은 매독이 아니요. 베토벤이 간경변증으로 죽은 건 확실해 보이는데, 그 간경변증을 일으킨 질병이 매독은 아니라는 거요. 매독으로 인한 간경변증이라면 간이 비대해져야 하는데, 베토벤의 간은 위축되어 있었거든. 게다가 1985년에 베토벤의 골편을 감정해본 결과 매독에 의한 병변을 발견할 수 없었어요. 베토벤의 사인이었던 간경변증의 이유는 술 때문이었다고 봐야 할 거요.

베토벤만이 아니라 음악가들의 삶과 죽음에 대해 내가 자세하게 쓴 책이 하나 있디."

문국진이 말하는 위의 책은 2000년에 출간된 《모차르트의 귀》다. 베토벤 이야기는 3장의 "베토벤과 모차르트의 죽음"에서 자세히 다루기로 하고, 다시 지상아 이야기로 돌아가보자.

"태아의 어머니가 매독 환자였는데, 본인은 매독에 걸린 줄 몰랐다는 이야기네요."

"그랬던 거요. 아무튼 그래서 내가 경찰에게 그 태아의 부모들이 매독에 걸려 있지 않은지 검사해보라고 했어. 그랬더니 태아의 어머니가 찾아왔더구먼. 매독이라고 하니 무슨 소린가 했겠지. 나는 태아에게서 선천성 매독이 발견되었다고 설명해주었디. 이야기를 다 듣고 나더니 상기된 얼굴로 돌아가더라고. 그리고 얼마 지나지 않아 담당 경찰관이 찾아와 알려줬지. 부모에게 매독이 있었고, 그제야 알게 된 부인은 남편과 큰 싸움을 벌였다는 거요. 아수라장이 됐겠지. 의사는 성실하게 진찰하지 않았으니 변명의 여지가 없지만, 지상아 자체야 의사 탓은 아니니까. 의사는 지상아 때문에 곤경에 처했다가 지상아라는 것이 밝혀져서 화를 면했던 거요."

새튼이와 지상아, 이 두 이야기는 각각 문국진이 1978년 8월, 1986년

9월에 썼다. 대략 30~40년 전의 일이다. 박원순 변호사가 쓴 책에 따르면, 경찰과 검찰에서는 여전히 고문이 성행(?)하고 있었던 시기였다.

"그 당시 강력계 형사들이 전부 다 '육감'으로 수사를 하면서 용의자를 고문했던 건 아니요. 특히 나와 같이 콤비를 이뤘던 세파트(셰퍼드)라는 별명을 가진 형사가 있었어요. 하도 오래 되어서 이름은 잘 기억나지 않지만, 나와 같이 법의학적인 증거를 통해 범인을 검거하고는 했디요. 앞에서 치흔으로 범인을 잡은 이야기 있디 않아요? 그때도 그 형사였디요. 그리고 그 당시 내 별명은 카우스 보단이었어요."

옛날에 아버지도 카우스 보단이라고 하셨던 기억이 난다. 굳이 영어로 표기하자면 'cuffs button'이다. 한국말로 하면 소맷부리 단추쯤 되겠고. 그러나 정확하게 말하면 소맷부리 단추 역할을 하는 액세서리다.

"그 당시에는 늘 정장을 하고 다니셨나 봅니다. 그런데 왜 그런 별명이…?"

"지금도 그렇디만 그때는 법의관 숫자가 아주 턱없이 모자랐디요. 그러다 보니 부검을 많이 하는 날은 하루에 여덟 구를 할 때도 있었어요. 그렇다고 요즘 국과수 부검실처럼 시설이 제대로 되어 있디도 않았디요. 나중에는 너무 힘들어서 옆에서 지켜보면서 조수들에게 시켰어요. 그러다가 이거 뭔가 좀 이상하다, 싶으면 내가 카우스 보단을 풀고 직접 메스를 잡았디요. 나도 몰랐는데, 부검을 지켜보던 형사들이 내가 카우스 보단을 풀면 이제 죽었구나, 하고 생각했다는 거요."

"왜요?"

"세파트가 형사과장이었는데, 뭔가 중요한 의미가 있는 법의학적

 법의관이 도끼에 맞아 죽을 뻔했디

해석이 나오면 그걸 가지고 하루빨리 범인을 잡으라고 부하들을 잡았거든."(웃음)

"사실 일반인들 입장에서 보면, 2000년에 들어서 갑자기 과학수사가 시작된 것처럼 보입니다. 그간에 과학수사를 해온 노력이 얼마나 있었는지는 잘 알지 못합니다. 당시에 부족한 사회 인식 때문에 얼마나 힘드셨을지 상상이 잘 안 되는데요. 제가 자료를 뒤지다가 보게 되었어요. 선생님께서 부검하려다가 도끼에 맞을 뻔한 위험한 순간도 있었다고 하던데요."

지난 신문들을 검색해보면, 문국진을 “한국 법의학의 태두泰斗”라고 표현한 문구를 가끔 발견하게 된다. 태두란 ‘태산북두泰山北斗’를 줄인 말로 어떤 분야의 최고 권위자에게 경의를 표하는 명칭이다. 그런데 그는 국과수에서 법의학과 과장을 끝으로 고려대학교로 직장을 옮긴다. 언뜻 생각하면, 그가 마땅히 국립과학수사연구소의 소장을 지냈을 것으로 여겨진다. 그런데 그러지 않고 물러나왔다. 그 이유는 무엇이었을까. 혹시? 권력과의 불편한 관계, 그런 건 아니었을까?

“그런 게 아니요. 내가 고려대학교로 간 뒤에도 나에게 부검 의뢰를 많이들 했어요. 그동안 함께 했던 경찰들이 계속 나에게 해달라고 했디. 그러다가 나중에는 비교적 복잡하고 어려운 것들만 맡았어. 그런 부검을 내가 미국 가기 전까지 했어요.”

“아, 그러셨군요. 저는 선생님께서 국과수 소장을 하시고 나온 줄 알았거든요."

"그런 게 뭐가 중요해. 내가 하는 일에서 얼마나 보람이나 사명감을 느낄 수 있느냐가 중요하디요. 내가 국과수에 있을 때만 해도 법의관에 대한 사회적 인식이 아주 부족했어요. 경찰이나 검찰도 마찬가지였고. 수사관들은 법의관에게 정황을 설명해주면서 증거를 찾아달라고 하는 게 아니라, 수수께끼 같은 걸 내면서 답을 알아맞히나 보자는 식으로 테스트를 하려고 들었어요. 검사들도 그랬고. 부검을 해서 보고서를 보내면 읽어보지도 않고 부르는 거요. 그래서 가보면 한두 시간 기다리게 하는 건 보통이고, 또 불러서 들어가 보면 무슨 죄인 취조하듯 물어봐요. 이건 왜 이렇소, 저건 맞는 거요, 정확한 거요, 이런 식인데 그나마 검사가 직접 하는 것도 아니요. 피의자를 취조하는 작은 동글뱅이 의자에 앉아서 그런 질문에 대답하고 나오면 자괴심에 빠질 때가 많았어. 밸이 뒤틀리는 거디요.

한번은 이거 아주 못하겠다 싶을 때도 있었디. 그래서 은사이신 장기려 박사님을 찾아가서 '못하겠으니 외과의사로 받아주세요'라고 말했디. 그런데 그분은 정말 대단하신 분이요. 한 우물을 파야 한다며 돌려보내시더라고. 당신이 '법의학은 학문도 아니야, 그런 거 하면 못 써' 그러시던 분 아니요. 그런데 내가 막상 시작한 뒤에는 그 일에 집중하라고 하신 거디요. 아무튼 그때 장기려 박사님이 나를 받아주셨다면, 오늘날 법의학자 문국진은 없었겠디요.

내가 그만두고 싶었던 건 그런 사회적인 대우만이 아니라 사회적인 인식 때문이기도 했어요. 수사관들은 웬만하면 부검을 하지 않으려고 했고, 또 부검은 검사가 하라고 하지 않으면 할 수가 없는 게 한국의 법이

    법의관이 도끼에 맞아 죽을 뻔했디

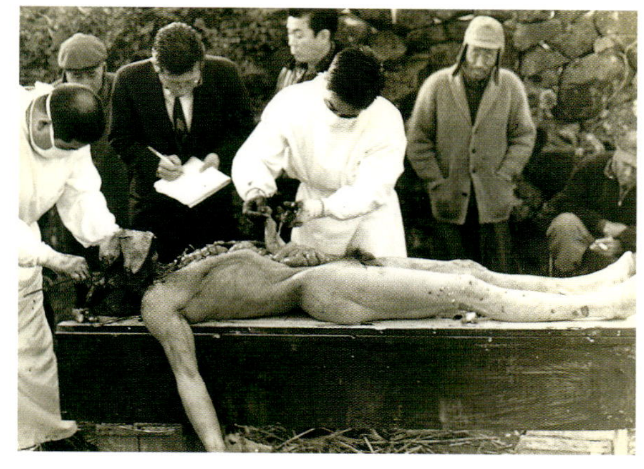

'제주 모범청년 변사사건'을 지방 의사가 부검했는데 한 의사는 자살, 다른 의사는 타살로 감정해 문국진 법의관이 재감정을 하는 장면(1968년 2월).

요. 그러니까 그 당시에는 부검할 일도 적었어. 아마 첫해에는 52건 정도밖에 하지 않았을 거요."

"그러면 일주일에 한 건 정도 한 셈이네요. 정말 한가하셨겠어요."(웃음)

"그럼, 그때는 부검이 좀 안 들어오나, 기다리고 그랬으니까. 그리고 한국 사람들에게 두벌죽음은 큰 형벌이라는 생각이 꽉 박혀 있잖소. 지금은 많이 좋아지기는 했디만, 그래도 아직 그런 생각이 남아는 있을 거요."

"두벌죽음이라는 건 무슨 뜻인가요?"

"왜 옛날부터 신체발부수지부모身體髮膚受之父母라는 말이 있잖소. 몸만이 아니라 터럭이나 살갗도 부모에게 받은 것이니 함부로 손대면 안 된다는 거요. 이런 인식이 주검에 손을 대는 것까지 금기로 생각하게 만들었디. 주검에 손을 대면 두 번 죽이는 거라고 생각하는 거요. 부검하러 갔다가 도끼에 맞아 죽을 뻔한 일도 있었디요. 그러니 피살자 가족들도 웬만하면 부검을 하지 않으려 했고, 수사관들도 부검까지 하면서 제대로 수사할 의지가 없었던 경우가 많아요. 그러니 억울한 죽음이 많을 수밖에 없었디요."

표준국어대사전을 찾아보니 두벌죽음은 "1 두 번 죽임을 당함. 2 죽은 사람이 다시 해부나 화장, 극형 따위를 당하는 일."이라고 쓰여 있다.

"그렇다고 선생님께서 도끼에 맞을 뻔한 일까지 생겼단 말인가요?"

"그건 이렇게 된 거요."

문국진이 들려준 도끼 사건의 전모는 이랬다.

남양주군의 작은 마을에서 일어난 일이다. 이 마을에 P라는 청년이 살고 있었다. P는 어려서 부모를 여의고 할머니 손에 컸으며, 그해 봄 고등학교를 마치고는 집에서 농사일을 돌보고 있었다. 이 집과 두서너 집을 사이에 두고 J양의 집이 있었다. P군과 J양은 어려서부터 같이 자랐으며, 초등학교도 같은 반을 다녀 서로 잘 아는 사이였다. 그런데 나이를 먹고 철이 들자 서로 사랑하게 되었고, 장래를 굳게 맹세하는 사이가 되었다. 그런데 J양의 집에서는 P군과 사이가 너무 가까워지는 것을 몹시 못마땅하게 생각했다. 틈만 나면 J양의 부모는 P군과 더 이상 가까워지지 말고, 부모가 정해주는 상대에게 시집갈 것을 당부하고 훈계했다. 그럼에도 J양과 P군의 밀회는 계속되었다.

그러던 어느 날 저녁에 이 둘의 밀회장소에 난데없이 J양의 아버지가 나타나 엄하게 꾸짖고는 두 사람을 자기 집으로 끌고 갔다. J양의 아버지는 집에 들어서자마자 P군에게 욕을 퍼붓고, 다시는 자기 딸과 만나지 말 것을 다짐받으려 했다. 그러나 P군은 그럴 수 없으며, 자기는 J양을 열렬히 사랑하기 때문에 목숨을 내놓는 한이 있더라도 물러설 수 없다고 맞섰다.

화가 난 J양의 아버지는 P군에게 매질을 했다. 그러나 P군의 결심을 매로 꺾을 수는 없었다. 작은 마을이었기 때문에 이런 소란에 마을 사람들이 다 모였다. 그 가운데는 P군의 할아버지와 할머니도 있었다. P군의 할머니는 매를 맞고 있는 손자를 덥석 얼싸안고 항의했다. 할아버지도 나섰다. 그러자 이번에는 J양의 어머니가 차마 입에 담을 수도 없는 욕설을 하며, "누가 부모 없이 자란 싸가지 없는 자식을 사위로 삼겠는가!" 하고 맞받았다.

이 욕이야 말로 P군의 가족에게는 창자가 끊어지는 듯한 설움이며 모욕이었다. 이를 참지 못한 P군은 그 자리를 박차고 뛰쳐나갔다. 그런데 그 뒤로 P군이 사라져버렸다. 갈 만한 곳을 모두 수소문해보았으나 찾을 길이 없었다. 늙은 내외는 걱정이 이만저만이 아니었다. 그런데 난데없이 P군이 뒷산에서 목을 매달아 죽은 시체로 발견되었다고 동네 청년들이 알려왔다.

P군의 시체는 J양과 자주 만나던 뒷산의 느티나무에 목을 맨 채로 발견되었다. P군의 몸에는 많은 상처가 있었으며, 또 목맨 높이가 자신의 키보다 훨씬 낮은 나뭇가지였다. 이 때문에 어느새 동네에는 이상한 소문이 돌기 시작했다. J양의 아버지가 불량배를 시켜 폭행을 했고, 그러던 도중에 청년이 죽었는데 자살을 가장해 목을 매달았다는 것이었다. 소문은 언제나 그렇듯 점점 더 나쁜 방향으로 흘러갔다. 결국 경찰이 수사에 나섰다.

경찰은 사인을 확인하기 위해 부검을 의뢰해왔다. 자살인지 타살인지 확인해달라는 것이었다. 문 법의관이 현장에 도착했을 때, 늙은 할아버지 한 분이 몹시 흥분하여 경찰관에게 항의하고 있었다.

"절대로 해부는 못한다. 어떤 놈이건 내 손자한테 칼을 대면 도끼로 까 없앨 것이니 알아서들 해! 어떤 이유건 두벌주검을 만들 수는 없단 말이다!"

끝내 할아버지는 동네 청년들과 경찰에 의해 산 밑으로 끌려 내려갔다. 현장에서 사과상자 네 개로 만든 간이식 해부대 위에 P군의 시체가 옮겨졌다. 그리고 조수들이 부검준비를 마쳤다. 시체 사진을 찍고 부검을 시작하려고 메스로 절개하려는 순간 "안 된다!" 하는 고함소리가 들렸다. 순간 도끼가 번쩍하더니 사과상자 한쪽이 동강이 나버렸다.

"두벌주검을 만들 수는 없다! 안 된다!"

문 법의관이 고개를 돌려보니, 할아버지가 도끼를 쥔 채 경찰과 청년들에 의해 저지당하고 있었다. 고래고래 고함지르는 것을 보고서야 비로소 사태 파악을 한 것이다.

"세상에, 그런 어처구니없는 일이 있었군요."

"하마터면 그 노인이 내려치는 도끼에 맞을 뻔했다. 순간이었지만 식은땀이 좍 흘렀어."

그러고 보니 1991년에 있었던 강경대 사건이 생각난다. 결국 부검하지 못하고 CT 촬영으로 끝나고 말았지 않은가. 서울대 법의학교실의 이윤성은《법의학의 세계》(살림출판사, 2003년, 15~18쪽)에서 이 사건 역시 '두벌죽음이라는 인식으로 인해 부검을 거부'한 사례 가운데 하나로 들고 있다. 그는 세 가지 이유를 들어 부검의 중요성을 강조했다. 첫째, CT만으로 사인을 확정할 수 없다. 둘째, 사인이 어떻게 발생했는지 알 수 없다.

 법의관이 도끼에 맞아 죽을 뻔했디

셋째, 가해자인 전경들을 위해서라도 해야 했다. 이 사건으로 인해 전경 여러 명이 가해자로 몰려 처벌을 받았다. 만일 부검을 해서 정확한 사인과 사인의 발생 이유를 알아냈더라면, '여러 명'이 처벌받지 않아도 됐을 것이라는 설명이다. 피살자의 사인을 밝히는 것은 피살자만의 문제가 아니다. 범인을 제대로 가려내어 억울한 사람이 누명을 쓰지 않도록 하는 일이기도 하다.

"그런데 말이요, 내가 경험한 미국 사람들의 태도는 우리와 너무나 달랐어요. 뉴욕대학에서 일할 때 경험한 것인데, 하루는 로스앤젤레스에서 장거리 전화가 걸려왔디요. 전화를 한 사람은 로스앤젤레스의 내과 개업의인데 아버지가 뉴욕에서 살다가 오늘 아침에 돌아가셨다는 연락을 받았다는 거요. 그런데 살아 계실 때 위암과 비슷한 증상을 보였는데, 정말 위암인지 확인해서 자기에게 알려줄 수 없겠느냐는 거요. 그래야 자신과 자식들이 대비할 수 있다는 거디. 그래서 언제 이곳에 도착하느냐고 물었디요. 그런데 자기는 개업의라 바빠서 못 온다는 거요. 그러면서 자기 전화번호와 아버지의 뉴욕 주소를 알려주더라고. 속으로는 욕을 했디요. 못된 놈, 아버지가 죽었다는데 와볼 생각은 않고 자기들을 위해 병력만 확인하겠다는 거 아니요.

그래도 이런 생각은 들더군. 죽음에 대한 생각이 이만큼이나 다르니, 법의학이나 의학이 발전하는 거 아닌가. 아무튼 그 당시 한국에서는 변사체를 부검하는 일이 그만큼 쉽지 않았어요. 법의학에 대한 인식이 아주 태부족이었고. 그래서 나는 사람들을 교육시키는 일이 시급하다고 생각했어요.

다시 말하지만, 나는 제도를 정치가가 바꾼다고 생각하디 않아요.

대중의 인식이 바뀌어야 자연스럽게 개혁되고 정착되는 거요. 그래서
그 일을 본격적으로 시작하기 위해서 1970년에 고려대학교로 직장을
옮긴 거요. 그뿐이오."

법의관이 도끼에 맞아 죽을 뻔했디

"그랬군요. 그런데 선생님께서 고려대학교 의과대학으로 부임하신 게 1970년이고, 법의학교실은 1976년에 설립되었던데, 그러면 6년이라는 세월의 간격이 있는데요."

"그거야 당연하디 않은가? 준비를 철저히 해야 했디. 또 법의학교실을 처음 만드는 거니까 쉽지 않았기 때문이요. 나는 국과수에 있을 때에도 고려대학교 의대에 병리학 외래교수로 강의하러 다녔어요. 그런데 막상 고려대학교 의과대학으로 옮겨가서 법의학교실을 만들려고 생각해보니 일본식으로 해야 할지, 미국식으로 해야 할지 고민이 되더라고. 그래서 사전 조사를 많이 했어요.

일본식이라는 건 보통 대륙법 계통에서 취하고 있는 방식이요. 한국이 채택하고 있는 제도가 이거요. 이 제도에서는 검사가 부검을 할 것인지 말 것인지를 결정해요. 그렇다고 검사가 법의학적인 지식을 충분히 갖추고 있는 것도 아니요. 요즘은 사법연수원에서 법의학 강의를 받긴 하지만, 그래도 전문가는 아니잖소. 미국의 법의관 자격증을 생각해보면 그건 쉽게 납득이 갈 거요. 의과대학을 졸업한 의사가 법의관이 되기 위해서는 병리학(해부) 전문의 자격을 얻은 다음에 검시전문기관, 예를 들면 법의관사무실Medical Examiner Office이나 대학에서 다시 2년간 훈련을 받아 법의병리전문의Forensic Pathologist 자격시험에 합격해야 합니다. 이런 법의관이 시체를 살펴본 다음에 부검을 해야 할지 말아야 할지를 결정하는 제도와 비전문가인 검사가 결정하는 제도, 어느 것이 합리적인지는 뻔한 거 아니요?

그것만도 아니요. 검사가 살인 현장에 나가서 수사를 하는 것도 아니니까 경찰의 보고를 받아서 부검이 필요하겠다고 판단되면, 검사는 다시 판사에게 영장을 청구해요. 그래서 영장이 떨어져야 부검을 해요. 이런 식으로 처리되니 법의관이나 부검의가 피살자의 시체를 보기까지 시간이 상당히 지체되지 않을 수 없어요. 또 법의관은 사건 현장에 대한 감이 전혀 없으니 그 나름대로 어려움이 있어요. 반면에 미국식은 아주 달라요. 미국에서는 법의관을 ME, 메디컬 이그재미너Medical Examiner라고 해요. 살인 사건이 나면 현장에 ME가 도착하기 전까지는 아무도 손을 댈 수도 없어요. ME 라인이 쳐져 있으면 대통령이라고 해도 돌아가야 할 정도요.

미국도 처음부터 이렇게 된 건 아니요. 이 제도는 1877년에 매사추세츠 주에서 먼저 시작했지만, 1917년에 뉴욕 주법에 의해 개정되어 설치된 법의관 제도가 가장 개혁적인 것이었어요. 뉴욕에서는 다른 기구에 속하지 않는 독립된 기구로 법의관사무실을 설치하고 운영했거든."

법의관이 도끼에 맞아 죽을 뻔했디

제주 변사사건의 부검을 실시하던 중 심장을 검사하는 문국진 법의관(1968년 2월).

　그러니까 문국진의 설명에 따르면, 우리가 드라마에서 보는 법의관의 활약은 미국에서나 가능한 일일 뿐 한국에서는 일어날 수 없는 일이다. 한국의 법의관들은 현장에 나가보게 되어 있지도 않고, 법의관 숫자가 너무 적어서 현장에까지 나가볼 여유도 없다. 그러니까 얼마 전 방영된 〈싸인〉에서 법의관 윤지훈(박신양)이나 고다경(김아중) 같은 사람은 없는 셈이다. 말하자면 이 드라마는 미국식 법의관의 활약상을 보여준 셈이다. 드라마의 성공은 때로 대중들의 관심과 바람이 무엇인지를 알려주는 지표가 되기도 한다.

　문국진의 설명이 이어진다.

　"좀 더 정확하게 세부사항을 알기 위해 미국의 뉴욕대학 의과대학의 객원교수로 2년을 다녀왔어요. 내 기억으로는 그게 1973년에서 1974년

일 거요.

사람들이 보기에 따라서는 법의관을 법집행기관의 편이라고 생각할 수도 있지만, 사실은 어느 누구의 편도 아니요. 독립적이어야 한다는 문제는 앞에서도 설명했지만, 정말 중요한 거요. 내가 갔던 곳은 현대 법의학의 요람이며, 세계 최대의 법의학 전당이라 할 수 있는 뉴욕대학 법의학교실이었어요. 그곳은 세계의 법의관들이 꼭 연수를 받으러 오는 곳이요.

이 교실에서 활약했던 세계적인 법의학계의 석학들을 몇 사람 꼽아보면, 법의병리학자로 찰스 노리스Charles Norris, 토머스 곤잘러스Thomas A. Gonzales, 밀턴 헬펀Milton Helpern과 같은 학자들이 있었고, 법의혈청학자로는 알렉산더 위너Alexander S. Wiener, 그리고 독물학자로는 알렉산더 게틀러Alexander Gettler가 있어요.*

뉴욕대학 법의학교실이 그런 대단한 학자들을 배출하고 세계 최고의 법의학을 일궈낼 수 있었던 배경을 보면, 세계 어느 대학이나 연구소도 흉내 낼 수 없을 정도로 큰 규모를 가지고 있다는 점을 맨 먼저 꼽을 수

---

* 법의병리학은 병사病死나 자연사自然死 이외의 모든 죽음, 즉 외인사violent death 또는 변사unusual death를 대상으로 하는 학문이다. 어떤 죽음이 외상이나 질식, 중독 등 신체 외부의 요인에 의한 것인지, 내부적인 요인에 의한 것인지를 검안이나 부검을 통해 알아내며, 사망의 종류나 사인, 사후 경과 시간, 사용된 흉기, 독물이 무엇인지를 알아낸다.
법의혈청학은 혈액이나 타액(침), 정액, 질액, 머리카락, 이빨, 뼈 등과 같은 인체의 분비물과 조직을 재료로 해서 개인을 식별해낸다. 이때 혈액과 관련된 분류법, 유전자 지문 감식, 머리카락 분류법, 그리고 인류학적인 분류법 등이 주로 쓰인다. 이런 방법으로 피해자나 용의자, 범인에 대한 개인식별에 필요한 증거를 찾아내는 학문이다. 특히 법의혈청학은 과학수사학 또는 감식학이라고도 한다.
그리고 의료법의학이라는 것도 있다. 의료법의학은 의료사고가 일어났을 때 질병 또는 손상과 사인의 관계, 의료 행위와 사인의 관계, 그리고 의료 행위의 과실 유무 등을 판단하는 학문이다. 이 설명은 문국진이 쓴 법의학 교과서인 《최신 법의학》1980년 초판과 1995년의 개정판을 참고해서 정리한 것이다.

법의관이 도끼에 맞아 죽을 뻔했디

왼쪽: 문국진은 1973년 뉴욕대학 의대 법의학교실에 객원교수로 임명되었다.
오른쪽: 뉴욕대학 의대 법의학교실과 고려대학 의대 법의학교실이 1974년 자매결연을 맺었다. 중앙은 뉴욕대학 법의학 교실 주임교수 밀턴 헬펀이고, 우측은 뉴욕대학 의대 학장이다.

있어요. 뉴욕대학 의과대학은 맨해튼의 중심부에 그 거대한 모습을 드러내고 있으며, 법의학교실은 우선 그 외양으로 볼 때 의과대학 건물 전체의 반 정도를 차지할 정도로 커다랗고 독립된 건물이요. 이렇게 큰 건물을 차지하게 된 데에는 상당한 이유가 있어요.

이 건물은 뉴욕시에서 지어주었는데, 뉴욕시의 법의의무원의 기능을 이 교실에서 겸하여 수행하고 있기 때문이요. 그래서 이 교실의 주임교수는 수석법의관을 겸하게 되어 있고, 그것이 지금까지의 통례요. 물론 규모만 큰 것이 아니다요. 실제 기능과 작업량에 있어서 어느 대학이나 연구소도 따르기 어려울 정도로 많은 것이 처리되고 있어요. 뉴욕시에서 일어나는 모든 살인 사건이나 변사체는 반드시 이곳에 보고하도록 되어 있는데, 이런 사건을 법의관 케이스라고 해요. 법의관 케이스 가운데 부검실로 옮겨지는 시체는 하루에 50구가 넘어요. 그러니 부검실 규모도

클 수밖에 없다. 부검대가 무려 12대나 됩니다. 이 가운데 11대는 일반 부검실에 설치되어 있고, 1대는 부패된 시체를 위해 특별히 마련된 부검실에 설치되어 있어요.

이렇게 많은 부검대는 제각기 담당한 법의관의 사건 처리를 위해 아침부터 가동되기 시작해요. 또 부검실 밖에는 장기를 담을 용기를 들고 불러주기만을 기다리는 의사들이 줄지어 서 있디요. 이 사람들은 제각기 연구에 필요한 장기를 구하기 위해 기다리고 있는 것이요. 법의관들은 부검할 때 조직검사와 독물검사를 위한 샘플을 조금 여유 있게 채취하거든. 그런 것들 가운데 남는 것을 얻어가려는 것이요. 예를 들어 '리버liver(간)!'라고 소리치면 간을 기다리던 의사들이 와서 받아가요. 이런 방법으로 부검실은 사건 해결뿐 아니라 의학의 발전에도 크게 기여하고 있는 거요.

그런데 문제는 부검하는 데 너무 많은 시간을 써야 하기 때문에 연구할 시간이 부족하다는 거요. 하루에 변사체 서너 구를 부검하고 나면 힘들어서 어떻게 연구를 해요. 그래서 내가 한국으로 돌아올 때 미국의 법의관에 대해서 어떻게 생각하느냐고 묻기에, 너희는 백정 같다고 했어요. 그랬더니 기껏 잘 배워가면서 그렇게밖에 말을 못하느냐고 그러더라고. 그래도 나는 그렇게 생각한다고 그랬디. 그게 말이요. 미국에서 부검을 하면 우리처럼 하는 것도 아니요. 일단 혼자서 합니다. 한국에서는 사진사 한 사람에 두 사람의 조수가 도와주거든. 사진도 직접 찍어요. 다만 부검이 끝나고 나면 다시 시체를 꿰매는 일을 해주는 부검실 잡역부는 있디요. 게다가 부검을 하면서 곧바로 녹음을 해야 하는데, 보면서 곧바로 판단하고 그 판단 내용이 기록되는 거요. 스트레스가 심하디요.

그렇지만 긴급을 요하는 사건일 때는 이런 시스템이 아주 대단한 효과를 발휘하디요.

예를 들어 뺑소니차가 보행자를 치고 달아났을 경우, 부상을 입은 사람에게서는 상당히 전형적인 모습을 볼 수 있어요. 차체의 범퍼, 보닛, 펜더, 레어 미러, 도어, 핸들, 라디오 안테나, 앞유리에 의해 충돌손상이 생기는 거니까 인체의 어느 부위인지 상처의 모양이 어떤지, 이런 것이 비슷하다는 거요.

자동차에 치여 죽었다면 대개 3차 손상까지 입게 됩니다. 1차 손상은 대체로 자동차의 범퍼에 부딪쳐서 생기는 것이어서 대부분 다리 쪽에 손상을 입게 되는 거요. 그러니까 이 손상의 높이를 확인하면 범퍼 높이를 알 수 있으니, 자동차의 종류를 대강 알 수 있어요. 2차 손상은 대개 범퍼 위쪽, 앞유리, 와이퍼 등과 충돌해서 생기는 손상이요. 이때 머리 부분에 심한 상처를 입게 되기 때문에 치명상이 되는 거요. 그러고 나서는 땅으로 던져지는데 이때 아스팔트나 콘크리트, 흙과 같은 것이 시체에 묻어오게 되어 있어요. 그런 다음에는 자동차가 시체 위를 밟고 지나가 생기는 손상이 있을 수 있어요. 이때 시체에 타이어 무늬가 생기기도 합니다. 이것으로도 자동차의 종류를 알 수가 있는 거요.

이런 것들은 복잡하게 조사하지 않아도 데이터가 금방금방 나와주니 곧바로 알려줄 수 있어요. 그러면 그 내용을 바탕으로 바로 자동차의 종류를 알 수 있고, 그 내용이 순식간에 경찰들에게 무전으로 연락됩니다. 그래서 금방 뺑소니 자동차를 잡아들일 수가 있어요.”

“이 제도가 아무리 좋다고 해도 한국에 이식하는 것은 불가능하다고 생각하셨군요.”

“그렇디. 그러려면 먼저 제도를 바꿔야 하는데, 내 힘으로는 안 되는 일이잖소. 그래서 결국 일본식으로 법의학교실을 만들 수밖에 없었던 거요.”

“일본에는 ME와 비슷한 감찰의가 있다고 하던데요?”

“있긴 하지만 그건 맥아더가 점령하고 있을 때 만들어진 건데, 감찰의 제도는 전국적인 제도라고 볼 수도 없어요. 감찰의는 5대 도시, 즉 도쿄, 나고야, 요코하마, 오사카, 고베에만 있어요. 그리고 감찰의 제도라는 건 일본의 법체계로 볼 때 좀 이상한 거요. 실제로 일본의 감찰의는 행정부검을 많이 해요.

사법부검은 검사가 결정하는데 범죄성이 있고 부검이 필요하다고 판단되면 대개 지정된 대학의 법의학교실에 의뢰를 해요. 그러니까 일본의 법의학교실에서 일하는 법의관들은 여유가 있지요. 그래서 실험을 많이 하고 실험 데이터도 상당합니다. 그러나 제도만으로 보면 한국의 제도나 별 차이가 없어요. 최근에 일본의 지바대학 대학원 법의학교실의 이와세岩瀬博太郎 교수가 쓴 글을 읽어보아도 한국의 상황과 크게 다르지 않아요. 일본에서도 범죄성이 강하게 의심되는 사건만 부검을 하는데 초동수사 때 법의학 전문가가 검안을 하는 것도 아니기 때문에 문제가 많다는 거디요.”

“행정부검이라는 건 어떤 겁니까?”

“예를 들어 행려병자가 죽었다고 하면, 왜 죽었는지 알아야 할 거 아니요. 전염병일 수도 있고, 그러면 그에 맞는 조치를 취해야 하니까 말이요.”

“결국 한국의 법제도 때문에 어쩔 수 없이 일본식으로 대학 단위의 법의학교실을 설치하실 수밖에 없었군요.”

법의관이 도끼에 맞아 죽을 뻔했디

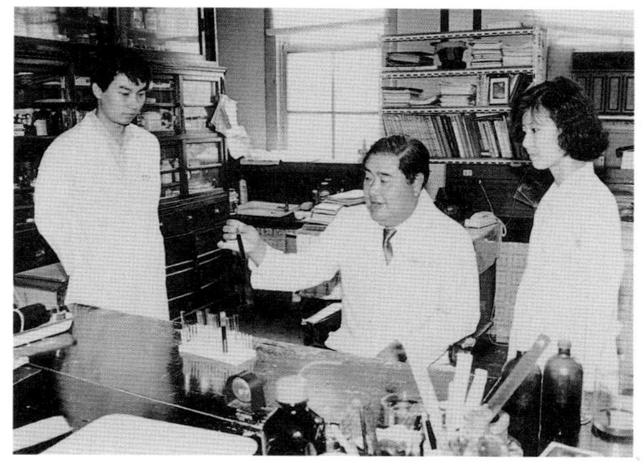

실험실에서 교실원들에게
실험 방법을 설명하고 있는
문국진 교수(1978년 4월).

"법의학에 대한 사회적인 인식부터 재고되지 않고서는 아무것도 할
수 없겠다는 처음의 결론으로 돌아간 거요. 그 당시 법의학에 대한 사
회적인 인식이 낮았다는 건 단지 일반인들만 그랬던 것이 아니요. 내가
고려대학교에서 법의학교실을 만들기로 한 뒤에 서울대 의대 학장을 만
난 적도 있어요. 알다시피 내가 서울대학교 출신이잖소. 그러니 내가 법
의학교실을 모교에 만들지 못하고 고려대에서 만든다는 게 마음에 걸
렸거든. 그래서 찾아가 물어보았어요. '선생님, 제가 지금 고려대학교에
서 법의학교실을 만드는데, 혹시 서울대학교에서 법의학교실을 만든다
고 하시면 서울대로 오겠습니다.' 그랬디요. 그런데 그분이 '그게 뭐하는
거요?' 그러시는 거야. 그래서 그냥 돌아왔지요. 법의학이 뭐하는 건지
물어볼 정도면 더 이상 말할 게 없는 거니까. 그런데 그 당시 고려대학교
총장이 김상협 선생이셨는데, 그분은 동경대학 법학부를 다니실 때 법
의학에 대한 강의를 들은 적이 있다고 해요. 그래서 한국에도 법의학교
실이 필요하다는 걸 잘 아셨던 거요. 총장님이 동의하셔도 아직 넘어야

할 산은 많았지."

"상상은 잘 안 되네요. 말씀을 들어보면 준비가 다 된 것 같기도 한데요."

"기술적이고 실무적인 문제라고 볼 수도 있지만, 그래도 만만치 않았어요. 총장님은 하자고 하셨지만 주변에서는 반대가 심했거든. 다른 것도 할 게 많은데 왜 법의학교실이냐는 거였디. 그래서 실무를 담당하는 쪽에서는 그다지 협조적이지 않았어요.

법의학교실을 만들어서 대학원생을 받으려면 우선 법의학회를 만들어야 했는데, 그것부터 쉽지 않았어. 법의학회를 만들려고 하니까 주변 학회의 동의서가 필요하다는 거요. 주변 학회라면 병리학회일 텐데 병리학회에서는 동의서를 못 내주겠다는 거요. 사실 병리학회도 회원이 그리 많은 게 아니거든. 그러니까 법의학회를 하나 더 만든다면 병리학회는 죽으라는 거냐, 뭐 이런 거였겠디. 그러나 나로서는 법의학회를 만들어야 법의학교실을 열 수가 있으니까 고민스럽지 않을 수가 없었던 거요.

그래서 고민 끝에 묘안을 생각해냈어. 서울대학교 의과대학에서 오랫동안 강의를 하신 이제구(李濟九, 1911~1986) 교수님을 찾아간 거요. 그때는 정년퇴임하고 집에서 쉬고 계셨을 때였어. 그런데 이제구 교수님은 1960년부터 10년 동안 병리학회 회장을 지내신 분이거든. 이분을 법의학회 초대회장으로 모실 수 있다면, 병리학회에서 동의서를 내주지 않을 수가 없을 거라고 생각한 거디.

결국 우리는 이제구 교수님을 초대회장으로 모시고 1976년에 법의학회를 창설했어요. 그리고 그다음에는 법의학교실에서 대학원생들을 모집하기 위해서 수업시간을 만들어야 했디요."

    법의관이 도끼에 맞아 죽을 뻔했디

문국진이 직접 도안한 고려대학교 법의학
교실의 창설기념 로고.

"수업시간은 학생들 모집하고 그냥 정하면 되는 거 아닌가요?"

"그게 그렇디 않아요. 정해져 있는 강의시간 안에서 법의학과를 끼워 넣어야 했던 거니까, 그 당시 이미 개설되어 있는 학과를 찾아다니면서 강의시간을 얻어야 했어요. 학과를 찾아다니면서 한 시간, 두 시간 이렇게 달라고 했는데, 양보를 해주는 데도 있고, 그러지 않은 데도 있었어요. 아무튼 열심히 부탁하고 다니면서 강의시간을 만들었고, 1976년에 법의학교실을 창설한 거요."

"법의학교실 로고를 본 적이 있는데요. 묘하더라고요. '사람은 꽃이다. 부드럽게 대하라.' 한국말로 하면 대충 이런 뜻일 텐데요. 'People are Floewrs, be Gentle'이라고 쓰여 있고, 그림은 꽃을 든 사람이었어요. 법의학교실이라는 느낌이 전혀 없던데요."

"그거 내가 만든 말이오. 법의학교실이라고 해서 죽음, 인권 뭐 이런 것만 내세우면 재미가 없디 않아요? 결국 법의학도 인간 중심의 학문이요. 그러니 그런 이야기가 훨씬 낫디요. 그렇잖아도 그때 그 로고를 박은 접시를 만들어서 나눠줬는데 인기가 아주 좋았어요."

이렇게 한국의 법의학교실이 시작되었다.

"지금은 41개 의과대학 가운데 12개 대학에 법의학교실이 설치되어 있디요. 그리고 법의학을 전공하는 사람의 숫자는 대략 70~80명쯤 될 거요. 고려대 법의학교실을 창설한 해를 기준으로 보면, 35년 걸려 여기까지 온 거디요."

"선생님께서 1955년에 시작하신 것으로 보면, 56년이 된 셈이네요. 그동안 글로 많은 사건 이야기를 쓰셨지만 독자들을 위해 몇 가지만 이야기해주시죠. 정말로 희한한 사건이라거나 완전범죄가 될 뻔한 사건, 또는 지능적인 사건 같은 것들 말입니다."

다음에 이어지는 이야기를 '즐기는' 사이, 독자들은 한국의 유서 깊은 〈CSI〉를 느낄 수 있을 것이다. 그리고 한국 사회에서 날이 갈수록 사라져가는 '사회적 희망'을 이 이야기를 통해 조금이라도 느낄 수 있기를 바란다. 돈도 명예도 주지 않는 법의학이었다. 오로지 인권을 지키기 위해 필요하다는 생각과 보람만으로 그 자리를 지켜온, 그들이 만들어낸 이야기다.

2009년 영화 〈용서는 없다〉에는 법의관인 강민호 교수가 주인공으로 나온다. 설경구가 이 역을 맡았다. 영화 앞머리에서 이 법의학자가 경찰들을 모아놓고 강의를 하는데, 자기가 겪었던 기묘한 이야기를 하나 들려준다. 남편이 아내를 살해한 사건인데, 거짓말 같은 실마리를 통해 범인을 잡게 된다는 줄거리다.

사실 이 이야기는 《새튼이》에 나온다. 아주 오래된 책에 실린 사건이지만, '고리타분하고 진부한 옛날이야기'일지 모른다는 선입견은 버려도 좋다.

문국진은 이 이야기를 시작하면서 두 장의 그림을 보여주었다. 에곤 실레의 〈포옹〉(132쪽)과 헨리 퓨젤리의 〈악몽〉(134쪽)이다.

"이 두 그림을 보면 옛날 그 사건이 생각나요. 내가 어드메 쓰긴 했을 거요. 〈포옹〉을 보면 여자는 황홀감에 몸을 비틀고 있고, 남자는 있는

〈포옹〉, 에곤 실레, 1917, 오스트
리아미술관, 빈.

힘을 다해 굳세게 껴안고 있어요. 그리고 〈악몽〉을 보면 쇼크 상태에 빠져 정신을 잃은 것으로 보이는 여자가 머리와 팔을 축 늘어뜨리고 있어요. 악몽을 꾸는 것이 아니라 마치 죽은 것 같아. 내가 보기에는 그림 제목을 '독살'이라고 붙여도 좋지 않을까 싶어."

"그러니까 부부가 섹스를 하다가 부인이 죽었는데, 그게 독살이었나 보네요."

"들어보라우. 마흔 살 된 중년 부인이 남편과 성행위를 하다가 갑자기 호흡곤란을 일으켜 죽었어. 이런 상황에서는 대개 남자는 복상사腹上死했다거나, 여자는 복하사腹下死했다고들 하디. 복상사의 경우에는 심장의 병변, 특히 관상동맥경화증을 가진 사람이 많고, 반대로 복하사라면 뇌동맥류를 지녔던 사람들이 성행위 도중에 동맥류가 파열되어 뇌출혈을 일으키는 경우가 많아요. 그래서 이 부인도 뇌출혈이 아닌가 싶어서 뇌혈관 검사를 해봤디. 그런데 동맥류를 찾아볼 수 없는 데다가 뇌출혈도 없었어. 부검을 해봤지만 사인이 될 만한 것을 찾을 수 없었어요. 단지 급사한 경우의 일반적인 소견과 인두부咽頭部의 수종과 울혈이 심하다는 정도였디. 페니실린 쇼크사일 때도 이와 비슷해요.

그런데 급사한 부인의 소지품을 조사하던 수사관이 의사의 소견서 한 장을 가져다주었는데, 보니까 이렇게 쓰여 있는 거요. '본인은 페니실린 과민성 체질이니 본인에게 페니실린을 절대로 투여하지 마시오.' 그래서 남편에게 물어보라고 했디. 부인이 최근에 병원에 다녔는지, 약국에서 약을 사 먹은 일은 없는지 말이요. 그런데 전혀 없다고 하고서는, 말끝에 자기가 일주일째 병원에 다니고 있다는 거요. 편도선염을 치료하느라 주사도 맞고 약도 받았다고 했어. 그래서 담당 의사에게 남편에게 무슨 주사와 약품을 투여했는지 알아보았디. 그랬더니 남편이 페니실린 주사를 맞았다는 거요. 그래서 부인이 페니실린 쇼크로 죽었다는 걸 알게 된 거디."

"주사는 남편이 맞았다면서요? 그러면…?"

"그렇디. 남편의 정액을 통해 부인에게 전해진 거요. 그래서 쇼크를 받아 죽은 거고."

"세상에, 페니실린 쇼크가 그렇게 예민한가요?"

"페니실린에 특이체질인 사람이 부작용을 일으키면 가벼운 경우에는 두드러기나 욕지기, 갈증, 두통 정도의 부작용이 나타나지만, 아주 심하면 과민성 쇼크로 급사하는 경우도 있디. 그래서 의사가 이런 약품을 투여할 때는 꼭 문진問診을 통해 과거에 어떤 부작용을 겪은 적이 없는지, 가족 가운데 그런 경우는 없었는지 자세히 물어봐야 하고, 예비검사도 철저히 해야 하는 거요. 그런데 예비검사에서 괜찮았던 사람도 과민성 반응을 일으키는 경우가 있디. 그래서 예비검사도 하나마나한 것이라고 생각하는 의사들도 있어요. 그러나 어쨌든 예비검사를 하지 않고 페니실린을 투여했다가 사고가 나면 의료과실로 취급되니까, 꼭 해야

〈악몽〉, 헨리 퓨젤리, 1781, 디트
로이트미술관, 디트로이트.

하는 거요.

때로는 예비검사를 하려고 묽게 만든 페니실린 용액을 눈의 결막에 몇 방울 떨어뜨렸는데, 과민성 쇼크를 일으켜 죽는 경우도 있어. 그런 경우야 불가항력적인 사고니까 어쩔 수 없다. 그런데 예비검사에서 괜찮아서 주사를 놓았는데 주사바늘을 뽑는 순간, 환자가 그대로 쓰러져서 죽는 경우도 있고. 이때의 과민성 반응은 순간적으로 일어나는 것이어서 전격성 반응이라고 해요.

저 그림을 보시오. 퓨젤리가 그린 〈악몽〉 말이요. 이 그림은 퓨젤리가 한 여성에게 구애했다가 거절당한 뒤 복수심에 불타 그렸다고 해요. 그림 속의 여자는 악몽에 시달리다가 마침내 정신을 잃고 졸도한 모습이다. 페니실린 쇼크에 빠져도 이 모습처럼 졸도하고 그대로 죽음에 이르게 되는 거요."

영화 〈용서는 없다〉에서 법의관인 강민호는 남편이 아내를 의도적으로 살해했다고 말한다. 아내가 페니실린에 과민한 특이체질이라는 것을

법의관이 도끼에 맞아 죽을 뻔했디

알고 있었다는 것이다. 아내의 이름으로 거액의 보험을 들고, 병원에 가서 페니실린 주사를 맞고 와서 아내와 섹스를 했다. 그러니까 정액을 '무기'로 쓴 셈이다. 그리고 경찰은 남편의 병원 영수증을 실마리 삼아 살인범을 잡는다. 문국진의 이야기를 들어보면 계획적인 살인은 아닌 것 같다. 그런데 이런 경우에 남편을 살인범으로 볼 수 있을까? 문국진의 설명이다.

"그건 그렇게 보기는 어려울 거요. 그게 계획적인 살인이라면, 페니실린 기가 남아 있는 정액으로 사람을 죽일 수 있다고 예측했어야 할 거 아니요. 그걸 예측할 수도 없지만, 그 남편이 그렇게 해서 사람이 죽는다는 것을 알았다고 볼 수도 없디. 무슨 수로 그걸 알았겠어요?"

그저 웃어넘길 수 없는 결론이다. 한쪽에서는 이것을 살인이라고 했다. 물론 드라마라서 그러려니 할 수도 있지만, 지나치게 과장해서 사실상 거짓이 될 수도 있는 이야기를 담는 것은 문제가 있다. 뒤에서 모차르트의 죽음에 대해 다룰 때 자세히 설명하겠지만, 모차르트를 살리에리가 죽였다는 이야기는 흥미로울지 모르지만 살리에리의 입장에서 보면 살인범이라는 누명을 썼으니 억울하기 짝이 없는 일이다. 법의학은 '아니면 말고' 식으로 처리할 일은 절대로 아니라는 생각이 든다.

"그렇디요. 법의학은 그런 억울한 경우를 생기지 않게 만드는 학문이요. 그러니 법의학은 호사가가 취미처럼 해서는 절대로 안 됩니다!"

"이렇게 미묘한 경우에 법의학이 개입하지 않으면, 남편이 살인범으로 몰릴 수도 있겠어요. 이런저런 우연이 겹쳐서 죽었는데, 운이 나빠서 살인범으로 몰리는 경우도 있지 않겠나 싶습니다."

"그런 사건들도 꽤 많았디요."

까마귀 날자
배 떨어지다

"두 가지 사건이 생각납니다. 하나는 한 남자가 조제한 약을 먹고 집을 나서다가 피를 토하며 죽은 사건이고, 다른 하나는 처음 만난 남녀가 여관에서 자고 나왔는데 남자가 죽은 사건이요. 피를 토하고 죽은 사건부터 먼저 이야기를 하디요."

이런 이야기였다.

신혼부부가 약국을 열었다. 친절하고 약값도 싼 편이어서 몇 달 지나지 않아 단골도 많이 생겼다. 그러다 보니 병원에서도 고치기 힘든 병을 가진 환자들까지 모여들었다.

하루는 오랫동안 간경변증으로 고생하던 K라는 45세 된 남자가 약국을 찾아왔다. 환자는 이름 있는 병원이나 한의사를 모두 다 찾아다녔고, 좋다는 약은 다 써보았지만 별 효험을 보지 못했다. 그러다가 이웃 사람에게 용한 약사가 있다는 말을 듣고는 이 약국을 찾아왔다. K는 그 동안 자기가 치료 받은 과정과 지금의 증상을 설명했다. 그러고는 이제 자기 목숨은 선생님께 달렸으니, 제발 병을 고쳐달라고 애원했다.

젊은 약사로서는 자신이 없었지만 환자의 간절한 청을 거절할 수도 없고, 또 마침 간경변증에 좋다는 약도 있었기 때문에 일주일 치의 약을 조제해주었다.

집으로 돌아간 환자는 약을 먹은 뒤 외출하다가 대문간에서 피를 토하고 쓰러졌다. 놀란 가족은 환자를 급히 병원으로 데리고 갔고, 의사들은 최선을 다했지만 끝내 죽고 말았다. 병원 의사는 환자 가족들에게 사인이 분명치 않다고 말했다. 가족들은 약사가 약을 잘못 줘서 K가 죽은 것이라고 단정 짓고는 약국으로 몰려가 기물을 부수고 약사 부부를 폭행했다. 그러고는 그들을 경찰에 고소했다. 경찰은 수사를 시작했고, 문 법의관에게 사인을 밝혀달라고 의뢰를 해왔다.

부검을 해보니 예상했던 대로 간은 상당히 경화되어 있었고, 이로 인해 심한 식도정맥류가 형성되어 있었다. K는 이 식도정맥류가 파열되어 사망했던 것이다. 문 법의관은 약사가 조제한 약이 식도정맥류를 파열시키는 데에 어떤 영향을 미쳤는지를 확인하기 위해 위에 남아 있는 내용물과 먹다 남은 약을 검사해보았다. 하지만 약에는 사망을 일으킬 만한 성분이 들어 있지 않았다. 결국 환자가 식도정맥류 파열을 일으키기 직전에 우연히 약사가 조제해준 약을 복용한 것으로 밝혀졌다.

이 사실을 알게 된 환자 가족들은 약사 부부에게 사과했다. 그러나 한번 실추된 명예를 회복하는 것은 어려운 일이었다. 그들은 사람을 죽였다는 누명은 벗었지만, 이후로 경제적·정신적 고통을 심하게 겪어야 했다.

"약사 부부는 법의학자의 존재가 얼마나 소중한지 뼈저리게 느꼈을 것 같네요."

"이런 일이 생각보다 많아요. 병원에서 주사 한 대 맞고 집에 돌아가서 죽었다거나, 뺨을 한 대 때렸는데 죽었다거나 하는 경우가 그래요. 이런 일이 생기면 대개 사망자 가족들은 의사나 약사 또는 가볍게 한 대 때린 가해자의 잘못으로 죽었다고 판단하고, 병원이나 약국 혹은 가해자의 집으로 쳐들어가서 기물을 부수고 폭행을 가하는 경우가 종종 일어납니다. 이 사람들의 생각은 제 발로 걸어 들어갔던 사람이 주사 한 대로, 또는 약 한 봉지로 죽을 리가 없지 않느냐, 또는 어떻게 사람이 뺨 한 대 맞고 죽을 수 있느냐는 거요. 그러나 상대방 입장에서 보면 억울하기 짝이 없는 노릇이요. 분명 자기 잘못은 없는 것 같은데 당할 수밖에 없으니 얼마나 기가 차겠어요.

이럴 때 부검을 해보면, 대개 다음 세 가지 가운데 한 경우에 해당됩니다. 첫 번째는 주사·투약·폭행 같은 것이 실제 사인이 되는 경우요. 약물을 잘못 투여했거나, 지나치게 많은 양을 투여한 거디요. 그리고 폭행의 경우, 가해자가 주장하는 정도보다 훨씬 더 강했기 때문에 죽음에 이른 거디요. 두 번째는 이미 환자의 병변이 있었는데, 그 병변을 악화시킬 수 있는 주사나 투약, 폭행으로 사망하는 경우입니다. 세 번째는 우연한 것으로, 순전히 환자의 병 때문에 죽는 경우요. 이런 경우는 병이 문제가 되기도 하지만, 보통 사람에게서는 일어나지 않는 특이체질 때문에 죽기도 합니다. 예를 들어 흉선임파선 특이체질의 경우는 가볍게 뺨을 한 대 맞고 죽기도 합니다.

이 사건 속의 약사는 세 번째 경우에 해당하는데, 아무 잘못도 없이 억울하게 피해를 입었던 거요."

두 번째 이야기는 이런 것이었다.

시골에서 상경한 K는 H여관에 방을 잡은 뒤, 창경원으로 꽃구경을 하러 나갔다. K는 저녁 때 돌아왔는데, 30대로 보이는 젊은 여자와 함께였다. 두 사람은 방에 들어간 뒤, 곧 술과 안주를 시켰다. 종업원은 4홉들이 소주 한 병과 오징어포 두 장을 사다주었다.

이른 아침에 이 젊은 여자가 주인을 찾았다. K가 신음을 하고 있다는 것이었다. 주인과 종업원이 그 방에 갔을 때 K는 거의 숨이 멎은 상태였다. 급히 가까운 병원으로 옮겼으나 이미 죽어 있었다.

함께 투숙했던 30대 여인은 K를 그 전날 창경원에서 알게 된 사이라고 했다. K가 혼자 여관에 머물고 있으니, 함께 가서 이야기나 나누자고 해서 따라온 것이라고 했다. 그래서 K의 신분증에 있는 주소로 가족들에게 연락했고, K의 아내와 자식들이 상경했다.

건강하던 K가 갑자기 죽었으니, 당연히 무슨 일이 있었는지 추궁하게 되었다. 그러나 이 30대 여인은 술을 마시며 이야기를 나눈 것뿐이라고 했다. 그런 뒤 여인이 잠이 들려고 하는데 이상한 소리가 나기에 불을 켜 보니, K가 신음을 하면서 입에 흰 거품을 물고 있더라는 것이다. 수사 당국에서는 사인을 정확하게 규명하기 위해 부검을 의뢰해왔다.

건강했다는 말은 사실이었다. 외관으로 볼 때는 특별한 외상이나 별다른 이상이 없어 보였다. 부검을 해보았더니 일반적인 급사에서 볼 수 있는 증상이 드러났다. 즉, 각 장기에 심한 울혈상이 보였고, 심장혈액이 유동성으로 각 점막이나 장막하에 일혈점이 있었던 것이다. 그리고

법의관이 도끼에 맞아 죽을 뻔했디

비점막 및 후두점막에 심한 수종이, 폐에는 심한 기종이 나타났다. 위에는 술 냄새가 나는 내용물이 100밀리리터 정도 남아 있었다. 무엇인가에 의한 중독사로도 의심이 되는 소견이었다. 그래서 독물검사에 필요한 혈액과 위 내용물, 오줌, 간 등을 채취해서 검사를 의뢰했다. 그러나 알코올이 혈중농도 0.2퍼센트라는 것 외에, 독물은 전혀 검출되지 않았다. 중독사도 아니었던 것이다. 사인을 알 수 없다고 말할 수밖에 없었다.

법의관의 입장에서는 부검을 하고서도 사인을 알 수 없을 때, 무척이나 당황스럽다. 그러나 이런 일은 생각보다 자주 일어난다. 주위에서는 복상사가 아니겠느냐, 심장 기능의 장애 때문이 아니겠느냐 하고 짐작들을 했지만 합리적인 결론은 아니었다. 이런 상황에서 K의 부인과 아들이 연구실을 찾아왔다. 사인이 알고 싶어서 찾아온 것이다. 그래서 K에 대해 이런저런 질문을 해보았다. 그 와중에 K가 꽃가루에 과민했다는 것을 알게 되었다.

K는 봄에 꽃이 피기 시작하면 콧물이나 눈물을 흘리고 재채기를 심하게 하다가 꽃이 지면 낫곤 했다. 이 증상은 해가 갈수록 심해졌고, 특히 메밀꽃에 심하게 예민해져서 메밀꽃이 필 무렵이면 아예 다른 곳에서 지낼 정도였다. 이번에도 K는 메밀꽃을 피해 상경했던 것이다. 그런데 K는 메밀꽃만이 아니라 메밀껍질에도 예민했다. 그래서 집에서 쓰는 베개에는 메밀껍질을 넣지 않고 쌀을 넣어 사용했다.

'메밀껍질에도 예민하다'는 말을 들은 문 법의관은 문득 의심나는 바가 있었고, 급히 여관에 연락해서 K가 쓴 베개를 가져오게 했다. 역시 베개 속에는 메밀껍질이 들어 있었다. 그렇다면 K는 메밀껍질에 대한 과민성 쇼크사일 가능성이 크다. 문 법의관은 부검 소견을 종합적으로 다시 검토해보았다. 30대 여인은 '잠이 들려고 하는데 이상한 소리가 났다'고 했다. 그렇다면 K 역시 베개를 베고 잠을 청하느라 시간이 좀 흘렀을 것이고, 바로 그때 과민성 쇼크가 진행되고 있었을 것이다. 결국 K는 메밀꽃을 피해서 서울까지 왔는데, 젊은 여인과의 속삭임에 취해서 자신이 무엇을 피해 상경한 것인지 잊어버린 것이다. 그러고는 메밀껍질이 잔뜩 든 베개를 베고 죽어간 것이다.

"이 여인의 경우도 법의학이 아니었으면 살인범으로 몰렸을 확률이 높았겠네요."

"그랬겠지요."

문국진은 학교에서 아이들끼리 가볍게 투닥거리다가 한 아이가 죽은 경우도 있었다고 했다. 죽을 정도로 심하게 때린 게 아니라면 특이체질 때문에 그런 일이 생길 수도 있으니, 철저한 검사가 필요했다. 그 아이 역시 법의학이 사인을 정확하게 밝혀주지 않았다면, 평생 살인자라는 멍에를 지고 살아야 했을 것이다.

완전범죄와
우연한 방패

"완전범죄가 가능할까요?"

범죄 드라마를 '즐기는' 사람들이 늘 궁금해하는 답이다. 대개는 스스로 그 답을 가지고 있다. 그러면서도 묻는 것이다. 한국 최고의 법의학자인 문국진을 만났는데, 이 질문을 건너뛸 수 없다.

"그건 불가능하디. 언젠가는 밝혀집니다. 어떤 범죄든. 프랑스 법의학자 에드몽 로카르가 남긴 유명한 법칙이 있잖소. '모든 범죄는 흔적을 남긴다.'"

〈CSI〉나 살인 사건을 다루는 드라마에 자주 나오는 말이다. 원래는 이런 말이다. "Every contact leaves a trace(모든 접촉은 흔적을 남긴다)." 범인은 피해자의 흔적을 가져가고, 범죄 현장과 피해자에게는 범인의 흔적이 남는다. 그래서 '교환의 법칙'이라고도 한다. 에드몽 로카르(Edmond Locard, 1877~1966)는 1912년에 자기 애인을 목 졸라 죽인 에

밀 거빈 사건을 해결하면서 자신이 말한 이 법칙을 증명했다. 로카르는 완벽한 알리바이를 가진 거빈의 손톱 밑에서 채취한 물질에서 피해자의 피부조직과 분홍색 분가루를 찾아냈다. 당시에는 피부조직을 검사할 과학적인 능력은 없었지만, 분홍색 분가루는 피해자가 쓰던 것임이 틀림없었다. 이것을 증거로 범인에게서 자백을 받아냈고, 더불어 유죄판결로 이끌었다.

문국진은 '완전범죄'에 대해 자주 질문을 받는 것 같았다. 이야기는 거침없이 이어졌다.

"젊은 전쟁미망인이 있었어요. S라고 부릅시다. S는 대학시절에 한국전쟁을 겪어요. 피난 생활을 했디. 피난 생활을 하던 중에 군인을 만나 결혼을 하게 되었어. 그런데 결혼하고 3개월쯤 지나서 남편은 일선으로 배치되어 가버려요. S는 이따금 면회를 갔디. 그런데 S가 하도 미모가 뛰어난 여자인 데다, 여자를 자주 보지 못하는 일선 군인들은 S가 면회만 가면 다들 환영하고 환송해주곤 했어요.

그러던 어느 날, 남편이 전사했다는 소식을 듣게 되요. S는 할 수 없이 직장을 구했어. 당시에는 여자가 대학을 다닌다는 게 쉽지 않은 일이요. 그러니까 여자로서는 지적인 능력이 대단한 거였디. 게다가 예쁘기까지 했으니, 그리 힘들지 않게 직장을 구할 수 있었을 거요. 모 식료품회사 사장의 여비서로 취직해서 열심히 일을 했어. 남편을 잃은 슬픔을 잊고 싶었을 테니, 그러지 않았겠어? 사장도 여비서의 사정을 알고 있었으니, 잘 대해 주었디.

그런데 이 S에게 또다시 불행이 닥쳐왔어. 교통사고를 당한 거요. 부

   법의관이 도끼에 맞아 죽을 뻔했디

상이 심했디요. 좌대퇴골(왼쪽 넓적다리뼈)이 부러지고 안면부(얼굴 부분)
좌상挫傷, contusion으로 아래위 앞니가 부러져 나갔디. 요즘은 대개 보험
에 들어 있으니 치료비 걱정을 별로 하지 않지만, 그때는 그렇지 않았어
요. 게다가 운전사가 도망가버렸으니 치료비 문제가 큰 걱정거리였어.
이런 딱한 사정을 알게 된 사장이 치료비를 다 마련해주었고, 병원에도
자주 방문해서 위로했어. S의 대퇴골은 개방성 정복 수술을 받아 잘 치
료되었고, 아래위 앞니에는 완전 의치를 끼웠어요. 그렇게 치료를 받고
퇴원을 했디.

　S는 다시 사장의 비서로 일을 했어요. 사장에게 신세를 졌으니 당연
히 더 열심히 일했고 회사는 날로 번창했어. 그런데 그만 사장과 연인
사이로 발전하고 만 거요. 그러다가 S가 임신을 했는데, 사장이 낙태하
라고 한 거요. S가 거절하자 자주 다툴 수밖에 없는 상황이 된 거지. 사
장 입장에서 보면, S가 점점 더 많은 요구를 하는 거요. 그러나 그 요구
를 다 들어줄 수는 없다고 생각했겠디. 그래서 S를 살해하기로 결심을
해요. 어느 날 S를 교외로 유인해서 아비산이 든 주스를 마시게 해서 독
살을 한 거야. 아비산 알디?"

　"비소 말씀인가요? 무색, 무취, 무미해서 표시가 나지 않아 독살할 때
가장 많이 쓰인다고 알려져 있던데요. 쥐약이나 파리끈끈이, 벽지인쇄용
잉크 등에서 쉽게 구할 수 있어서 더 그랬다고도 하고요. 게다가 몸에 이
상한 증상이 나타나도 급성 위장병으로 오인하기 쉬웠다고 하던데요."

　"그래, 맞아. 대개 비소라고 알려져 있디. 비소 종류 가운데도 아비
산(As_2O_3)이 가장 많이 쓰이는 것이요. 아비산을 다량 섭취하면 급
성 마비를 일으켜서 대개 몇 시간 안에 죽어요. 여기서 다량이라는 건

100~300밀리그램 정도를 말하는 거요. 아무튼 그 사장은 여비서 S에게 아비산을 먹여 독살한 뒤, 무거운 돌을 시체에 매달아서 강물에 던져버렸어요. 그러고 2년쯤 지났어. 사장은 완전히 끝났다고 생각하고 있었을 거요. S는 완전히 고기밥이 되었을 거고, 완전범죄였다고 자만했겠디. 그런데 한 낚시꾼이 강물에 떠오른 여인의 시체를 발견했다는 신고가 경찰에 접수됐어요."

"그렇다면 비소로 독살했다는 사실을 알아냈겠네요. 비소는 몸에 한 번 들어가면 거의 반영구적으로 남는다고 하던데요."

"그렇긴 하디. 그런데 비소라고 해도 어디에서 발견되느냐에 따라서 다르게 해석해야 해. 비소는 위장 또는 기타 점막으로 흡수되는데, 일부는 간에 축적되고 일부는 대소변이나 유즙(젖) 또는 땀으로 빠져나가요. 그리고 손톱, 발톱이나 머리카락 혹은 뼈에 축적되지. 머리카락이나 피부에서는 발견되지 않는데 위나 다른 장기에서 확인되면 급성중독을, 다른 곳에서도 증명된다면 만성중독을, 머리카락과 피부에서만 보이면 치료 목적으로 흡수된 것일 수도 있디. 부패된 시체나 백골이라면 주변의 토양이나 관 내에 있는 조화 같은 것에서 침투한 것일 수도 있으니 잘 살펴봐야 해. 그리고 급성중독이었다면 시체를 부검해봐도 아무런 소견을 찾을 수 없는 경우가 많아. 그런데 자네는 시체가 2년씩이나 물에 잠겨 있었는데 온전하리라고 생각하나?"

"아, 그렇군요. 증거를 찾는 것은 고사하고 개인식별도 곤란했겠네요."

"자네도 그렇게 생각하디? 시체가 물속에서 2년씩이나 지났으면, 완전히 부패되어 증거가 될 만한 것은 찾을 수가 없을 거라고 생각하는 게 보통일 거요."

   법의관이 도끼에 맞아 죽을 뻔했디

"예. 그런데 이렇게 말씀하시는 걸 보니, 꼭 그렇지도 않은가 봅니다."

"시랍이라는 게 뭔지 아나?"

"예, 애더포시어를 말씀하시는 거죠?"

시랍屍蠟의 '시'는 시체고, '랍'은 왁스나 양초를 뜻하는 한자 말이다. 그러니까 시체가 왁스처럼 변하는 현상을 말한다. 영어로는 애더포시어 adipocere인데 서파너피케이션(saponification, 비누화)이라고도 한다.

"공부를 열심히 했구먼, 그런데 본 적은 있나?"

"예."

"어디서?"

"선생님 책에 있는 사진을 봤습니다(웃음). 전에 한번 말씀드렸지만, 1980년에 나온 초판본과 1995년에 나온 개정원색판이 제게 있거든요. 그리고 미드 〈CSI 라스베이거스〉 시즌 3의 에피소드 18에 시랍이 나옵니다. 냄새가 지독한 것 같던데요…."

"부패된 시체 냄새야 언제나 지독하지. 아무튼 시랍은 이렇게 해서 만들어지는 거요. 습기가 많으면서 공기가 잘 통하지 않는 곳에 시체가 놓이면 시체의 지방이 가수분해加水分解되어 지방산과 글리세린이 형성되는데, 여기에 칼슘이나 마그네슘과 같은 알칼리성 금속이온과 부패할 때 생긴 암모니아가 결합하면 비누화되는 거요. 물에 빠진 시체의 경우 1~2개월쯤부터 형성되기 시작해서 4개월 정도면 완성되지. 시랍이 형성되면 잘 부서지니까 조심해서 다뤄야 하는데, 생존 시의 손상이 보존되는 경우가 많아요."

문국진 박사가 "잠깐만" 하고는 자리에서 일어났다. 요즘 먹는 약이 자주 자리를 뜨게 만든다고 했다. 나도 자리를 잠깐 비웠다. 나처럼 산만한 사람에게는 이런 시간이 필요하다. 딴 생각으로 날아가 잠깐 '산만함'을 즐긴 다음 다시 돌아오면 머리가 맑아진다.

〈CSI〉에서는 법의학 용어를 일반인이 알아듣기 쉽게 설명해줄 때가 많다. 여기에서도 이런 정도의 설명이 나온다. 물론 극중 인물의 대사를 통해서 설명된다.

시랍이군. 시체보관실의 밀랍이라고도 하지. 시체의 지방질 조직이 알칼리 물질과 제한된 산소만 있는 환경에서 부패할 때 생기는 거야. 약간의 습기가 더해지고 시간만 지나면 이렇게 되지. 혐기성세균(嫌氣性細菌, anaerobic bacteria, 산소를 싫어하는 박테리아라는 뜻. 산소가 없거나 희박한 곳에서 활동한다)이 시체의 지방질을 분해해서 고체 상태의 밀랍으로 만들어주는 거야. 비누화 현상은 어린아이 무덤에서 더 많이 생기네. 아이들 신체에는 지방이 많은 반면, 그걸 분해하는 박테리아균은 덜 발생하기 때문이지. 역사적으로 볼 때 외형이 유지된 채 비누화된 시체는 불멸의 것으로, 성인聖人의 모습으로 간주되기도 했지. 비누화가 아이들한테 일어나면 그러한 생각은 더 설득력을 얻었고. 더 흥미로운 건 포름알데히드가 알칼리인 데다가 미국의 관들이 완전히 밀폐된 탓에, 이 나라엔 인류역사상 그 어느 때보다 많은 시체들이 비누로 변해가고 있어. 우리는 '시랍'의 수도에 살고 있는 거야. 시랍 현상은 미국이 세계 최고라네.

—길 그리섬(반장, 법곤충학 전공), 캐서린 윌로우스(혈흔분석 전문), 알 로빈스(법의관)의

대화를 정리한 것이다.

사람의 지방질이 비누화되는 시랍에 대한 설명을 들으니, 퍼뜩 생각

   법의관이 도끼에 맞아 죽을 뻔했디

나는 것이 있다. 살인 사건이나 법의학과는 아무런 상관도 없다. 영화를 좋아한다면, 또는 소설을 좋아한다면 〈파이트 클럽〉을 기억할 것이다. 아마 여러분도 좋아하는 배우일 텐데, 브레드 피트와 에드워드 노턴이 주인공으로 나온다. 이 세상의 작동원리 속에서 기계적으로 살아가야 하는 한 사람이 자유를 찾고 싶어 하는 몸부림에 대한 이야기다. 그 가운데 사람의 지방으로 비누를 만드는 이야기가 나온다. 그는 지방제거 시술을 한 다음에 버려진 지방을 훔쳐다가 비누를 만든다. 그리고 그 비누는 최고의 품질을 인정받아 하나당 20달러를 받는다. 이 소설이 1996년에 발표된 것을 생각하면, 무척이나 비싼 고급 비누인 셈이다. 그러면서 이렇게 말한다.

"그들은 자기가 버린 지방으로 만들어진 비누를 아주 비싼 값에 되사는 거지. 재미있지 않아?"

정말 재미있는 것은 그 비누의 재료와 사제 폭탄의 재료가 서로 '긴밀한 연결고리'를 가지고 있다는 점이다. 비누는 사람의 몸을 씻는 데 쓰이고, 이 영화에서 폭탄은 모순투성이의 세상을 정리하는 데 쓰인다. 결국 비누를 만들던 기술은 폭탄을 만드는 데 쓰이고, 그 폭탄은 세상의 모순을 쓰러뜨리는 데 쓰인다.

문국진은 사과 두 개와 접시와 과일칼을 가지고 왔다. 그것들을 탁자에 내려놓고는 껍질을 깎아내기 시작했다. '내가 깎아 드려야 하는데…'

"괜찮아요. 내가 워낙 과일을 좋아해서 그래."

내 속내를 금방 알아차렸나 보다. 깎아서 한 조각을 내민다.

"어디까지 이야기했던가?"

"시랍이라는 것이 있다고요. 그러니까 선생님 말씀은 2년 전에 독살해서 물속에 던져버린 S의 시체가 시랍이 되어 떠오른 거라는 말씀이시죠?"

"그래. 그렇다. 그렇게 시랍이 형성되는 동안 S여인을 물속에 붙잡아두고 있던 끈은 삭아서 끊어지게 되었고, 시랍이 형성된 시체는 물 위로 떠오른 거요. 그런데 시랍이 형성되면 시체의 부패가 정지되어 원형이 잘 보존되기 때문에 부검을 하면 많은 것을 알 수가 있어. 아무튼 경찰의 의뢰를 받아 부검을 하게 되었디. 그런데 사인이 될 만한 변화를 찾을 수가 없었어. 수사관 입장에서는 일단 개인식별이 중요해요. 죽은 사람이 누구인지도 중요한 문제지만, 정황을 파악해야 어떤 증거를 찾을 것인지가 명확해지거든."

길 그리섬에게서 자주 듣던 말이다. "Evidence without context is ambiguous at best(정황을 모르면 아무래도 증거가 애매할 수밖에 없지)."

"교통사고를 당했던 사람이니까 기록이 남아 있겠네요. 정복 수술을 할 때 사용했던 플라스틱이나 금속판이 남아 있을 수도 있고, 의치까지 해넣었으니 그것을 알려주면 수사관들이 알아낼 수 있지 않을까요?"

내가 이렇게 곧바로 답할 수 있었던 것은 순전히 CSI 효과다. 아니, 문국진을 만나기로 한 뒤부터 꼼꼼히 챙겨 봤으니 문국진 효과라고 하는 것이 더 적합하겠다.

"그래, 맞아. 시체의 좌측대퇴부(왼쪽 넓적다리)에 반흔(흉터)이 있고, 대퇴골(넓적다리뼈)에는 금속판이 부착되어 있는 것으로 봐서 생전에 대퇴골 골절이 있었고, 아래위 좌우문치(앞니 두 개)가 금관으로 덮혀 있는 것이 개인식별에 도움이 되겠다 싶었어. 이런 사실들을 수사관들에게

   법의관이 도끼에 맞아 죽을 뻔했디

알려주면서, 교통사고를 많이 다루는 병원과 치과를 탐문하면 찾을 수 있을 거라고 했디. 결국 치료 받은 병원을 찾아냈고, 시체의 신원을 확인할 수 있었어.

S여인의 주소로 찾아가 보니 정황을 알 수 있었는데, 그이는 모 회사 사장의 여비서였고, 2년 전에 행방불명되어 가출인 신고가 되어 있었던 거요. 수사관들은 당연히 그 사장을 방문해서 탐문해보았겠디. 그런데 사장은 사라진 여비서에 대한 이야기가 나오자 태도가 이상했다고 해. 그래서 본격적으로 사장과의 관계를 집중 조사해봤더니, 결국 S여인을 마지막으로 본 사람이 사장이라는 것을 알게 되었디. 경찰은 사장을 연행해서 문초를 했고, 결국 자백을 했어. 2년이나 지났기 때문에 완전히 고기밥이 된 줄 알고 안심한 거지. 억울하게 죽은 여자라 한이 맺혀서 죽은 뒤에도 썩지 않은 모양이라고, 결국은 자기가 죽일 놈이라면서, 마음 한구석에 늘 어두운 그림자가 따라다녔다고 하더라는 거요. 모든 것을 털어놓고 나니 속은 시원했겠디. 그러니까 기기 그런 거요. 완전범죄는 없다, 이게 내 생각이디."

영국의 BBC에서 제작한 〈How to Commit the Perfect Murder(완전범죄는 가능할까?)〉를 보면 이런 말이 나온다.

"계획은 아무리 잘 세운다고 해도 늘 틀어지게 되어 있습니다. 범인은 단 하나의 실수로, 그것도 아주 우연한 실수로 잡히지만, 법의학자는 한 번만 운이 좋으면 범인을 잡을 수 있습니다."

그리고 그런 사건의 예를 하나 들어주었다.

미국 오하이오 주의 작은 마을에서 2005년 크리스마스에 모녀 살해 사건이 발생했다. 범인은 법의학자들을 따돌리기 위해 자신을 용의자로 지목할 수 있는 현장의 모든 증거를 없앴다. 거의 완벽하게 증거를 없앤 것이다. 이 사건을 맡았던 지방검사 데니스 왓킨스의 설명이다.

"아주 지적인 젊은이였어요. 디스커버리 채널, 특히 〈CSI〉와 관련된 내용을 즐겨보면서 법망을 피하는 방법을 배운 것 같습니다. 범행 현장에는 증거가 남고, DNA가 발견될 수 있다는 것을 알았죠."

검사의 말대로 범인은 텔레비전에서 배운 것을 실행에 옮겼다.

"범인은 두 명을 살해하기 위해 냉혹한 계획을 세웠어요. 범행 계획은 매우 치밀하고 완벽했으며, 세밀한 실행 계획까지 세웠습니다. 그는 피해자 시체 2구를 난로가 있는 곳까지 13미터나 끌고 가서 불에 태웠어요. 시체 대부분이 훼손됐지요. 그 정도 불길이면 총알도 녹아버립니다. 어디에서도 지문이 나오지 않았고, 자신의 자동차는 두 번 이상 세차를 했습니다. 차는 깨끗했죠. 우리는 차에서 어떤 증거도 찾을 수 없었어요. 아마도 범인은 증거를 완전히 없앴다고 생각했을 겁니다."

그런데 아직도 없애야 할 증거가 하나 더 남아 있었다. 범행 당시에 범인이 신고 있던 장화였다. 그는 30킬로미터 떨어진 호수로 차를 몰고 갔다.

"밤이었어요. 자정이 가까운 시간이었으니 아주 어두웠을 겁니다. 그는 차에서 장화를 꺼내 다리 아래로 던져버렸습니다."

그리고 범인은 떠나버렸다. 그런데 다리 아래 호수가 살짝 얼어 있었다.

"호수 가장자리와 다리 아래에만 얼음이 살짝 얼어 있었지요. 그 때문에 장화가 수면에 떠 있었던 겁니다. 얼음이 녹아가고 있던 시기였으니,

기적 같은 일이죠. 하루만 더 지났으면 장화는 물밑으로 가라앉았을 겁니다."

호수를 지나던 사람이 우연히 장화를 발견하고 신고를 했다. 장화의 바깥쪽에서는 희생자들의 혈흔이, 장화의 안쪽에서는 범인의 DNA가 나왔다.

"범인의 DNA가 아닐 확률은 8억 1300만 분의 1이었습니다. 미국 인구는 3억밖에 안 되는데 말입니다."

범인은 종신형을 선고받았고 완전범죄는 실패로 돌아갔다. 장화와 절묘한 날씨 덕분이었다.

"아무리 똑똑하다고 해도 이렇게 되기 마련입니다. 제가 그동안 기소한 살인 사건들을 보면 신이 무엇인가를 해주는 것처럼 느껴집니다. 덕분에 우리가 범인을 잡죠. 범인들은 실수를 하고, 우리에게는 운이 따릅니다. 살인을 하고 법망을 피할 수는 없는 겁니다."

지방검사인 데니스 왓킨스의 말에서 '운'이라는 말은 뭔가 개운치 않은 느낌을 준다. 그렇다면 운이 따르지 않으면 범인을 잡을 수 없다는 말일까? 생각하기에 따라서 이 '운'이라는 말은 긍정적으로 해석될 수 있다. 사실 사람이 하는 일은 완벽할 수 없다. 어딘가 문제가 있을 수밖에 없다. 그렇다면 어떤 완벽한 범죄 계획에도 결함이 있을 수밖에 없고, 완전범죄라는 말 자체가 불가능이라는 의미를 담고 있다고 봐야 한다. 완벽할 수 없는 이유는 간단하다. 사람이 모든 상황을 통제할 수 없기 때문이고, 또한 우리의 삶이 수많은 우연한 사건으로 이루어지기 때문이다. 결국 '우연'이나 '운'이 완전범죄를 막아주는 것이다.

문국진의 이야기에서도 마찬가지가 아닌가. 시체는 시랍이 될 수도 있고, 그렇지 않을 수도 있다. 시랍이라고 해도 떠오르지 않고 훼손될 수 있는데, 문 법의관이 맡은 사건은 시랍이 되어 그의 손으로 부검까지 하게 되었다! 누구의 의도인가? 이쯤 되면 지방검사 데니스 왓킨스의 설명에 공감할 수 있을 것 같기도 하다.

법의관이 도끼에 맞아 죽을 뻔했다

지능적인 범죄

"강군은 완전범죄가 가능하다고 생각하나보군."

문국진은 술을 한 번 같이 마신 뒤로 마치 제자를 부르듯 나를 '강군'이라고 부른다. 묘한 느낌이 든다. 어린 시절로 돌아간 듯도 하고, 마치 떼를 좀 써도 될 듯하다.

"제 이야기는 개념상, 예를 들어 법의학을 아주 잘 아는 분이 범죄를 저지른다면, 완전범죄가 가능할 수도 있지 않을까 생각해보는 겁니다." (웃음)

"글쎄, 아무리 그렇다고 해도 '흔적을 남기기 마련'이고, 범죄는 밝혀질 수밖에 없네."

"예를 들어, '개구리 소년 사건'은 완전범죄라고 볼 수 있지 않을까요?"

"지금 당장은 모르겠지만, 결국 언젠가는 밝혀질 걸세. 거 왜 영국의 의사가 오랫동안 살인해온 사건 있지 않나."

"의사였던 헤럴드 시프먼이 218명을 죽인 사건 말씀인가요?"

"그래, 그렇디. 주로 나이 많은 환자들을 돌보았고, 누가 봐도 자연사라고 볼 수밖에 없는 상황이었어. 게다가 피의자가 의사 아니었나. 그래도 발각되었고 체포되었잖나. 완전범죄란 없는 거네."

사실 헤럴드 시프먼(Harold Shipman, 1946~2004)이 몇 명이나 죽였는지는 의견이 분분하다. '최소 279명, 많을 경우 345명에 달한다'(《연쇄살인범 파일》, 헤럴드 세터 지음, 김진석 옮김, 휴먼앤북스, 2007년, 133쪽)고 한다. 시프먼이 잡힌 것은 어쩌면 자만심 때문이었는지 모른다. 그 지역 장의사의 딸인 데비 브램보프가 마을에서 뭔가 불길한 일이 벌어지고 있다는 것을 깨닫기 시작했다. 시프먼의 여자 환자들이 유난히 많이 죽었는데, 죽을 때 모습도 의심스러웠다. 그래서 다른 지역의 의사에게 알렸고, 조사가 시작되었다. 시프먼은 사람을 죽인 다음 자신이 직접 사망진단서를 발행했는데, 이 진단서를 경찰이 조사하고 있다는 사실을 알면서도 여전히 살인을 저질렀다. 게다가 시프먼은 환자를 살해한 뒤, 유언장을 위조하는 짓까지 저질렀다. 그 유언장이 가짜라는 것을 눈치챈 딸이 경찰에 신고했고, 경찰은 그 환자의 무덤을 파서 시체를 꺼내 부검을 실시했다. 결국 치사량의 모르핀이 검출되었고, 시프먼은 체포되었다. 체포된 뒤에도 사람들은 시프먼이 살인을 했다는 사실을 믿지 못했다. 작은 가게 주인들은 가게 창문에 "우리는 믿을 수 없다"라고 쓴 전단을 붙이기도 했다. 그는 환자에게 친절하고 따뜻하게 대했고, 특히 나이 많은 부인들에게 단연 인기가 높았다.

    법의관이 도끼에 맞아 죽을 뻔했디

"사건 이야기를 하나 더 해주디. 이 사건은 내가 다루었던 건 아니요. 국제학회에 가면 여러 나라 법의학자들이 자기가 감정했던 사건 이야기를 하는데, 흥미로운 사례여서 기억하고 있는 거요."

이런 이야기였다.

일본 동북 지방의 작은 마을에서 있었던 일이다. 방직공장에 다니는 스물두 살 된 Y라는 처녀가 설날에 옆마을에 사는 큰어머니댁에 세배하러 간다고 나간 뒤 행방불명되었다.

가족과 동네 사람들이 열심히 찾아보았지만 허사였다. 그로부터 한 달쯤 지난 뒤 사냥을 나갔던 청년들이 산속에서 반쯤 눈에 파묻힌 여자의 시체를 발견하고는 경찰에 신고했다. 경찰의 조사로, 죽은 여인이 Y양이라는 것을 알게 되었다. Y양이 발견된 장소는 자기 집에서 약 20킬로미터 떨어진 외딴 산속이어서 평상시에는 사람의 통행이 전혀 없는 곳이었다. 그리고 눈이 많이 와서 시체가 눈에 반쯤 파묻혀 동태처럼 얼어 있었으니 부패되지도 않았다.

목은 여자용 머플러로 졸려 있었고, 오른손은 주먹을 쥔 채 위를 향하고 왼손은 밑으로 내려져 있었다. 하의는 반쯤 벗겨져 있었으며, 좌우 무릎은 기역자로 구부러져 있어서 누가 보아도 강간으로 희생된 것임을 쉽게 연상할 수 있는 모습이었다.

N교수의 부검 결과 사인은 경부(목)를 머플러로 조른 교사라는 것이 확인되었고, Y양의 속옷과 질에서는 정액이 발견되었다. 강간치사였던 것이다.

부검이 끝날 무렵, Y양의 시체는 방 안의 따뜻한 기온 때문에 굳었던 몸이 풀리기 시작했고, N교수는 주먹을 쥔 그녀의 양쪽 손을 겨우 펼 수 있었다. 오른손에서는 7가닥의 머리카락이 발견되었고, 왼손에서는 아무것도 발견되지 않았다. 또 Y양의 음모 부분을 빗질하여 자연 탈락되어 나오는 음모를 채취했다. 당연히 대조용 음모도 채취했다.

강간사건 때 음모를 빗질하여 채취하는 일은 매우 중요하다. 그 이유는 강간행위로 가해자와 피해자의 음모가 서로 엉키게 되는데, 이때 떨어진 음모는 상대방의 음모 속에 박히게 된다. 따라서 피해자의 음모를 빗질하면 가해자의 것이, 또 가해자의 음모를 빗질하면 피해자의 것이 빗겨 나온다.

그런데 Y양의 경우에는 빗질하여 얻은 자연 탈락된 음모들에서 Y양 자신의 것 이외에 다른 사람의 것을 발견할 수 없었다.

또 하나 이상한 점은 Y양의 오른손에 쥐고 있던 7가닥의 머리카락 가운데 길이 17~20센티미터의 것이 4개, 나머지 3개는 모두 7센티미터 이하였다. 모발의 길이로 보아 여자의 것으로 보였지만, 요즘은 남자들도 머리를 길게 기르기 때문에 길이만 가지고는 판가름할 수 없었다. 또 그 구조로 보아 파마한 흔적이 있었지만, 이것 역시 요즘은 여자만이 아니라 남자들도 파마를 하기 때문에 이것만으로 여자의 것이라고 볼 수는 없었다.

이런 부검 결과를 통보 받은 수사진은 용의자로 30명에 가까운 남자를 조사했다. 그 가운데서도 Y양이 다니던 공장에서 Y양의 작업조장이었던 H청년이 가장 유력한 용의자였다. 공장 사람들을 통해 Y양과 H군이 연인이었음을 알게 되었기 때문이다.

그러나 시체에서 채취된 정액의 혈액형은 AB형이었고, H의 혈액형은 O

  법의관이 도끼에 맞아 죽을 뻔했디

형이었다. 알리바이 역시 확실했다. Y양은 설날에 집을 나갔는데, H는 그믐날 고향으로 돌아갔으며, 내내 친척들과 같이 집에서 지냈다는 것이 확인되었다. 그러니 H는 범인일 수가 없었다.

수사는 원점으로 돌아왔고, 혼선을 거듭할 수밖에 없었다. 그러다가 수사진은 H의 주변에 M양이 있었으며, H와 M양, Y양이 삼각관계였다는 사실을 알게 되었다. M양은 당연히 완강하게 부인했다. 수사관들은 M양에게 그렇다면, 머리카락을 자진해서 제공해달라고 요구했다. 그러면 범인이 아니라는 것이 쉽게 증명될 것이고, 자연히 용의선상에서 제외될 것이라고 했다. M양은 마지못해 머리카락을 제공했다.

머리카락을 검사한 N교수는 머리카락의 구조나 파마한 흔적, 혈액형 등이 Y양의 시체가 쥐고 있던 것과 동일인의 것임을 확인했다. 이것을 증거로 수사진은 M양을 연행해서 추궁했고, 결국 M양은 범행일체를 자백했다. 자백 내용은 이랬다.

H군은 미남형에 씩씩한 청년으로 공장에서 신임을 받고 있었으며, 여직공들 사이에 인기가 많았다고 한다. 2년 전 직장에서 여름휴가를 갔다가 M양은 H군과 눈이 맞았고, 연인 사이로 발전해서 육체관계를 갖는 사이가 되었다. 그런데 약 1년 전에 Y가 공장에 들어왔다. Y의 미모가 워낙 뛰어나 뭇 남자 직원들에게 선망의 대상이 되었다. 그런데 3개월 전쯤부터 H군이 Y양이 일하는 조의 조장이 되었고, 어느 사이에 두 사람은 뜨거운 관계로 발전했다. 이런 사실을 알게 된 M양은 H군에게 항의했지만, H군의 마음을 돌릴 수는 없었다. 결국 M양은 Y양을 '제거'하기로 마음먹었다. 그러면 H군이 자기에게 돌아올 것이라고 믿었다.

그러던 중에 Y양이 설날을 맞아 큰어머니댁에 세배를 간다는 사실을 알게 되었고, M양은 Y양을 산속으로 꼬여 데리고 갔다. M양은 Y양에게 이렇게 말했다고 한다. 'H군과 나는 네가 공장에 들어오기 전부터 사귀었는데, H가 너를 만나고부터 나를 버렸다. 억울하고 분하지만 H군의 마음을 돌릴 수 없다는 사실을 알고 있다. 이제는 모든 것을 청산하고 싶다. 그래서 세 사람이 만나자고 H군에게 말했다. H군은 지금 저 산모퉁이에서 기다리고 있으니, 나와 함께 가자.' 이 말을 들은 Y양은 M양을 따라나섰고, 산속으로 들어서자 M양은 Y양에게 달려들어 머플러로 목을 졸라 살해했다.

그러면 Y양의 속옷과 질에서 나온 정액은 어떻게 된 일일까? M양은 놀라운 이야기를 털어놓았다. 그녀는 Y양을 죽인 뒤 강간 사건으로 위장하기 위해 그 전날 다른 남자와 섹스를 했고, 그때 사용한 콘돔에서 정액을 가져와 살해한 Y양의 속옷과 질 근처에 바르고 도망쳤다. 이 때문에 수사는 혼선을 거듭할 수밖에 없었다.

"이렇게 완벽해 보이는 범죄라고 해도 결국 범인은 '무언가는 남기는 것이고', 그것 때문에 범인은 잡히는 거요. 수사진에서는 아무래도 강간 사건이라고 볼 수밖에 없디 않았겠어? 그렇지만 법의학적으로 따져보면 강간 사건이라고 보기가 쉽지 않은 이상한 데가 있는 거요. 그러니 피해자가 손에 쥐고 있던 머리카락을 용의자의 것과 비교할 수 있었던 것 아니요."

"그런데 선생님, 피살자가 죽은 뒤에도 손에 쥔 것을 그렇게 꼭 잡고 놓지 않는 경우가 많나요?"

"그럼, 그런 것을 즉시성 시체경직cadaveric spasm이라고 하디. 죽기 직

 법의관이 도끼에 맞아 죽을 뻔했디

전에 극도의 정신적인 흥분 상태에서 근육에 강한 힘을 주고 사망하는 경우에는 그때 주어진 힘, 즉 근육의 수축이 그대로 강직(관절 굳음)으로 변하는 거요. 시경屍痙이라고도 해요. 예를 들면 이런 사건이 있었어. A청년과 애인인 S양이 등산을 갔다가 말다툼이 벌어졌어. 그런데 화가 난 S양이 강물에 뛰어들어버렸다는 거야. A청년은 뛰어들어 구출하려고 했지만 실패했고. 결국 A청년은 S양의 시체를 찾을 수 없었다고 S양의 가족들에게 연락했어. 가족들이 이 사실을 경찰에 신고했디. 경찰은 이틀 뒤에 S양이 뛰어든 지점에서 1킬로미터 떨어진 곳에서 시체를 찾아냈어. 그리고 부검을 하게 되었디.

S양은 A청년의 말대로 익사한 것이 맞았어. 그런데 임신 4개월인 데다가 손에는 뿌리까지 뽑힌 풀을 한 줌 쥐고 있었디. 이건 A청년이 거짓을 말했다는 것을 반증하는 거요. 본인이 직접 물에 뛰어들었다면, '물에 빠진 사람은 검부러기라도 잡는다'는 속담이 적용될 리가 없디 않겠어? 결국 A청년은 낙태를 거부하고 아이를 낳겠다고 고집을 부리는 S양을 자신이 살해했다고 자백했디. 이처럼 죽기 전에 근육에 강한 힘을 준 상태에서 죽으면, 사후 시간과 상관없이 죽은 직후부터 시강이 나타나는 거요."

문국진의 이런 설명을 듣고 나서 자료를 찾아보았다. 특이한 경우도 있었다. "1854년 크림의 발라클라바에서 포탄 파편에 맞은 병사는 말을 탄 채로 꼿꼿이 죽었다고 한다. 1870년 보불전쟁에서 한 병사는 적의 칼에 목이 달아나 즉사했음에도 그의 몸은 꼿꼿이 앉아 있었고, 손은 포도주가 담긴 잔을 움켜쥐고 있었다고 한다"(《살인의 현장》, 브라이언 이니스 지음, 이용완·이경식 옮김, 휴먼앤북스, 2006년, 151쪽).

이 사실을 알고 〈CSI〉 드라마를 보니까, 귀에 잘 들리는 대사가 있었다. 피살자가 단추 하나를 꼭 쥐고 있었고, 그걸 발견한 수사관은 수사를 도와줘서 "고맙다"고 했다. 그리고 그것이 스토리 전개상 억지로 만든 '장치'가 아니라는 것을 알 수 있었다.

"법의학자라면 당연히 시강에 대해 잘 알고 있어야겠네요."

"당연하디. 시강의 정도는 시체의 체온과 함께 피해자가 죽은 시각을 알려주는 중요한 실마리가 되는 거요. 시강, 즉 시체경직에는 하행성과 상행성이 있어요. 하행성은 턱에서 시작해서 목, 어깨, 팔꿈치, 팔, 손, 허리, 다리 그리고 발 순서로 내려가는 거고, 상행성은 그 반대로 일어나는 거요. 옛날 사람들은 살아서 좋은 일을 많이 한 사람은 하행성 시강이 일어나고, 나쁜 일을 많이 하면 상행성 시강이 일어난다고들 생각했디. 물론 그건 근거 없는 소리고, 한국 사람들은 대개 하행성이요. 하행성인 경우에 대개 두세 시간쯤부터 시작해서 예닐곱 시간이 지나면 몸 전체에 출현해요. 그러다가 10~12시간쯤이 되면 최고조에 달하디. 그런 다음에는 다시 경직이 풀어지는데, 여름에는 24~36시간이 걸리고, 봄가을에는 48~60시간, 겨울에는 사흘에서 일주일까지 걸리기도 한다네. 그런데 대개 그렇다는 거디, 상황에 따라 조금씩 차이가 있어요. 어린애나 노인은 시강이 빠르고, 또 그만큼 빨리 풀리고 그러디. 그래서 집단자살이나 집단살해 사건이 일어나면, 누가 먼저 죽었는지를 가려낼 때 시강의 정도를 보고 판단하기도 해요."

"그러면 시강으로, 죽은 시간을 추정하는 것은 종합적인 데이터 가운

   법의관이 도끼에 맞아 죽을 뻔했디

데 하나로만 쓰이겠네요. 예를 들면 시강의 정도와 시체의 체온을 같이 고려하면, 죽은 시간을 좀 더 정확하게 알 수 있지 않겠나 싶은데요."

"그렇디. 그리고 시체의 체온으로 죽은 시간을 재는 것도 아주 정확한 것은 아니요. 그러니 위 내용물의 상태 같은 것과 함께 최대한 세밀하게 계산하면 어느 정도는 정확하게 알 수 있다. 시체의 체온과 관련된 사건이 하나 생각나는데, 그건 내가 아직 경험이 많지 않았을 때 있었던 일이요. 꿈보다 해몽이 좋아서 다행히 잘 해결된 사건이요."

"예. 더욱 지능적인 사건 하나만 더 소개해주시죠."

"뭐가 좋을까? … 아, 그 의대를 다닌 적이 있는 한 젊은이가 얄팍한 지식으로 살인을 한 사건, 그게 아주 지능적이었디. S라는 한 여대생이 자기 하숙방에서 변사체로 발견된 사건이 일어났어요."

시체와 변사체의 차이는 무엇일까? 변사체란 특히 범죄에 의해 죽었을 것으로 의심이 가는 시체를 말한다.

"이 여대생의 주변을 조사해보니 결혼하기로 약속한 적이 있는 P라는 한 청년이 용의자로 떠올랐어요. 대학을 졸업하면 곧 결혼하기로 약속된 청년이었어. 여대생의 하숙집에도 자주 드나들었고, 하숙집 주인도 그런 사실을 알고 한 쌍의 커플로 인정하고 있었디. 그런데 이 여대생이 죽기 3개월 전쯤부터 청년은 하숙집에 자주 들르지 않았고, 가끔 오면 심하게 언쟁을 벌이고는 곧 가버리곤 했다네. 하숙집 주인아주머니가 여대생에게 왜 그렇게 싸우는지 물어본 적이 있었다네. 여대생이 말하길, 그 청년에게 다른 여자가 생겼다고 하더라는 거요.

P라는 청년은 집안 사정으로 의과대학을 2년 중퇴하고 모 출판사에 다니고 있었는데, 머리가 좋을 뿐 아니라 잘 생기기까지 해서 주위에 여

자가 많았어요. 한마디로 애정관계가 복잡한 청년이었던 거디.

그러던 어느 날, 이 여대생이 몸살감기로 드러누웠어요. 며칠이 지나도 점점 더 나빠지기만 하니까 하숙집 아주머니가 보다 못해 P라는 청년에게 연락을 했디. 그리고 그날 P가 하숙집에 왔고, 약국에서 약을 지어 먹였어요. 그런 다음 P는 S가 좀 나은 것 같고 잠이 들었으니, 자기는 집으로 돌아간다고 했다는 거요. 그러고 한참 뒤에 하숙집 아주머니가 S의 방에 가보았는데, 곤히 잠든 것 같아서 그대로 두었다고 해요. 다음 날 아침에도 S가 일어나지 않자, 주인아주머니가 가서 흔들어 깨워보았더니 이미 숨져 있더라는 거요.

신고를 받은 경찰에서는 사인이 명확하지 않으니까 부검을 의뢰해왔어요. 정황을 들었으니, 아마도 약국에서 지은 약에 문제가 있지 않을까 생각했디. 그런데 부검 결과 사인이 될 만한 병변이나 변화를 찾아볼 수가 없었어요. 단지 급사했을 경우의 일반적인 소견을 볼 수 있었을 뿐이었디. 그리고 상지(上肢, 팔)의 상박기시부(上膊起始部, 상박은 위쪽 팔, 그러니까 팔꿈치에서 어깨까지를 이르는 말이고, 기시부는 상박이 시작되는 부분을 가리킨다), 그리고 하지(下肢, 다리)의 대퇴(허벅지) 상단과 하퇴(종아리) 상단에서 가벼운 압박흔(눌려진 흔적)과 압박흔 밑에 가벼운 피하출혈이 있었는데, 이 모든 것들이 사인死因이 될 정도는 아니었어요.

그래서 약물중독사를 의심해서 위 내용물, 혈액, 간과 오줌을 채취해서 독물검사를 의뢰했디. S양이 먹다 남은 모 약국의 조제약도 함께 검사하도록 보냈디. 약사에게는 조제한 내용에 대해 서면으로 제출케 하고. 그랬더니 약국에서 주지 않은 수면제에 대해 양성반응이 나왔어요. 그래서 정량을 의뢰했더니 치사량은 아니라는 거요. 그래도 수면제가

   법의관이 도끼에 맞아 죽을 뻔했디

어디에서 나온 것인지는 확인해보았디. 우선 S양의 하숙방에 있는 모든 약물을 가져다 검사해보았지만 수면제는 없었어요. 그렇다면 P가 수면제를 더해서 먹였다는 이야기가 되는 거요. 그래서 경찰로 하여금 탐문 수사를 해보라고 했디. P가 근무하는 출판사 근처의 약국과 S양의 집 근처 약국에서 P가 수면제를 사간 사실이 있는지 말이요. 그래서 S양의 집 근처, 다른 약국에서 P가 수면제를 사간 적이 있다는 사실을 밝혀냈어요.

그래도 의문이 풀리지 않았디. P는 왜 S에게 치사량에 미달하는 수면제를 몰래 먹였을까? 왜 그 사실을 숨겼을까? 사지에 있는 압박흔에는 어떤 의미가 있는 걸까? 도무지 설명이 되지 않았어요. 경찰에서는 지금까지 알아낸 이런 사실을 바탕으로 P를 심하게 문초했어요. 왜 수면제를 몰래 먹였는지, S양의 사지에 있는 압박흔은 무엇인지 말하라고 했던 거디. 결국 P가 모든 것을 포기한 듯 자백을 했는데, 기가 찬 이야기를 했어요.

P는 여자관계가 복잡했는데 S양이 끈질기게 굴기에, 오래전부터 '제거'하고 싶었다는 거요. 그러다가 아프다는 연락을 받고 살인을 저질렀다는 거요. 그래도 살인 방법은 여전히 납득이 가질 않는 기야. P의 설명이 기가 막히디.

'몸살약에 수면제를 더 넣어 먹여서 정신없이 잠들게 했습니다. 그런 다음 S의 상지와 하지를 일래스틱 밴드(elastic band, 고무 밴드)로 2시간 정도 묶어두었다가 갑자기 풀어주었어요.'

이게 살인 방법이 되는 줄 어떻게 알았느냐고 물었디. 그랬더니 자기는 의대 2년 중퇴 경력이 있고, 의대에 다니면서 배운 것을 응용해보았다는 거요. 병리 시간에 배운 건데, 혈액순환 장애가 오래 지속되면 히스타민양樣 물질이 생겨 쇼크가 일어난다고 해서, 한번 해봤다는 거요. 이 말을 듣고 정말 기가 막혔디.

겨우 2년 배운 쥐꼬리만한 지식을 가지고 살인을 저지르다니, 어처구니가 없었디요. 도대체 그런 생각을 어떻게 했는지도 이해할 수가 없었디. 이런 사건이 한국에서 벌어졌으니 '심한 문초'를 통해 알아낸 거디, 미국에서 일어난 사건이었다면 아마 알아내기 어려웠을 거요."

그랬을 것이다. 그러나 이런 방법으로도 살인을 저지를 수 있다는 것이 세상에 알려졌으니, 바보가 아닌 이상 같은 방법으로 다시 살인을 저지르는 일은 일어나지 않을 것이다.

법의관이 도끼에 맞아 죽을 뻔했디

캐스퍼의 **부패법칙**

"다시 정리해보자우. 변사체가 발견되었을 때, 사후 경과 시간을 논하는 문제는 법의학에서 매우 중요한 과제요. 수사관들이 그 시체가 얼마(몇 시간이나 며칠) 전에 사망했는가를 아는 것은 사건의 정황을 파악하는 데 절대적인 가치를 지닌 것이라고 할 수 있다. 그렇게 중요한 의미가 있는 사후 경과 시간을 추정하는 것은 주로 시체에서 나타나는 사후 변화, 즉 체온 하강, 시반, 시강, 부패 정도 등과 같은 현상을 토대로 하는 것이요. 이런 사후 변화는 개체마다 차이가 있고, 나이나 성별 그리고 영양 상태, 착의着衣 상태, 죽음 직전의 근육운동 유무, 기온, 습기, 시체가 놓여 있던 곳 등에 따라 차이가 많이 나기 때문에 정확하게 추정하려면 많은 경험이 필요한 거요. 특히 사후에 시체가 어디에 있었는가에 따라 그 부패 정도에 많은 차이가 생기디. 이런 문제를 해결하기 위해 독일의 유명한 법의학자인 캐스퍼는 동물실험을 통해 부패법칙을 만들어냈어요.

이 법칙에 따르면, 시체가 있는 장소에 따라 공기 : 물속 : 땅속의 부패 속도가 1:2:8이요. 즉 공기 중에 있을 때 하루가 걸리는 정도의 부패는 물속에서 이틀, 땅속에서는 여드레가 걸린다는 뜻이다.

이건 내가 법의학을 공부하기 시작해서 얼마 되지 않은 초년병 시절의 이야기요. 지금은 경찰대학이지만 그때는 경찰전문학교였는데, 수사관들을 교육하는 과정이 있었어요. 선배들이 강의 훈련도 할 겸해서 법의학을 강의해보라고 해서 열심히 공부해 가서 강의하고 했던 시절이요. 이때 당연히 캐스퍼의 부패법칙도 알려주었디.

그리고 언젠가 지방의 한 경찰서에서 부검 의뢰가 와서 출장을 갔어요. 단순한 사건인 줄 알았는데 내용을 듣고 보니, 그렇딜 않아요. 시체가 발견된 장소는 그 지방의 경찰서장 집이었어. 집을 수리하기 위해 방바닥을 파다가 부패된 여자의 시체를 발견한 거요. 시체는 많이 부패되어서 알아낼 수 있는 것이 많지 않았지만, 수사진에서는 사후 경과 시간만이라도 알려달라고 해서 사후 3개월쯤 된 것 같다고 말해주었디. 그런데 서울로 돌아온 뒤 며칠이 지나서 신문에 그 사건 이야기가 난 거요. 그때 부검한 시체는 2년 전의 경찰서장 집에서 가정부로 있던 P양이었고, 그 당시 경찰서장의 운전기사 W가 범인이었어. 운전기사 W가 2년 전 여름에 경찰서장이 가족과 함께 바다로 휴가를 간 사이에 P양을 독살한 다음, 방바닥을 파서 암매장했다는 거요. 삼각관계로 인한 치정 살인이었던 거디.

내가 깜짝 놀랄 수밖에 없디 않았겠어? 시체가 죽은 지 3개월쯤 된 것 같다고 일러주고 왔는데 사실은 2년 전에 죽은 시체였다니, 어처구니없

　　　　　　　　　　　　　법의관이 도끼에 맞아 죽을 뻔했디

는 잘못을 저지른 거요. 말도 못하게 당황스러웠디. 며칠 뒤 그 수사를 담당했던 수사관이 찾아왔어. 그런데 이 사람이 문간에서부터 허리가 구부러지게 절을 하면서 말하는 거요.

'선생님 덕분에 사건을 무사히 잘 해결했습니다. 그런데 상당히 애를 먹었습니다. 선생님께서 사후 경과 시간을 3개월이라고 말씀하셨죠. 저는 그대로 믿고 조사를 했습니다. 제가 그 경찰서에 근무한 지 6개월이 되었는데, 그 사이에 비슷한 사건이 없었거든요. 게다가 현재 경찰서장이 부임한 지 1년이 넘었습니다. 그러니 3개월 전에 그런 사건이 일어날 수가 없는 겁니다. 도무지 갈피를 잡을 수가 없어서 경찰전문대학 시절에 선생님께 강의를 듣고 적어둔 노트를 꺼내보았습니다. 그 노트에 '캐스퍼의 부패법칙'이 있어서 아차, 이걸 깜박했구나 싶었지요. 그 시체는 흙속에 있었으니 3개월에다가 8을 곱해야 맞는 거 아닙니까. 그래서 24개월 전, 그러니까 2년 전 상황을 점검해봤습니다.

그 당시 경찰서장 가족들에 대한 인적사항을 조사해봤더니 가정부가 사라진 흔적이 있었습니다. 경찰서장 가족들이 휴가에서 돌아와 보니 가정부가 도망쳐버렸더라는 겁니다. 그렇다면 집안사람이라고 생각했습니다. 외부인이라면 가정부를 죽인 다음, 경찰서장 집에 매장할 수는 없었을 테니까요. 그래서 탐문해봤더니 운전기사 W와 애정관계가 있었다는 것을 알게 되었고, 자백을 받아냈습니다. W는 유부남이면서도 매일같이 이 집을 드나들면서 P양과 눈이 맞아 육체관계를 가지게 되었답니다. 그런데 P양이 임신을 한 뒤에는 결혼을 요구했다는 거예요. 그래서 약을 먹여서 독살했다는 겁니다.'

이렇게 말한 다음 잠깐 뜸을 들이고는, 아주 기세당당한 자세로 이렇게 말하는 거요.

'선생님께서는 제가 캐스퍼의 부패법칙을 적용하는지 테스트해보려고 3개월이라고 말씀하셨지요?'

나는 그저 고개를 끄덕이면서 쓴웃음을 지을 수밖에 없었디. 아이러니컬하지 않아요? 강의를 한 사람은 적용하지 못한 캐스퍼의 부패법칙을 강의를 들은 사람은 적용해서 제대로 수사에 이용한 거요. 꿈보다 해몽이 좋다는 말은 바로 이런 상황에 딱 들어맞는 말이디."

"재미있네요."

"그런데 실제로 부패된 시체의 경우, 사후 경과 시간을 정확하게 알아맞히는 것은 아주 어려워. 그렇게밖에 안 되는 이유는 개체 차이가 너무 심하고, 또 사후 변화에 영향을 미치는 요인이 아주 많기 때문이요. 그래서 어떤 좋은 연구 결과가 있다고 해도 쉽게 그대로 적용하기는 어려운 거요. 그런데 법의곤충학에 따르면 꽤 정확하게 추정할 수 있다고 해."

나는 〈CSI 라스베이거스〉 반장인 길 그리섬을 좋아한다. 길 그리섬은 법의곤충학자다. 길 그리섬의 얼굴을 떠올리며 물었다.

"법의곤충학을 전공한 사람 가운데 선생님께서 추천해주실 만한 분이 있나요?"

"추천하나 마나 한 사람밖에 없어요. 내 아들인데 지금은 고신대학교에서 생명과학부 교수를 하고 있어요."

"아, 그럼 한번 만나봐야겠군요. 그런데 아드님께서도 선생님의 뒤를 이어 법의학을 하시게 된 겁니까?"

"원래 생물학을 전공했는데, 유학을 영국으로 갔어요. 그런데 그곳에

간 김에 영국에서 유명한 법의곤충학 학자에게 공부를 좀 하고 오라고 했디."

"한국의 법의학 분야에 골고루 씨를 뿌리셨군요."(웃음)

"나는 사실 뒤를 잘 돌아보는 사람이 아니요. 앞만 보고 달리는 사람이디. 아직도 공부하고 연구하고 들여다볼 자료가 무궁무진하거든. 내가 퇴임한 뒤에는 앞서 말했듯이, 북 오톱시를 시작했어요. 그래서 미술과 법의학, 음악과 법의학을 접목시켰고 책을 썼잖아요. 그런데 강군을 만난 뒤에 내가 인생을 좀 돌아봤디. 내가 무얼 하고 살았나, 그랬더니 강군 말대로 나는 씨를 뿌리면서 살았구나, 그런 생각이 들더라고."

"예, 지금도 연구하고 계신 북 오톱시에 관한 이야기는 다음번에 들려주시지요."

3장_

책을
부검하다

베토벤과 모차르트의 죽음

왜 로마군은 예수의 오른쪽 가슴을 찔렀을까?

빈센트 반 고흐, 자살인가 타살인가

엉덩이와 발은 억울하다

　　"책을 면밀하게 검토하면, 사인을 밝힐 수 있다는 게 가능한 일인가요?"

　'부검'이라는 말은 '시체를 해부해서 사인을 밝힌다'는 뜻이지만, '무엇인가에 대해 꼼꼼하고 정밀하게 조사한다'는 뜻으로도 쓰인다. 그것은 영어인 오톱시autopsy도 마찬가지다. 언어는 달라도 낱말의 의미가 포개지는 과정은 비슷한 경우가 많다.

　"그럼! 가능하니까 내가 시작한 거 아니오? 유명한 예술가들의 경우에는 진료기록도 많이 남아 있고, 또 전기 작가들이 그들에 대해 조사하고 연구해서 기록으로 남기잖아요. 대개는 '어떻게 죽었는가'에 대한 기록들이 남아 있디요. 그 당시 의사들이나 전기 작가들이 법의학적인 지식이 부족하니까 사인을 제대로 밝히지 못한 경우도 있는데, 그런 경우에도 중요한 '증거'는 많이 남겼디요.

마치 살인범들이 자기도 모르게 '증거'를 남기는 것과 비슷해요. 그런데 사인을 정확하게 규명하기 위해 연구한 법의학자는 없어요. 그래서 내가 씨를 뿌려야 할 분야가 여기 하나 더 있구나, 싶었던 거지요."

"그렇군요. 지난해에 이어령 선생과 인터뷰를 진행할 때, 베토벤 이야기가 나와서 저도 자료를 좀 뒤져본 적이 있습니다. 베토벤에 대해서는 생각보다 많은 자료가 남아 있었고, 죽은 뒤 곧바로 부검도 했더라고요. 그래도 사인에 대해서는 의견이 분분하던데요. 제 생각으로는 베토벤이 매독으로 죽었다거나 모차르트가 독살되었다는 식의 이야기는 재미있는 이야기를 꾸며내기 좋아하는 사람들에 의해 만들어진 게 아닌가 싶습니다."

음악가들 가운데 죽음에 대해 가장 많이 거론되는 사람은 베토벤과 모차르트다. 물론 두 사람이 그만큼 유명해서 그렇기도 하겠지만 말이다.

"글쎄, 그럴지도 모르디요. 두 사람에 대한 거라면 내가 자세하게 알려줄 수 있어요. 들어보라우. 우리가 전에 한번 베토벤 이야기를 한 적이 있지만, 베토벤은 매독성 간경변증이 아니라 알코올성 간경변증으로 죽은 거요. 매독으로 간의 병변을 일으키려면 제3기에 나타나는 고무종gumma이 형성되어야 하는데, 이런 매독성 고무종에 의한 간경변증이라면 간이 비대해져요. 그런데 베토벤의 간은 위축되어 있었어요. 그리고 만성췌장염이라고 볼 만한 소견이 부검서에 나와 있어요. 이런 것들을 보면 술 때문이라고 보는 게 옳다는 거요."

참고로 고무종腫이란 장기臟器에 나타나는 매독으로, 여러 장기 내에 쌀알만한 크기에서부터 달걀만한 크기의 결절이 형성되는 것을 말한다.

이것이 마치 고무와 같은 탄력성을 가지고 있어서 붙여진 이름이다. 문국진의 말이 이어진다.

1812년에 만들어진 베토벤의 라이프 마스크. public domain.

"베토벤이 죽은 그다음 날, 빈의 병리학박물관 교수이기도 했던 요한 바그너 Johann Wagner라는 의사가 부검을 하고 보고서를 남겼지요. 그가 남긴 보고서의 원본은 사라지고 없지만, 사본은 빈의 병리해부학공동박물관에 남아 있어요. 그런데 바그너는 베토벤의 사인에 대해 명확한 결론을 내리지 않고, 부검을 통해 알게 된 사실만 적어 놓았을 뿐이요. 그 사본을 보면 '사적해부 私的解剖, 1827년 3월 27일'이라고 쓰여 있고, 바그너의 사인이 있어요. 이런 것을 보면 사인을 규명하려고 실시한 부검은 아니었던 것 같소."

"예, 그렇군요. 베토벤을 죽음에 이르게 한 것은 술이라고 보시는군요."

"그렇게 말할 수도 있겠디요. 그러나 사람이 누군가에 의해 살해되지 않는 한, 단 한 가지만이 이유라고 볼 수는 없디요. 베토벤의 전기를 읽어보면, 어릴 때부터 내내 병에 시달렸다는 인상을 받아요. 평생 만성 설사와 청력장애에 시달렸디. 기록은 없지만, 천연두를 앓았던 것도 틀림없어 보이고. 1812년에 만든 라이프 마스크를 보면 얼굴에 곰보 자국이 뚜렷이 남아 있거든. 베토벤은 죽기 전 29년 동안, 죽 의사들에게 치료를 받았어요. 적어도 10명의 의사와 자연요법을 몸에 익힌 성직자들로부터 치료를 받았는데, 가끔 여러 의사들에게 동시에 치료를 받은 적도 있어요. 그렇지만 병이 완쾌된 적은 없었다.

병이 완치되지 않은 이유는 무엇보다 베토벤 자신에게 있었던 것 같아. 일단 의사의 지시를 따르지 않았어요. 가령, 약을 작은 스푼으로 하나씩 복용하라고 했는데 큰 스푼으로 여러 번씩 떠먹어버리고는 의사에게 가서 약을 더 달라고 했다니까. 약만이 아니었어요. 식사도 의사의 지시를 따르지 않고 자기 식성대로 먹었다고 하더만. 식사량도 많은 편이었고, 술을 좋아했어요. 특히 와인과 맥주를 좋아했디. 물론 그 당시에는 식사 때 와인을 마시는 것이 보편적인 일이긴 했지만, 좀 과하게 마셨다는 거디요. 알코올 중독자는 아니었지만 말이요. 식사 때마다 와인 한 병을 마셨다고 하는데, 와인의 알코올 도수가 10도라고 하면 간에 충분히 영향을 미칠 수 있는 양입니다. 베토벤이 술을 마시기 시작한 것은 소화불량과 복통, 난청이 시작된 30대쯤이었으니, 그런 식으로 26년 동안 술을 마신 셈이요. 간염과 황달이 시작된 뒤에도 의사의 충고를 무시하고 계속 마셨다고 하니까. 게다가 즐겨 마셨던 술이 헝가리산 오펜과 같이 싼 것이었고, 술을 마시는 것에 비례해서 영양장애가 심해졌기 때문에 모든 병이 악화될 수밖에 없었던 거요. 실제로 베토벤의 유명한 전기 작가인 세이어(Alexander Wheelock Thayer, 1817~1897)는 베토벤의 생활사를 연구하기 위해 유럽을 돌아다니면서 조사를 했는데, 베토벤이 와인에 소비한 돈의 액수가 언제나 생활비에서 많은 비중을 차지하고 있었디요.

베토벤이 죽을 때의 모습을 묘사한 장면을 보면 이래요. '1827년 3월 26일, 오후 6시쯤 천둥 번개가 아주 심해지자 혼수상태에 빠져 호흡도 곤란해하던 베토벤이 깜짝 놀란 듯 눈을 번쩍 뜨고, 하늘을 향해 두 주먹을 불끈 쥐고, 일어서려다가 쓰러지더니 이내 숨소리가 잦아들면서 죽었다.' 의학적으로 볼 때 간부전(간 기능 상실)으로 사망하는 사람의 경우, 밝은 빛과 같은 갑작스러운 자극에 반응하는 경우가 많아요. 그리고 이런 마지막 동작은 간의 해독 기능이 제 역할을 하지 못해서 중독성 물질이 몸에 쌓이게 되어 일어나는 증상이요. 의식적인 동작이 아닌 거지. 그리고 간부전이 되면 혼수상태에 빠지게 되는데, 이것은 뇌의 과민이 원인이라고 생각돼요. 이런 여러 가지 정황으로 볼 때 간경변증에 의한 간부전으로 죽었다는 건 의심의 여지가 없어."

"예, 죽음에 대한 이야기를 들으면서 재미있다고 말하는 게 이상하긴 합니다만, 아무튼 재미있네요. 그런데 베토벤은 대개 말년에 귀가 들리지 않게 되었다고들 하잖습니까. 그런 상태에서 완벽한 화음을 가진 〈합창〉 교향곡을 완성시켰고요. 특히 〈환희의 송가〉를 들으면 전율이 일어날 정도 아닙니까. 베토벤이 매독이 아니었다면, 귀를 먹게 만든 원인은 뭐라고 보시는지요?"

"베토벤의 사인이 매독이 아니라고 해서 베토벤이 매독에 걸린 적이 없었을 거라고 단정 짓는 건 아니요. 당시 사회활동을 하는 사람 치고 매독에 감염되지 않은 사람이 없다고 할 정도로 병이 광범위하게 퍼져 있었어요. 그러나 베토벤의 몸에 나타난 병변이나 병력서만 볼 때는 매독에 걸렸다고 할 만한 근거가 없어요. 베토벤의 귀에 영향을 준 다른 요인으로 페이젯병을 드는 학자들도 있지요. 페이젯병에 걸리면 정상적인 뼈의 구조가 파괴되고 성글게 되어 변형되는 특징이 있어요. 그래서 신경이 통하는 관이 좁아지는데, 그것이 청각기관이 있는 두 개골의 측두골추체에 일어나면 청각을 잃게 되는 거지요. 이런 병변이 두개골 전체에 파급되면 환자는 '모자가 작아졌다'고 호소를 해요. 그런데 베토벤이 페이젯병에 걸렸다는 확실한 근거가 있는 것도 아니요. 그러니 지금 단계에서는 이 두 가지 가능성이 있다고 말할 수 있을 뿐이요. 그리고 베토벤의 귀에 문제가 시작된 것은 말년이 아니고 스물여섯 살부터요."

"저는 아직도 영화 〈카핑 베토벤〉에서 〈합창〉 교향곡을 들으면서 느꼈던 감동을 잊지 못합니다. 귀가 들리지 않는 베토벤이 안나 홀츠의 몸동작을 보며 지휘하는 모습도 감동적이었고, 또 귀가 들리지 않는 사람이 작곡한 완벽한 음의 조화를 듣는다는 게 경이롭게 느껴졌거든요. 베토벤의 귀가 거의 들리지 않게 된 시점은 1814년인데, 〈합창〉 교향곡이 초연된 것은 1824년이잖아요. 그리고 그 시점이 죽기 3년 전이었다는 점을 생각해보면, 정말 초인적인 작곡가라는 생각밖에 들지 않습니다. 물론 드라마라서 실제보다 조금은 더 과장되게 그렸겠지만, 아무튼 놀라운 일이잖아요."

"그렇지요. 그런 것들이 다 자기 일에 미친 사람들의 모습이요. 그래야 뭔가를 이뤄내는 거지요. 음악에 대한 베토벤의 집중력과 집착은 대단했어요. 베토벤은 스물두 살에서 죽을 때까지 35년 동안 빈에서 살았는데, 79번이나 이사를 했어요. 물론 성격 탓도 있어요. 과격하고 신경질적인 데다가 자존심이 너무 강해서 비타협적이었어요. 게다가 한밤중에 피아노를 마구 두들겨대니 집주인과 자주 싸울 수밖에. 작곡을 할 때는 방 안을 쿵쾅거리며 걸어 다녔는데, 아래층 사람들이 잠을 자다가 깨기도 했지요. 또 물이 마루에 쏟아지는 것도 모르고 작곡에 전념하다가 아래층 사람들에게 항의를 받기도 했지요.

    법의관이 도끼에 맞아 죽을 뻔했디

그가 얼마나 음악에 집중하며 살았는지를 잘 설명해주는 일화가 하나 있디. 그날도 이사 날이었어요. 베토벤은 짐을 실은 마차 위에 앉아서 새 집으로 가고 있었어. 그런데 목적지에 도착하고 보니, 베토벤이 없는 거요. 마부는 사고라도 난 게 아닐까 걱정이 되어 사방을 돌아다니며 찾아봤지 않았겠어. 그래도 찾을 수가 없었디. 나중에 알고 보니, 경치 좋을 곳을 지나다가 악상이 떠올랐던 거요. 순간 마차에서 뛰어내려 숲속으로 들어가 스케치북에 악상을 적어 내려갔다는 거요. 너무 몰두한 나머지 날이 새고서야 집으로 돌아왔는데, 그것도 새로 이사 간 집이 아니라 옛집으로 갔다는 거디(웃음). 한 가지 일에 집중하는 태도는 베토벤에게서만 볼 수 있는 게 아니요. 천재들에게서 흔히 보이는 현상이디요."

그건 거꾸로 볼 수도 있지 않을까. 천재라서 집중하는 것이 아니라, 미쳐서 집중하다 보면 천재적인 작품을 만들어낼 수 있는 건 아닐까. 나는 이 세상에 아직 천재가 되지 못한 수많은 사람이 있다고 믿고 싶다. '아직' 천재가 아닌 우리들 가운데 누구든 무엇인가에 미치면, 언젠가 천재가 될 수 있으리라는 희망을 품고 있다. 모차르트도 그랬다. "그 누구도 나만큼 작곡 공부를 힘들게 한 사람은 없을 겁니다." 미켈란젤로도 마찬가지였다. "내가 저 그림들을 그리기 위해 얼마나 노력했는지 알게 되면, 누구도 지금처럼 감탄하지 않을 겁니다." 문국진은 천재라는 말에 설명을 덧붙였다.

"그러나 가끔 그런 천재를 만들어내는 것이 병과 관련되어 있기도 해요. 베토벤의 경우에는 청력장애가 없었다면 그런 위대한 작품이 탄생되지 않았을지 모르디. 그 이야기는 조금 있다가 그림 이야기를 하면서 계속하디요."

"인터넷에서 자료를 찾다가 알게 되었는데요. 2009년에 〈음악, 법의학자를 만나다〉라는 제목으로 니르바나 오케스트라와 세 번이나 콘서트를 하셨더군요. 형식은 솔리스트 앙상블 정기연주회인데 어떻게 그런 자리가 마련되었는지 궁금했습니다. 차이코프스키, 모차르트, 슈베르트 편을 하셨던데, 정말 특별한 자리였겠어요. 반응도 상당히 좋았다고 하던데요."

"내가 음악가의 삶과 사인에 대해 관심을 가지고 글을 쓰고, 책을 냈다는 걸 알고는 그쪽에서 기획을 가지고 왔어요. 음악은 잘 모르지만 법의학자로서 할 수 있는 이야기가 많으니까 흔쾌히 응했어요."

"예. 저는 개인적으로 슈베르트 음악을 좋아합니다만, 사인과 관련해서는 모차르트에게 관심이 더 가던데요."

"강군이 아까도 잠깐 말했지만, 사람들은 드라마를 좋아하는 것 같아. 모차르트가 독살당했다는 이야기는 오랫동안 이어져 내려왔거든. 그 이야기도 나름대로 근거는 있어요. 모차르트가 죽은 뒤 일주일 후인 12월 12일, 베를린의 한 음악 주보에 빈에서의 소식을 인용하는 기사가 실렸어요. '모차르트가 사망했는데, 그의 몸에 생긴 변화로 보아 독살된 것이라는 소문이 자자하다.' 그리고 범인으로 지목된 사람은 당시 빈의 궁정 악장으로 있던 작곡가 안토니오 살리에리(Antonio Salieri, 1750~1825)였어요. 살리에리가 늙어서 정신이 불안정해지자 병원에 입원했는데, 자기가 모차르트를 독살했다고 자백했다는 거요. 이런 이야기는 베토벤의 회상수첩에도 적혀 있고, 러시아의 문호 푸시킨은 이 이야기를 근거로 〈모차르트와 살리에리〉라는 희곡까지 썼어. 거기에 러

시아 작곡가 림스키 코르사코프는 이 희곡을 오페라로 만들기까지 했
디요. 그렇지만 오늘날에는 살리에리가 범인이 아니라고 보는 것이 일
반적이요."

　살리에리가 모차르트를 독살했다는 소문의 역사는 길게 이어진다.
푸시킨의 단편이었던 이 이야기는 영국의 드라마 작가인 피터 섀퍼에게
영감을 주었고, 그는 1979년에 연극으로 초연된 〈아마데우스〉를 희곡으
로 썼다. 살리에리가 '음탕한 아이obscene child'였던 모차르트가 만들어
낸 '신의 소리'를 듣고, 질투심에 그를 제거한다는 줄거리다. 그것은 다
시 1984년에 같은 제목으로 영화화되었는데, 이때 '살리에리 증후군'이
라는 말도 널리 퍼진다. 살리에리 증후군이란 일인자를 시기해서 해치
려고 하는 심리 현상을 말한다.

　이런 이야기들은 모두 살리에리에게는 억울해 보인다. 사실 1979년에
섀퍼의 희곡에 대해서도 '역사적인 사실'과 맞지 않는다는 평가가 있었
다. 살리에리와 모차르트는 서로 존경하며, 좋은 관계를 맺고 있었다는
것이다. 그런 예로 살리에리가 모차르트의 아들에게 음악을 가르치는
개인교사였다는 점을 든다. 또 그 당시 살리에리는 모차르트보다 훨씬
더 높은 지위에 있는 궁정 악장이었다. 그리고 살리에리가 마치 재능이
없는 음악가인 것처럼 묘사하는데, 꼭 그렇지도 않다. 베토벤이 살리에
리에게 경의를 표하기 위해, 피아노와 바이올린을 위한 세 곡의 소나타
(작품 12)를 바쳤다는 이야기는 잘 알려져 있다.

　"근래에는 또 다른 독살설이 제기되었어요. 프란츠 호프데멜Franz
Hofdemel이라는 사람이 모차르트를 독살했다는 거요. 이 새로운 독살
설은 영국의 음악학자 프랜시스 카Francis Carr에 의해 1993년에 발표된

거요. 새로운 범인으로 지목된 호프데멜은 당시 빈의 최고재판소 서기 관이었어요. 이 사람은 모차르트의 장례식이 있던 날 저녁에 집으로 돌아와 사망했는데, 그의 죽음은 매우 이상했어요. 그의 아내 막달레 나는 얼굴과 몸에 면도칼로 가해당한 상처가 심했는데도 살아났고, 프 란츠는 면도칼로 목을 베여 죽었어요. 아마 동반자살을 시도했다가 본 인만 죽었던 것 같아요. 이 끔찍한 현장은 모차르트의 장례식에 참석 했다가 그의 집에 들른 친구들이 발견했디요. 그다음 날 신문에 이 사 건이 대대적으로 보도되면서 그 이유에 대해 다뤘는데, 프란츠의 아내 막달레나의 바람기 때문이었다는 거요. 그런데 신문에서는 막달레나 가 바람을 피운 상대에 대해서는 쓰지 않았어요. 아는 사람은 다 아는 사실이었기 때문에 그랬던 것 같은데, 그 상대방이 바로 모차르트였던 거요. 당시 빈에 떠돌던 소문에 의하면, 막달레나가 가진 아기가 모차 르트의 아기라는 거요."

모차르트에 대한 이야기는 팩션으로 많이 쓰여졌다. 그 가운데 《람세 스》의 작가 크리스티앙 자크가 쓴 장편소설 《모차르트》(문학동네, 2007 년)가 있는데, 그 속에도 프란츠 호프데멜이 등장한다. 이 소설에서 모 차르트는 교회와 일루미나티, 프리메이슨과 같은 비밀결사의 알력 때문 에 조직적으로 독살당하는 것으로 그려진다. 그 과정에 살리에리도 등 장하고 문국진 박사가 말하는 프란츠 호프데멜도 등장한다. 특히 호프 데멜은 모차르트와 자기 아내 사이의 관계 때문에 모욕감을 느끼고 독 살을 결심하는 것으로 나온다. 그 소설의 내용과 문국진이 설명하는 '사 실'은 매우 비슷해 보인다.

    법의관이 도끼에 맞아 죽을 뻔했디

"그러니까 프란츠 호프데멜이 막달레나와 동반자살을 시도했을 때, 막달레나는 임신 5개월째였어요. 그리고 사람들은 모두 그 아이의 아버지가 모차르트라고 생각하고 있었다는 거요. 그런 사실을 알게 된 프란츠는 모차르트를 독살하고 그의 죽음을 장례식에서 확인한 다음, 집으로 돌아와 부인을 죽이고 자기도 죽으려고 했다는 것이요. 이것이 프랜시스 카의 설명이디."

"그런데 그때 쓰인 독약은 무엇이었나요?"

"아쿠아 토파나Aqua Tofana라는 건데, 이 약은 17세기 중엽에 시칠리아 출신의 여성에 의해 개발된 거요. 이 약의 주성분은 삼산화비소(As2O3), 즉 무수아비산인데, 처음에는 여성들이 화장수로 썼어요. 그러던 것이 독약으로도 쓰이기 시작한 거요. 당시에 남편에게 불평불만이 있던 어떤 여성이 남편을 살해하는 용도로 사용했는데, 그 뒤부터 많은 남편들이 이 독약으로 죽었다는 기록이 나와요. 이 약의 특징은 먹고 나면 금방 죽는 게 아니요. 약기운이 아주 천천히 퍼지기 때문에 몇 개월 뒤에야 사망합니다. 모차르트의 아내 콘스탄체에 따르면, 모차르트가 산책하던 도중에 문득 '누군가가 나에게 독약을 먹인 것 같다'고 말한 적이 있는데, 그로부터 6개월이 지나서 죽었어요. 이런 사정을 보면, 독살설도 그럴 듯해 보이디요? 그러나 이 독약에 대해 아는 사람이라면, 가능성이 아주 낮다는 것도 금방 알아챌 거요. 아쿠아 토파나라는 이 약물은 한 번만 먹이면 6개월 뒤에 죽는 것이 아니라, 매일같이 6개월을 먹여야 효과가 있어요. 프란츠가 모차르트에게 무슨 수로 이 독약을 6개월 동안 계속 조금씩 먹였겠어요? 아무리 무색, 무취, 무미한 것이라도 그럴 수는 없었을 거요. 그러니까 이 독살설도 믿기 어려운 설명이요."

사실 나는 크리스티앙 자크의 《모차르트》를 읽고, 그럴 듯하다고 생각했다. 소설 속에서도 문국진이 설명한 바로 그 장면이 나온다. 모차르트는 아내인 콘스탄체와 산책을 하다가 이렇게 말한다.

"누군가 내게 독을 먹인 것이 분명해."
확신에 찬 목소리였다.
"세상에 독이라뇨! 누가 무슨 독약을 말이에요?"
"누군지는 나도 모르지. 하지만 어떤 독약인지는 알 것 같소. 아쿠아 토파나라고. 1500년경에 테오파니아 디 아다모라는 범죄자가 발명한 약물이지. 장기간 복용하면 아주 은연중에 슬그머니 독 기운이 퍼져나가 죽음을 피할 수 없게 돼. 예전에 바이에른 일루미나티가 그걸로 적들을 처단하겠다고 선언한 적이 있지. 내가 〈마술피리〉를 쓴 게 일부의 눈에는 너무 멀리 간 것처럼 보이는 모양이오."

—《모차르트 4》, 크리스티앙 자크 지음, 성귀수 옮김, 문학동네, 2007년, 367쪽

아쿠아 토파나라는 독물에 대해 《독약의 박물지》를 보면 꽤 자세한 설명이 나온다. 이 책에는 이 독약에 대해 이렇게 설명한다.

17세기로 들어오면서 나폴리의 팔레르모 부근에서는 기묘한 화장수가 판매되기 시작했다. 이 화장품을 판매한 자는 나폴리에 사는 토파나라는 정체불명의 여자였다. (중략) 그녀가 판매한 화장수는 효험이 확실한 샘물을 수호하는 성자 니콜라우스에서 이름을 따 '파리의 성 니콜라

          법의관이 도끼에 맞아 죽을 뻔했디

우스의 감로'라고 불렀다. 또한 '나폴리의 가랑비'라는 별명도 갖고 있었다. 그것은 피부의 기미나 주근깨를 제거하는 데 효과가 있다는 평가를 받았는데, 사실 화장품이라기보다는 부유한 집안의 부인들이 나이 많은 남편이나 친족을 죽여 유산을 가로채기 위한 도구로서 더 빛을 발했다. 따라서 토파나는 수많은 사람을 제물로 삼았다는 죄를 뒤집어쓰고 '나폴리의 가랑비'의 제조와 판매를 금지당했다. 그러나 그녀가 제조한 화장수로 인해 이미 600명 이상이 목숨을 잃은 뒤였다.

—《독약의 박물지》, 다치키 다카시 지음, 김영주 옮김, 해나무, 2006년, 121~122쪽

하지만 문국진이 마지막으로 짚어주었듯, 토파나는 한 번 먹인다고 죽는 게 아니라는 내용은 찾아볼 수 없었다. 너무나 당연한 말이겠지만, 문국진이 자료를 바탕으로 결론을 내릴 수 있는 힘은 이 같은 전문적인 법의학 지식 때문일 것이다.

"그렇다면 독살설은 아니라고 봐야겠군요."

"그렇겠디. 이런 독살설 말고는 여러 가지 병사설이 있어요. 급성속립진열, 페스트, 필라리아(사상충), 심내막염, 신부전 그리고 수은중독설이 있어요. 내가 보기에 수은중독설이 가장 설득력 있디. 이 이야기를 더 자세히 하면 너무 전문적인 이야기가 될 거요. 일반인은 이해하기도 어렵고 재미도 없을 거요. 그런데 이 수은중독설을 제기한 디터 케르너 Dieter Kerner에 의하면, 모차르트는 자신에게 다가오는 죽음을 예감하고 있었다고 해요. 《마술피리》의 가사부 제1판의 동판 표제를 보면 말이오. 왼쪽에는 헤르메스의 기둥을 그려놓고 한편에는 중세의 연금술사

와 지구의 상징물(홍학, 뱀, 양의 머리, 칠현금 등)로 이뤄진 8개의 메르쿠르 우화를 묘사하고 있는데, 이것이 그 증거라는 거요."

　이 말을 이해하기 위해, 잠깐 정리를 해보자. 모차르트는 1791년 12월 5일에 죽었고, 〈마술피리〉는 모차르트가 죽기 두 달쯤 전인 9월 30일에 초연되었다. 그러니 작품이나 주변 상황으로 모차르트의 죽음을 예감할 수 있다는 건 납득이 간다. 그런데 헤르메스와 메르쿠르는? 이 신들이 수은과 무슨 관련이 있을까? 그러고 보니 수은은 영어로 머큐리 mercury다. 그렇다면 머큐리의 어원이 메르쿠르일지도 모른다. 머큐리의 어원을 라틴어라고 보면 메르쿠르는 그리스의 신 헤르메스일 것이다.

　연금술은 '납으로 금을 만드는 방법'을 연구하는 마술 같은 것으로 알려져 있다. 그러나 2001년에 출간된 파울로 코엘료의 소설 《연금술사》(문학동네, 2001년)를 읽어본 사람은 '납으로 금을 만든다'는 말을 은유로 받아들일 수 있을 것이다. "자네가 무언가를 간절히 원할 때 온 우주는 자네의 소망이 실현되도록 도와준다네."(위의 책, 107쪽) 불가능하다고 생각되는 것도 실현시키는 것이 사람의 마음이라는 이야기다. '위대하고 위대하고 위대한 헤르메스'라는 뜻의 이름을 가진 최초의 연금술사인 이집트의 헤르메스 트리스메기스토스는 "너희가 바로 신임을 모르느냐"고 말했다. 모차르트는 이런 종류의 연금술과 관련이 깊은 프리메이슨의 대마법사였다. 연금술에서 수은은 무척이나 중요할 뿐 아니라, 많이 쓰이는 것이다. 요즘 들어 잘 알려진 사실 가운데, 물리학자이자 자연철학자였던 아이작 뉴턴(Isaac Newton, 1643~1727)에 관한 이야기가 있다. 그 역시 연금술사였고, 수은중독으로 인해 사망했으리라는 추측이다.

다시 문국진 박사의 말이다.

"모차르트의 죽음이 수은과 관계있다는 것을 암암리에 표현한 그림도 있어요. 1956년 오스트리아에서 발행된 모차르트 기념우표가 바로 그것이다. 이 우표의 도안을 보면, 각 모서리에 태양륜에서 솟아나온 메르쿠르의 칠현금과 헤르메스의 뱀지팡이가 그려져 있어

1956년 오스트리아에서 발행된 모차르트를 기념하는 우표.

요. 그리고 이 우표에 쓰인 회색 역시 수은을 상징하는 거요. 케르너는 이 우표를 도안한 화가에게 편지를 보내, 이런 상징적인 의미를 모두 확인했디. 호메로스의 '머큐리 찬가'로 축복받은 소년 시절부터 수은중독으로 죽을 때까지 모차르트의 전 생애는 하나의 무서운 숙명으로 연결되어 있다고 주장했디요."

"독살설에 대해 흥미로운 이야기라고 생각했는데, 말씀을 듣고 보니 수은중독설에 얽힌 이야기가 훨씬 더 끌리는데요."(웃음)

"법의학적으로 봐도 수은중독설이 가장 설득력이 있어요. 의학적인 견지에서 자세하게 설명한 내용은 책에 있으니 여유를 두고 읽어보시오."

문국진이 말하는 '그' 책이란 《모차르트의 귀》를 말한다. 물론 나는 이 책을 구해서 읽었다. 문국진 박사의 말대로 좀 '자세'했다. 그러다 보니 '좀' 전문적이었다. 인터뷰어로서 공부하는 즐거움이 컸던 대목이다. 이 인터뷰를 진행하면서 평생 다시는 되새길 일이 없을 듯한 '법의학'과

'의학'에 대한 자료를 꽤 보았다. 지금 생각해보니, 그것들이 나에게 준 즐거움도 만만치 않았다. 아무리 재미있는 영화나 소설도 두 번 보기는 어려운 일이다.

〈페르디난드 7세〉의 부분, 고야, 1814, 프라도 미술관, 마드리드.

청각장애와 죽음의 이미지

"천재에 대한 이야기를 하다가 미뤄둔 것 말입니다. 베토벤에게 청력장애가 없었다면, 그 위대한 음악도 없었을지 모른다는 이야기를 좀 더 해주시면 좋겠습니다."

"그래요. 그 이야기를 좀 해봅시다. 고야라는 화가 알지요?"

"19세기 초에 활발하게 활동했던 스페인 화가 말씀이지요? 프란시스코 고야."

고야(1746~1828)는 궁정화가였다. 하지만 반 다이크나 레이놀즈 류의 어용 초상화를 그리지 않았던 묘한 인물이다. 고야가 그린 〈페르디난드 7세〉를 보면, 권력에 아첨하기 위한 초상화와는 사뭇 다르다는 것을 알 수 있다. 한껏 화려하게 차려 입기는 했지만, 얼굴 표정에서는 탐욕과 추악함이 그대로 드러나 있다. 곰브리치는 《서양미술사》에서 "자기 후원자들의 모습을 이렇게 묘사했던 궁정화가는 전무후무할 것"이라고 썼다. 그리고 "오직 시인들만이 누렸던 개인적 환상의 세계를 종이 위에 펼쳐놓을 자유"를 누리기 시작한 화가였다고 했다.

법의관이 도끼에 맞아 죽을 뻔했디

"고야도 청력장애를 앓았던 거요. 1793년 마흔일곱 되던 해에 시작되어 점점 나빠지다가 1823년, 일흔일곱에는 완전히 듣지 못하게 되지. 그런 그가 1819년 마드리드 교외에 집을 마련하고, 그 집을 '귀머거리의 집'이라 불렀어요. 아마 그때쯤부터 귀가 거의 안 들렸는지, 이 집의 1층과 2층에 모두 열네 점의 벽화를 남겼는데, 이 그림들을 '검은 그림Black Painting'이라 부르죠.

그 가운데 하나가 우리에게 잘 알려진 〈자식을 잡아 먹는 사투르누스〉요. 사투르누스는 그리스 신으로 치면 크로노스인데, 알다시피 크로노스는 자기 아버지인 우라노스의 성기를 낫으로 잘라버리고 쫓아내지 않아요? 그래서 우라노스가 이렇게 저주하죠. '머지않아 너도 네 아들에 의해 왕좌에서 쫓겨날 것이다.' 그 말 때문에 크로노스는 자식이 생기는 대로 잡아먹어버리죠. 이 그림은 크로노스가 자기 자식을 잡아먹는 장면을 그린 거요. 크로노스는 덥수룩한 머리카락을 휘날리며 깊은 어둠 속에서 불쑥 나타나, 우악스러운 두 손으로 작은 사람을 꽉 움켜쥐고 있어요. 벌써 머리와 팔 하나는 뜯어먹었고, 다른 팔 한쪽을 입에 넣고 있죠. 그런데 이 신화의 의미는 이렇게 해석되기도 해요. 크로노스가 자신의 소중한 자식을

Black Painting(1820~1823) 중 하나인 〈자식을 잡아 먹는 사투르누스〉, 고야, 프라도미술관, 마드리드.

잡아먹는 것은 마치 시간이 이 세상에 태어난 모든 것을 잡아먹는 것과 같다는 거요. 시간 속에서 태어나서 시간 속으로 사라진다는 거디. 이런 상징은 크로노스가 우라노스의 성기를 낫으로 잘라버렸다는 데서도 찾아볼 수 있어요. 낫은 모든 것을 잘라내는 것으로, 모래시계와 같은 의미를 가진 상징으로 쓰였거든. 그렇게 보면 이 그림은 고야가 자신의 시간이 다해간다는 것을 생각하며 그렸다고 볼 수도 있디요. 그리고 청력장애가 배경을 없애버린 검은 색으로 나타났다는 거요. 귀는 소리를 들으며 눈을 보완해주는 것이오. 눈이 전면을 보는 것이라면, 귀는 배후 공간을 감지하는 거요. 그러니까 고야는 청력을 잃고는 시각적인 중심에 강렬하게 집중하게 된 거요. 실제로 검은 그림들이 다 그렇디요.

　정신의학자들은 이런 '광적인 집중성'이 베토벤의 음악에서도 보인다고 해요. 베토벤의 음악은 주제가 뚜렷하고, 그 주제를 열정적이고 철두철미하게 밀고 나가는 게 특징이오. 베토벤은 스물여섯 살 때부터 난청이 시작되었고, 서른여덟 살에 완전히 청력을 잃어요. 그러고 쉰여섯에 죽어요. 그러고 보면 12년간 난청인 상태에서, 그리고 죽기 전 18년 동안에는 완전히 들리지 않는 상태에서 작곡을 한 거요. 음악평론가는 이런 베토벤의 상태가 그의 성격과 작곡에 큰 영향을 미쳤고, 자신의 상태와 맞서 싸우려는 투지로써 음악이 더욱 심화되었다고 하디. 그때까지 들어보지 못한 인간적이고 극적인 애용, 이른바 고뇌를 통한 환희로 자연과 생명에 대한 힘찬 찬가를 이뤄냈다고 평합디다. 만일 그에게 청각장애가 없었다면, 그만큼 위대한 작품들은 탄생되지 않았을지도 모른다는 거요. 그러니까 정신의학에서는 베토벤의 음악적 특성이 그의 성격에서 기인한 것이 아니라, 청각장애와 관련이 있다고 보는 거디. 물론

　　　　　　　　　　　　　법의관이 도끼에 맞아 죽을 뻔했디

이런 설명에 반대하는 평론가도 있긴 하디요."

"정신의학적으로 보면 베토벤은 청각장애가 있었기 때문에 그만큼 집중할 수 있었고, 그렇게 위대한 음악을 작곡해낼 수 있었다는 거군요. 플로베르도 '진주는 조개의 병으로 얻어진 보석이다. 멋진 스타일을 얻기 위해서는 고통이 필요하다'고 했잖습니까."

"그렇디. 위대한 작품들은 그저 타고난 재능만으로 이루어지는 건 아니라는 거요."

"2003년 2월, 서울 명동의 롯데화랑에서 〈명화와 의학의 만남〉이라는 전시회가 열린 적이 있더군요."

"그랬디요. 그런데 그랬다는 걸 나도 나중에 듣고서야 알았디. 그 화랑에서 일하는 큐레이터가 내 책을 읽고, 그 전시회를 기획했다고 해요. 출판사에서는 별 대단한 일이 아니라고 허락을 해줬나 보더라고. 내 책에 실려 있는 그림들을 크게 인쇄해서, 그 밑에 책에 쓰인 설명을 달았어요. 사람들이 그 전시회를 재미있게 봤다고 연락들을 해와서 알게 되었디요."

"그런데 그 전시회를 소개한 신문기사를 보니까, 선생님께서 예수의 심장이 오른쪽에 있다고 지적한 부분을 많이 소개했더라고요."

"내가 책에도 썼디만, 이상하게 예수의 오른쪽 가슴에서 피가 솟아나는 그림이 많아요. 그리고 성모 마리아는 오른쪽으로 예수를 안고 있

고. 내가 그림을 보여줄 테
니까 한번 보라우요. 이건
조토의 그림이요. 이탈리
아의 조토 알디요?”

조토(Giotto di Bondone,
1267년경~1337년)는 13세
기 말에서 14세기 초에 중
세 고딕 시대를 마감하고
르네상스 회화를 시작하
게 만든 인물로, 서양 회
화 예술의 아버지라고도
불린다. 워낙 전설적인 인
물이라 전해지는 에피소

〈십자가의 예수〉, 조토, 1320~1325. 알테 피나코테크, 뮌헨.

드도 많다. 당시 피렌체 최고의 화가 치마부에가 그린 인물 위에 조토가
파리를 그려 넣었다. 그런데 이 그림을 본 스승이 파리를 쫓아버리려 했
다고 한다. 또 교황의 심부름으로 화가를 구하러 다니던 사람에게 꼬챙
이 하나로 땅바닥에 완벽한 원을 그려 보이고는, 로마로 가서 그림을 그
리게 되었다고 한다.

“조토가 그린 이 그림을 보면, 오른쪽 가슴에서 피가 솟구치고 있어
요. 만일 심장이 왼쪽에 있는 보통 사람들이라면 이렇게 피가 솟구치
지 않아요.”

법의관이 도끼에 맞아 죽을 뻔했디

“실제로 심장이 오른쪽에 있는 사람도 있습니까?”

“그럼. 내장역위증이라고 하는 건데, 내부 장기의 일부 또는 전부가 보통의 경우와 달리 반대쪽에 있는 거요. 예를 들면 간이 왼쪽에, 위가 오른쪽에, 소장에 충양돌기(맹장)가 붙고 그것도 왼쪽에 있다거나, 심장이 오른쪽에 있는 경우요. 이런 내장역위증에는 모든 장기의 위치가 뒤바뀐 전내장역위증, 일부 장기만 위치가 뒤바뀐 부분적 내장역위증이 있어요.”

“예수의 상처는 모든 그림에서 오른쪽 가슴에 나 있나요?”

“한결같이 오른쪽 가슴에 상처가 있어요. 그런데 로마 병사가 예수의 옆구리를 찌른 이유에 대해서는 대개 두 가지로 설명합니다. 하나는 죽었는지 죽지 않았는지 확인하려는 것이고, 다른 하나는 목숨을 확실히 끊어놓으려고 찔렀다는 거요. 그런데 만일 그저 죽음을 확인하기 위해 찔렀다면, 그 상처가 그리 크지도 않을 거고 출혈도 대단치 않았을 거요. 그러나 확실하게 죽이기 위한 것이었다면, 상처도 크고 출혈도 많았을 거요. 그렇다고 해도 심장이 오른쪽에 있지 않다면 이처럼 피가 솟구쳐 나오지는 않을 거라는 거요.”

“오른쪽 가슴을 찔렀다는 게 확실하다면, 확인하려고 그랬다고 보는 게 합리적일 것 같네요. 그 당시 로마 병사들이라면 군사훈련을 잘 받았을 텐데, 생명을 끊으려고 했다면 왼쪽 가슴을 찌르지 않았겠어요?”

나는 이야기를 나누면서 인터넷을 검색해보았다. 내가 좋아하는 카라바조Caravaggio의 유명한 그림, 〈의심하는 도마〉에서 예수의 상처가 어느 쪽인지 확인해보고 싶어서였다.

“카바라조의 이 그림에도 상처는 오른쪽 가슴에 있네요. 개인적으로

〈의심하는 도마〉, 카라바조, 1601~1602, 상수시Sanssouci, 포츠담. 카라바조가 16세기 후반에서 17세기 초에 주로 활동했다는 것을 감안하면, 이 그림은 참으로 당돌한 묘사가 아닐 수 없다.

이 그림을 좋아하는데요. 모든 사람이 다 진리라고 말하는 것도 한번쯤은 의심해보아야 한다는 의미로 새깁니다. 비온 뒤의 땅이 더 단단해지는 법이잖아요. 예수님도 그렇게 말씀하시잖아요. '네 손가락으로 내 손을 만져보아라. 또 네 손을 내 옆구리에 넣어보아라. 그리고 의심을 버리고 믿어라(요한복음 20장 27절)' 카라바조는 '무조건 믿어라' 하고 강요하는 교회에 대해 이 그림으로 통쾌하게 말한 거라고 생각하거든요. 성경에도 '의심하고 만져본 다음 믿어라'고 쓰여 있잖아요. 아, 죄송합니다. 제가 딴 이야기를 했군요. 그런데 내장역위증인 사람들도 건강에는 아무런 문제가 없나요?"

문국진은 질문에 대답하기 전에 〈의심하는 도마〉처럼 "저러면 안 된다"고 말했다. "어디멘가 썼을 텐데, 확인하는 것도 좋지만, 저렇게 상처에 손가락을 집어넣으면 2차 감염으로 다 치유된 뒤에도 통증이 남기 때문"이라는 것이다. 잠시 잊고 있었는데, 그는 틀림없는 의사다. 문국진의 말이 이어진다.

"내장역위증과 건강하고는 아무 상관이 없어요. 대개는 본인도 모르디요. 혹시 의사의 진찰을 받고 알게 되거나 죽은 뒤의 부검으로 밝혀지기도 해요. 그런데 예수가 오른쪽에 심장이 있으리라는 추측을 뒷받침해주는 그림이 더 있디요. 이 우흉심은 대체로 유전됩니다.”

“성모 마리아의 심장도 오른쪽에 있다고 볼 수 있는 그림이 있나요?”

“다 그런 것은 아니지만, 아기를 오른쪽에 안고 있는 그림이 많디요. 예를 들면 야코포 벨리니

〈성모자상〉, 야코포 벨리니, 1450, 우피치미술관, 피렌체.

(Jacopo Bellini, 1400~1470)의 〈성모자상〉이나 라파엘로가 그린 〈수염이 없는 성요셉과 성가족〉을 보면 그렇디. 조각들도 그런 것이 꽤 있디요. 알겠지만 대개 어머니들은 아기를 심장이 있는 왼쪽 가슴에 안아요. 아기는 뱃속에 있을 때부터 어머니의 심장박동 소리를 듣고 자라지 않아요? 그래서 아기는 어머니의 심장박동 소리를 들으면 안정감을 느끼고 편안해하는 거요. 보채는 아이를 어머니가 안아주거나 잔등에 업어주면 쉬 잠에 빠져들어요. 그런 건 어른도 마찬가지디. 불면증이나 노이로제를 치료할 때도 심장박동 소리를 들려주면 효과가 있다고 하디. 아기를 안아봤으면 알겠지만, 이상하게 오른쪽으로 안으면 불편하게 느껴지지 않아요?”

〈수염이 없는 성요셉과 성가족〉, 라파엘로, 1506. 에르미타주Hermitage미술관, 상트페테르부르크.

라파엘로의 그림 가운데 유명한 〈시스틴의 마돈나〉가 있다. 이 그림에서는 좀 더 확실하게, 성모 마리아는 아기 예수를 오른쪽 가슴에 꽉 안고 있다. 오른손잡이인 나에게는 아무래도 좀 어색해 보인다.

그리고 나중에 인터넷에서 〈성모자상〉을 검색해보았다. 분명히 왼쪽에 아기 예수를 안고 있는 성모 마리아보다 오른쪽에 아기 예수를 안고 있는 성모 마리아가 더 많았다. 어쩌면 너무나 당연한 지적인 데도 이야기를 듣기 전에는 이런 관점에서 그림을 본 적이 없다.

혹시 어머니들이 아기를 왼쪽으로 안는 것이 오른손잡이이기 때문은 아닐까 하는 궁금증을 가질 수 있다. 그러나 《무서운 심리학》(스즈키 고타로 지음, 홍성민 옮김, 뜨인돌출판사, 2010년)을 보면 오른손잡이 산모 중 83퍼센트, 왼손잡이 산모 중 78퍼센트가 아기를 왼쪽 가슴에 안는다는 실험 결과에 대한 이야기가 나온다. 이는 오른손잡이이기 때문에 아기를 왼쪽으로 안는 것은 아니라는 뜻이다. 그렇다고 그것이 심장의 위치와 관련이 있다는 근거도 없다고 한다.

다시 문국진의 설명이다.

법의관이 도끼에 맞아 죽을 뻔했디

"물론 내가 예수나 성모
마리아가 꼭 우흉심이라
고 단정하는 것은 아니요.
다만 법의학자로서 그림을
들여다볼 때마다 왜 저렇
게 그랬을까 생각하게 되
었고, 그러다 보니 이런 해
석을 하기에 이른 거요. 그
런데 재미있는 것은 말이
요. 한번은 예수가 금성에
서 왔다고 주장하는 교단
에서 내게 편지를 보냈어

〈시스틴의 마돈나〉의 부분, 라파엘로, 1513~1514. 알테마이
스터회화관, 드레스덴.

요. 금성 사람들은 모두 심장이 오른쪽에 있는 것이 맞는데, 그걸 내가
잘 지적해줘서 고맙다는 거였디."(웃음)

문국진이 그림을 보는 방식이 얼마나 독특한지는 비교해보면 금방 알
수 있다. 예를 들어《서양미술사》를 보면 곰브리치는 〈시스틴의 마돈나〉
의 묘사 방법이나 붓터치, 균형감, 그리고 그림에서 느낄 수 있는 자연
스러움에 감탄한다. 그리고 스티븐 파딩은《죽기 전에 꼭 봐야 할 명화
1001점》에서 그림이 그려진 역사적인 배경과 함께 그림의 내용을 자세
하게 설명해주는 식이다. 하지만 문국진은 그림에서 의학을 읽어낸다.

문국진 박사의 독특한 그림읽기 방식은 밀레의 그림을 설명할 때 더욱
두드러졌다. 그가 찾아 보여준 그림 가운데 하나는 밀레의 〈괭이를 든
사람〉이었다. 이 그림에 대해 그는 이렇게 설명했다.

〈괭이를 든 사람〉, 밀레, 1860~1862. 장 폴 게티 미술관, 로스앤젤레스.

"한 미술평론가는 그림 왼쪽에 보이는 가시덤불을 가시면류관과 결부시켜 이야기했어요. 사막과도 같은 땅 한가운데서 간신히 괭이자루에 몸을 의지하고, 슬픔에 잠긴 모습은 '영원히 밭을 일구는 비탄에 잠긴 예수'의 모습을 떠올리게 한다고 종교적으로 해석했어요. 그런가 하면, 이 그림을 자본가와 노동 계급 사이의 갈등이 첨예하게 대립되었던 당시의 프랑스 정치 상황에 빗대어, 좋지 않게 평한 기록도 있어요. 즉 '정신병원에서조차 찾아볼 수 없는 종류의 사람'을 그렸다느니, '지금 일을 끝마친 것인지, 살인을 한 것인지' 알 수 없는 그림을 그렸다는 등 농민에 대한 밀레의 인식을 문제 삼고, 추한 것을 추한 대로 그리지 않고 미화시켰다는 혹평도 했어요."

여기까지는 일반적인 감상이다. 밀레의 그림에 관심을 가지고 미술평론가들의 설명을 읽어본 적이 있다면, 쉽게 접할 수 있는 생각이다. 이런 류의 설명을 조금 더 보탠다면 다음과 같을 것이다.

밀레의 그림이 혁명적으로 받아들여졌던 것은 오늘날과 다른 사회 상황 때문이었다. 그 당시에는 아름답고 우아한 것들만이 그림의 대상

  법의관이 도끼에 맞아 죽을 뻔했디

〈이삭 줍는 사람들〉, 밀레, 1857, 오르세미술관, 파리.

이었다. 농촌을 그린다면 도시민들의 입장에서 그리는 목가적인 풍경이라야 했다. 농민들은 브뢰헬의 그림에서처럼 우스꽝스러운 모습으로 그려지는 정도였다. 또 그림의 전면에 등장하는 인물은 신이나 영웅의 모습이었다. 그런데 밀레의 그림에는 별다른 극적인 사건도 없고, 전혀 '순화되지 않은' 농민의 거친 모습만 있었다. 그랬으니 당시 비평가들로서는 도저히 받아들일 수 없었을 것이다. 당시의 상황을 두고 에밀 졸라는 이렇게 말했다. "낭만주의가 돋보기라면 사실주의는 도수 없는 렌즈다."

그런데 문국진 박사는 이런 그림을 보면 요통을 느낀다.

"〈괭이를 든 사람〉을 의학적인 눈으로 보면 디스크 환자가 보이디요. 체중, 자세, 동작 면에서 인체에 스트레스가 가해지면 척추의 추간원판椎間圓板의 내압이 오르고, 그 내압의 상승으로 인해 균열이 생겨 수핵髓核이 밖으로 나와요. 이것을 추간판 헤르니아, 속칭 '디스크'라고 하는데 이 그림의 주인공의 자세나 표정은 디스크 환자와 너무나 비슷하디요."

미술평론가인 이주헌은 문국진의 이런 그림읽기에 대해 자리매김을
한 적이 있다.

… 그저 본 대로 순수하게 느끼면 그만이지 그것을 굳이 … 조목조목
분석해 가며 즐겨야 하는 것은 아니다. 하지만 무언가에 대해 새로운 지
식을 갖고 보는 것과 그렇지 않은 것은 상당한 차이가 있다. 새로운 지식
을 갖고 보는 것이 꼭 혹은 항상 더 낫다는 말은 아니다. 단지 새로운 지
식을 갖고 볼 때는 그 지식에 기초한 의미망의 도움을 받게 되므로 감동
에 더해 인식 지평을 확장하는 기회를 얻을 수 있다.

—《명화와 의학의 만남》 추천사 중에서

이주헌의 이 추천사는 그저 좋은 이야기만으로 분위기를 띄우려는,
내용 없는 주례사 비평으로 읽히지 않는다. 문국진은 이주헌과의 만남
을 이렇게 설명했다.

"내가 미술 작품을 부검해보려면, 그것에 대해 잘 알아야 하디 않겠
어요? 그래서 처음에는 미술관 같은 곳에서 열리는 아카데미에 가서
강의를 열심히 들었디요. 내 이름으로 강좌에 등록하기는 뭣해서 아들
이름을 썼디요. 3년 정도 강의를 들으러 다녔디. 그러다가 나를 알아본
사람이 있어서 들통이 나고 만 거요. 그런 과정에서 이주헌 관장을 만
나게 되었어요. 공부를 하면서 의학전문지에 미술과 의학을 주제로 글
을 조금씩 쓰고 있었는데, 그 글을 보고는 이주헌 관장이 출판을 적극
권했디요."

법의학자가 부검을 통해 중요한 증거를 찾아내기 위해서는 정황을 잘

    법의관이 도끼에 맞아 죽을 뻔했디

파악해야 한다. 그런 것이 문국진의 몸에는 습관처럼 배어 있었던 모양이다. 그리고 누구에게든 배울 것이 있다면, 서슴지 않고 배울 만큼 겸손했던 것 같다. 별것 아니라면 별것 아니겠지만, 이주헌 관장은 문국진의 아들보다 나이가 어리다. 그리고 이 일은 고려대학교에서 정년퇴임을 한 뒤의 일이다.

미드 〈CSI 라스베이거스〉의 한 장면이 떠오른다. 귀가 들리지 않는, 한 아이가 살해당했다. CSI 요원들이 청각장애우들의 학교로 찾아갔다. 교장 선생 역시 청각장애우였다. 그런데 CSI 요원들은 청각장애자에 대해 별로 아는 것이 없었다. 그런 모습을 본 교장 선생은 이렇게 말한다. "피해자를 이해하지도 못하면서 어떻게 사건을 해결할 수 있나요?" 살인사건을 해결하기 위해서는 '현장'만이 아니라, 그 현장의 뒤에 서려 있는 구체적인 삶을 그려볼 수 있어야 한다. 문국진은 그림에 담긴 '통증'을 읽어내려면, 먼저 그림을 제대로 이해할 수 있어야 한다고 생각했던 것 같다.

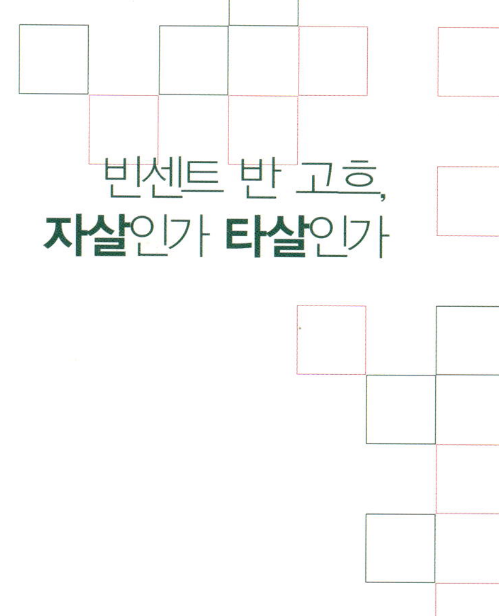

그날은 무슨 징조 같은 것이 있었다.

이 그림은 색이 바랜 점묘화가의 작품처럼 보인다.

문국진이 병원에서 인턴과 레지던트를 대상으로 하는 강의가 있어서 따라나섰던 날이다. 그날 강의에서는 주로 사망진단서와 관련된 내용이 기억에 남아 있다. 병원에 들어온 환자가 24시간 전에 죽었을 경우에는 사망진단서가 아니라 시체검안서를 써야 한다, 사인으로 심장마비나 호흡마비라고 쓰면 안 된다, 사람이 죽을 때는 누구나 심장이 마비되고 호흡이 마비된다, 만일 이것이 사인이 된다면, 온 세상 모든 사람의 사인이 똑같은 것이 된다. 또한 환자의 자기결정권에 대한 이야기도 인상적이었다. 예를 들어 '여호와의 증인'은 수혈을 거부하는데, 죽음에 이르더라도 의사가 그들의 자기결정권을 무시하고 '전단專斷적인 치료'를 하면 안 된다.

강의 파일을 들어보니 그 밖에도 여러 이야기가 더 있다. 예를 들면 의학과 의료는 다르다. 의학은 과학이고, 의료는 예술이다. '예술'이라는 말을 들었을 때 조금 낯설었다. 그러나 과학적인 지식으로 개인을 치료하는 것은 곧 그 개인이 속한 사회를 치료하는 것이며, 그 바탕에는 휴머니즘이 깔려야 한다는 문국진의 설명을 들으니 납득이 간다. 그리고 비인간적인 조직 구조를 가진 큰 병원의 문제점에 대해서도 지적했다.

내가 놀랐던 것은 이런 종류의 강의가 의과대학에는 없다는 것이었다. "내가 오랫동안 이야기했지만, 잘 이루어지지 않아요. 다들 기술적인 내용에만 집중하고, 이런 문제에 대해서는 관심을 두지 않지요."

문국진의 강의가 끝나고 엘리베이터를 기다리는데, 왼쪽 벽에 걸려 있는 그림이 눈길을 끌었다. 점묘화 같은데 그림의 내용이 낯설어 가까이 가보았다. 신인상주의 작가의 그림이 걸리는 경우는 흔치 않기 때문이다. 누구의 그림일까? 그림 아래에 깨알 같은 글씨로 빈센트 반 고흐라고 쓰여 있다. 그림은 어떤 레스토랑의 내부 모습이었다. 붓 터치만으로 보자면 신인상주의 화가인 샤를 앙그랑(Charles Angrand, 1854~1926)의 것과 조금 닮아 보였다. 도대체 고흐가 언제 이런 그림을 그렸을까?

그림이 그려진 연도를 보니, 1887년이다. 그렇다면 고흐가 파리에 있을 때다. 그때 그는 파리의 인상파에게서 영향을 받았다. 그리고 폴 시냐크(Paul Signac, 1863~1935)와의 친분도 있었다. 신인상주의는 조르주 쇠라에 의해 개발되었지만, 그는 일찍 죽었다. 그 뒤를 이어 이론화하고 실천하여 세상에 알린 것은 폴 시냐크라고 볼 수 있다. 고흐는 시냐크와 함께 그림을 그리기도 했는데, 그들에게서 영향을 받아 어두운 색에서 벗어나 원색을 쓰기 시작했다. 그러면서 점묘법으로 알록달록한 색

〈아비뇽 교황청〉, 폴 시냐크, 1900. 오르
세미술관, 파리.

을 써서 파리 풍경을 그렸던 적이 있다. 그러나 이 그림은 색이 다 바래
서 마치 안개 낀 풍경을 그린 듯한 쇠라의 그림처럼 보였다. 엘리베이터
를 타고 내려가다가 문국진이 물었다.

"뭘 그렇게 열심히 봤어요?"

"벽에 걸려 있던 그림이 고흐의 그림이라고 쓰여 있는데, 아무리 봐도
고흐 그림 같지가 않아서요."

"그래요? 한번 가봅시다."

문국진은 대뜸 다시 올라가보자고 했다.

"이게 고흐 그림이 맞다면 시냐크의 영향이라고 볼 수 있을 텐데, 나도
처음 보는 그림이구만. 돌아가서 한번 찾아봅시다."

인터뷰 준비를 하고 있는 동안, 문국진은 화집에서 그 그림을 찾아서
보여주었다. 그림 제목은 〈레스토랑의 내부〉였다. 역시 짐작대로, 파리
에 있을 때 그린 것이었다. 화집의 그림을 가리키면서 문국진이 말했다.

"인쇄 상태가 문제였군. 색이 다 바래버려서 쇠라의 그림처럼 보이지
않아요. 이 화집에 있는 대로 색깔이 살아 있었다면, 처음 보는 그림이

〈레스토랑의 내부〉, 고흐, 1887. 크륄러뮐러 국립미술관, 오테를로. 이 그림은 색이 바랜 점묘화가의 작품처럼 보인다.

라고 해도 고흐 그림일 수 있겠다 싶었을 텐데 말이요."

"묘한 일이네요. 오늘은 그렇잖아도 선생님께 고흐의 사인에 대해 여쭤보려고 했는데, 고흐의 빛바랜 그림을 병원에서 보게 되었습니다. 선생님께서는 어떤 계기로 고흐 전문가가 되셨는지 궁금해요."

나는 또다시 '계기가 무엇인지' 물어보고 말았다. 그렇지 않은가. 법의학자가 고흐의 그림에 관한 전문가라면 특별한 경우다. 무슨 계기가 있지 않고서야 어떻게 그럴 수 있을까.

"전에도 이야기했디만, 퇴임하고 나서 음악과 미술에 관심을 가지다보니, 음악가나 화가의 전기도 읽어보게 되었디요. 그런데 고흐의 전기를 읽는데, 이해가 안 되는 거요. 권총에 맞고 사흘 뒤에 죽었다는 게 이상했던 거디요. 그래서 현지에도 가보고, 고흐의 죽음을 암시한다는 그림들도 모두 조사해봤어요. 고흐에 대한 책이 아마 세계적으로 200~300권쯤 나와 있을 텐데, 나는 50권 정도를 구해서 봤디요. 가장 중요한 단서는 그가 남긴 800통의 편지와 600점의 유화였어요. 3년 정도에 걸쳐 그 자료들을 분석하고 현장에도 가본 다음, 확신을 가지게 되

    법의관이 도끼에 맞아 죽을 뻔했디

었어요. 그래서 자신 있게 사망진단서를 썼디요."

결국, 사망진단서를 쓰기 위해 고흐의 삶을 연구해야 했다는 이야기다. 죽음은 삶의 끝자락에 있는 삶의 한 부분이니, 어쩌면 당연한 일인지도 모른다.

"재미있는 부분은 고갱이 고흐를 죽였다는 설이요. 타살이라고 주장하는 이는 일본인 다나카 이치로田中一郎 인데, 그의 이론은 주로 미술평론가 더글러스 매너링Douglas Mannering의 의견을 바탕으로 한 거요. 다나카의 이야기는 이래요."

잘 알려진 사실이지만, 고흐는 아를에서 함께 생활하던 고갱이 떠나는 데 대한 불만으로 귓불을 잘랐다(귀를 잘랐다고 하는 건 지나친 과장이다). 이 사건 이후에 고흐는 아를 시립병원을 거쳐 생레미에 있는 정신병원에서 지냈다. 일 년쯤 뒤에 병이 많이 낫자, 동생 테오는 고흐가 있을 만한 곳을 찾았다. 그곳이 고흐가 마지막으로 생활했던 오베르Auvers-sur-Oise다. 오베르에서 고흐는 정신과 의사의 도움을 받으며 그림에 열중할 수 있었다. 이곳에서 고흐의 예술성은 더욱더 풍부해졌고 빛을 발했다. 그리고 드디어 그의 작품이 팔리기 시작했다. 그러나 그는 그곳에서 생활한 지 겨우 두 달 만에 죽음에 이른다. 여기까지는 잘 알려진 사실이다. 이제부터 다나카의 이야기다.

어느 날 고갱은 반 고흐가 오베르에서 보낸 편지를 제자인 샤를 라발(Charles Laval, 1862~1894)에게 보이며 이렇게 이야기했다.

"반 고흐가 나와 다시 만나기를 이렇게 애원하고 있는데 아를에서 귀를 자르는 사건이 있었기 때문에 내가 이에 선뜻 응할 수 없다. 그래서 너의 도움이 필요하다."

"어떻게 하면 되겠습니까?"

라발이 묻자 고갱이 대답했다.

"간단하다. 나의 권총과 펜싱용 장갑을 가져가서 반 고흐의 침대 위에 올려놓고 오기만 하면 된다."

"왜 그런 일을 해야 하나요? 그것이 가능하겠습니까?"

"그냥 가서 반 고흐가 눈치채지 못하게 놓고 오기만 하면 되는 것이야. 나는 반 고흐와 아를에서 공동 생활을 해보아 잘 알고 있는데, 그 친구는 자기 방의 문을 잠그고 다니지 않으니 청소부가 청소를 마친 후에 들어가면 된다. 반 고흐는 귀를 자를 때도 1/3밖에 자르지 않은 친구다. 권총으로 자신을 쏜다고 해도 급소를 향해 쏘지 않을 것이고 단지 가벼운 상처를 입히는 정도일 것이다. 그러면 내가 그를 문병 갈 구실이 생기지 않겠는가? 내 친구를 향한 우정을 알겠는가?"

고갱의 말을 들은 라발은 "그렇다면 당신을 믿고 한번 해보겠습니다"라고 말했다.

이렇게 고갱은 정서불안에 빠진 반 고흐가 자기 곁에 권총이 있으면 반드시 방아쇠를 당기게 될 것이라는 것을 역설하고 라발에게 주입시켰다. 그래서 사건이 발생하기 6일 전에 라발은 오베르에 가서 반 고흐의 방에 몰래 들어가 그 침대 위에 고갱의 권총과 펜싱용 장갑을 올려놓고는 돌아왔다. 돌아온 라발을 본 고갱은 속으로는 쾌재를 불렀다.

고갱은 일요일에 교회의 종소리를 들은 반 고흐가 틀림없이 정서불안에 빠져 환청을 듣게 될 것이라고 생각했다. "고갱을 오베르에 오게 하려면 권총의 방아쇠를 당겨라, 당겨야 한다, 어서 당겨!" 또는 "고갱을 따라 마다가스카르에 가고 싶거든 권총의 방아쇠를 당겨라, 당겨, 어서 당겨!" 반 고흐를 괴롭히는 이러한 환청은 강박관념을 일으킬 것이고 그 종소리의 울림에 맞춰 이어지는 환청 때문에 자기 암시에 걸린 고흐는 틀림없이 자신의 얼굴을 떠올리며 스스로 방아쇠를 당기리라는 것이 고갱의 생각이었다.

일요일 오후에 점심 식사를 마친 반 고흐는 뜰로 나와 스케치할 장소를 물색했다. 그리고 여기저기를 돌아다니다 〈까마귀떼 나는 밀밭〉을 그렸던 장소로 오게 되었다.

이 동네에 사는 한 농민의 증언에 의하면 이 장소에서 저녁 무렵에 반 고흐를 보았는데, 혼잣말로 "이제는 어쩔 수가 없어, 이제는 정말 어쩔 수가 없어"라고 중얼거리며 서 있었다고 했다.

반 고흐의 방에 권총과 장갑을 갖다놓았던 라발은 하루 종일 그 뒤를 눈치채지 못하게 미행하다가 오베르교회 쪽을 바라보고 중얼거리며 서 있는 반 고흐를 멀리서 긴장한 채 보고 있었다. 그때 반 고흐는 호주머니에서 권총을 꺼내 오른손에 들고는 총부리를 자기에게 향하게 하고 방아쇠를 당겼다. 폭음과 함께 반 고흐가 쓰러지자 멀리서 지켜보고 있던 라발이 달려와 그를 껴안았다. 반 고흐는 라발에게 말했다.

"히르스히흐 군인가? 나를 그대로 내버려둬."

"아닐세, 나 샤를 라발이야. 자네의 소원을 이뤄주기 위해 부득이 취한 행동이니 나쁘게 생각하지 말게."

"아아, 그래. 그 무언의 메시지를 놓고 간 것이 자네였구먼."

"고갱이 자네를 위한 것이라고, 자네가 보낸 편지를 보이며 간곡히 부탁하기에, 또 편지에 자네가 고갱을 그렇게 만나고 싶다고 씌어 있기에 자네를 위한 것이라고 믿고 용기를 내어 한 것일세."

이렇게 대화가 오고 가는 사이에 반 고흐는 이것이 고갱의 음모였음을 알게 되었다. 또 라발은 고갱의 말대로 반 고흐가 죽으려고 쏜 것이 아니라 고갱이 자기에게 오게 할 수 있는 구실을 만들기 위해 쏘았다는 것을 눈치채고는 자기의 소임을 다했다고 느꼈다.

이런 가운데 반 고흐는 정신이 점점 드는 것을 느꼈다. 자기 손을 보니 피로 범벅이 되어 있었다. 반 고흐가 일어서려 하자 라발이 물었다.

"괜찮은가?"

"그래, 고갱이 문병 왔을 때 나는 천국이나 지옥 중 어느 한 곳에 가 있을 걸세."

"그렇게 약한 소리 하지 말고 마음을 단단히 먹게나. 고갱이 일요일에는 자네가 방아쇠를 당길 것이라고 확신하고 있었는데 그 말이 맞았군. 내일 아침에는 그가 반드시 달려올 거야."

"그래, 나는 혼자서 갈 수 있어. 이 권총과 장갑은 고갱에게는 귀중한 것이니 그에게 돌려주게나. 그리고 이 일은 내가 절대로 비밀로 할 것이니 자네도 절대로 다른 이들에게 말하지 말게. 고갱이나 자네에게 폐를 끼치고 싶지 않네."

"그러면 권총과 장갑은 내가 가지고 가지. 그리고 틀림없이 고갱에게 전하겠네. 내일 아침에는 그가 자네한테 달려올 것이니 그리 알게."

이렇게 이야기를 나누고 라발과 헤어진 반 고흐는 라부 여인숙으로 돌아왔다.

—《반 고흐 죽음의 비밀》, 문국진 지음, 예담, 2003년, 228~234쪽

 법의관이 도끼에 맞아 죽을 뻔했디

〈황색 그리스도 앞의 자화상〉, 고갱, 1889~
1890. 오르세미술관, 파리.

"이렇게 되어 반 고흐가 쏜 권총은 현장에서 발견되지 않았고, 반 고흐가 권총의 출처에 대해 입을 다물었다는 거요. 이것이 반 고흐의 죽음에 고갱의 음모가 개입되어 있었다는 드라마 같은 이야기요."

"드라마 같은 이야기라고 말씀하시는 걸 보니, 선생님께서도 이 타살설을 믿지는 않으시는군요."

"다나카는 이뿐만 아니라 타살의 의미를 가진 그림에 대해서도 이야기를 했어요. 고갱이 그린 그림인 〈황색 그리스도가 있는 자화상〉 속의 황색 그리스도는 반 고흐를 상징하고 그의 명복을 비는 마음에서 그린 것이며, 〈안락의자 위의 해바라기〉에서는 고갱의 반성과 참회의 모습을 볼 수 있다는 거요."

"그림이 그려진 시기로 볼 때, 이 자화상은 고흐가 죽기 전부터 그린 것인데… 그림의 배경에 있는 두 그림으로 보면 그럴 듯하다는 생각이 드네요. 고갱은 뭔가 결심한 듯한 표정으로 앞을 바라보고 있고, 그 당시 자신이 그린 두 개의 그림을 배경에 그려 넣었어요. 하나는 십자가에 못 박힌 예수이고, 하나는 괴물 모습을 한 고갱의 자화상이군요. 고흐는 실제로 지나칠 정도로 열심이었던 목회자였잖습니까. 그렇게 보면 십자가의 예수가 고흐를 나타낸다고 볼 수 있을 거고요."

"그런데 고흐를 죽게 한 권총의 출처를 짐작해보면, 고갱의 권총은 아니었던 것 같지 않아요. 고갱이 가지고 있던 것은 정치가였던 자기 아버지가 호신용으로 쓰던 것이었거든. 성능이 좋았을 것 아니요. 그 총으로 고흐가 자기 배를 쏘았다면 관통했을 거요."

참고로 고흐는 총에 맞았지만 치명적이지 않았다. 총알은 복부 깊숙이 박혀 있었으며 피도 많이 흐르지 않았다. 의사 가셰가 고흐를 보러 왔을 때도 고통을 호소하지도 않았고, 단지 담배를 피워도 되겠느냐고만 물었다고 한다. 그러고는 자기 작업복 호주머니에서 파이프와 담배를 꺼내 달라고 해서 피우기 시작했다. 만일 이때 고흐가 외과수술을 받았다면 죽지 않았을지도 모른다.

"그렇잖아도 저도 그게 좀 궁금했어요. 자기가 자신에게, 그러니까 그렇게 가까이서 총을 쏘았다면 관통하지 않을까 생각했거든요. 그런데 무슨 총이 얼마나 조악하기에 총알이 그냥 배에 박혀버리나 싶었어요."

"그때는 그런 총이 있었다고 해. 반 고흐의 오베르 시절에 대한 전문가라면 클로드 미욘 여사를 꼽을 수 있디요. 그녀는《빈센트 반 고흐와 오베르》라는 책도 썼는데, 오베르에서 고흐의 행적을 샅샅이 조사, 연구했디요. 그 책에 따르면 이래요."

그 당시에 가장 많이 나돌았던 권총은 프랑스 루포슈 사의 38구경이었다. 이 권총을 복제한 싸구려 권총인 벨기에 제품도 많았다. 당시 가격으로 15~25프랑이었는데, 주물로 만들어진 더 싼 것은 5프랑짜리도 있었다. 이런 권총을 잡화점에서 팔았는데, 물건을 많이 사면 사은품으

　　　　　　　　　　　　　　　법의관이 도끼에 맞아 죽을 뻔했디

로 끼워주기도 했다. 그런데 이런 권총은 새를 쫓을 때 많이 썼다. 미욘 여사의 추측으로는 반 고흐가 사은품으로 받은 것일 수도 있다. 이렇게 조잡한 수준의 권총이었으니 성능이 형편없었을 테고, 그래서 배를 쏘았지만 관통하지 못했을 것이다.

"다음 이야기로 넘어가기 전에 한 가지 궁금한 게 있는데요. 유명한 의사였던 가셰가 총에 맞은 고흐에게 아무런 조치도 취하지 않고 그냥 돌아가버렸다면서요? 가셰는 외과수술을 하면 죽지 않을 거라는 사실을 잘 알고 있었을 것 아닙니까? 제가 의학의 역사를 뒤져보니까, 1870년대에는 외과수술에 필요한 마취술과 소독법과 무균법에 대한 기술적인 문제가 다 해결되었을 뿐 아니라 그런 의술에 대한 사회적인 동의도 충분히 이루어졌고, 그 당시 의사들은 외과술에 대한 자신감이 대단했다고 하던데요."

"그랬지요. 아마도 가셰가 가진 의사로서의 신념 때문이 아니었나 싶은데. 가셰는 외과수술에 반대하는 입장에 서 있었거든. 그래서 상처 치료약을 개발하는 등 비외과적 치료를 위한 기구와 방법 등을 개발하기도 했지요. 그렇지 않았다면, 오베르에서 가까운 퐁투아즈에 있는 외과병원에 고흐를 보냈을 거요. 그렇지만 아무리 의사로서의 판단과 소신이 그렇다고 해도 총알이 뱃속에 있는 환자를 혼자 놔두고 돌아가버렸다는 것은 의사로서 기본적인 의무를 지키지 않은 거디요. 그 점에 대해서는 변명의 여지가 없어요. 요즘 같으면 의무 태만으로 구속감이요."

"거참, 의사를 잘 만났으면 죽지 않았을지도 모르는 상황이었군요. 아무튼 권총의 출처로 볼 때 결국 자살이라는 결론이네요."

"법의학자로 살게 되면, 자살한 사람을 많이 보게 됩니다. 자살한 이유를 조사해보면, 그것이 결코 '선택한 죽음'이 아니라 그럴 수밖에 없었다는 것도 알게 되디요. 설사 사고력이나 판단력이 제대로 작동되는 상황이라고 해도, 자살 이외에는 다른 선택의 여지가 없다는 압박을 받는 상황에서 이루어지는 거요. 그런데 사람들은 대개 특별한 한 가지 이유 때문에 자살한다고들 생각하디.

자살을 하게 되기까지는 여러 위험 인자들이 함께 작동한다고 봐야 합니다. 위험 인자가 많으면 많을수록 자살할 확률이 높은 거디. 가장 중요한 위험 인자는 자살 미수의 경험이요. 정말로 죽을 작정을 했던 사람이라면 미수에 그칠 수단을 택하지 않는다고들 하지만, 꼭 그렇게만 보아서는 안 되는 일이요. 자살을 시도했다가 미수에 그쳤던 사람이 다시 시도해서 자신의 목숨을 끊을 확률이 매우 높기 때문이요.

반 고흐의 경우 아를에서 1차로 병원에 입원했다가 시냐크와 함께 외출 나왔을 때 물감 튜브를 짜서 먹었고, 생레미의 요양원에서는 석탄함에 얼굴을 박고 석유등에 넣는 기름을 빼앗아 마셨디요. 그런 식으로 자살을 시도한 적이 있다는 사실은 다시 언젠가 자살을 시도할 위험 인자를 가지고 있다고 봐야 하는 거요.

그다음으로 중요한 위험 인자는 정신장애에 대한 병력이요. 자살학 통계에 따르면, 자살하는 사람의 90% 정도가 마음의 병을 심하게 앓고 있었다고 합니다. 조울증, 정신분열증, 인격장애, 알코올 의존증과 같은 것들이 이런 위험 인자에 해당되는 것들이요. 반 고흐의 정신장애는 간질에서 온 것이라고 보는 정신과 의사가 많아요. 그리고 알코올 의존증도 있었디. 아를에서 귓불을 자른 것도 압생트 중독 때문이었잖소. 또 가족력도 있어요. 할아버지와 숙부 둘은 정신장애 증상이 있었고, 이모

   법의관이 도끼에 맞아 죽을 뻔했디

〈까마귀가 있는 밀밭〉, 고흐, 1890. 반고흐박물관, 암스테르담.

코르넬리아는 간질이었다요. 누이동생 윌레미나는 정신이상으로 입원했던 적이 있고, 막내 동생 코는 서른세 살 때 자살했어요. 그리고 평생을 함께했던 바로 아래 동생 테오는 반 고흐가 자살한 지 6개월 만에 요독증과 정신이상으로 정신병원에서 사망했다요. 가계를 살펴봐도 정신장애의 병력이 위험 인자로 작용할 수 있는 거디."

"사람들은 대개 자기 죽음을 예감한다고 하잖습니까. 특히 자살을 했다면 그것을 느낄 수 있는 그림을 그리지 않았을까요?"

"사람들은 대개 〈까마귀가 있는 밀밭〉이나 〈도비니의 정원〉에서 자살의 징후를 읽어내기도 해요. 예를 들어, 고흐의 최고 명작 가운데 하나로 꼽히는 〈까마귀가 있는 밀밭〉을 보면 이래요. 이 그림은 반 고흐가 자살하기 며칠 전에 그린 거요. 이 그림을 보면 시커먼 구름이 온 하늘을 뒤덮고 있고, 금방이라도 폭풍우가 쏟아져 이 세상을 삼켜버릴 듯 험상궂어요. 그러나 황금빛 밀밭은 그 아래에서 덩실덩실 춤을 추고 있디. 이 밀밭은 죽음을 앞두고 마지막 춤을 추고 있는 거요. 이 죽음은 슬픈

〈슬픔에 잠긴 노인(영원의 문턱에서)〉,
1890. 크뢸러뮐러 국립미술관, 오테를로.

죽음이 아니라 풍성한 수확과 함께하는 죽음이요. 오른쪽과 왼쪽으로
갈려 있는 붉은 길이 하나로 합쳐져 넘실대는 밀밭을 반으로 나누며 지
평선 쪽으로 뻗어 나가고, 지평선 위에는 갈 곳 잃은 흰 구름이 두 개 떠
있디요. 방황하는 흰 구름을 헤치며 넘실대는 황금빛 밀밭을 날아오르
고 있는 한 무리의 까마귀떼는 마치 불안한 미래를 예고하는 것처럼 보
입니다. 이것이 이 그림을 보는 이들의 일반적인 생각이요. 그래서 이 그
림에 자살할 것이라는 메시지가 담겨 있다고 보는 거요."

 "그런 느낌으로 이 그림을 읽을 수도 있겠다 싶습니다. 황금빛 밀밭을
뚫고 가는 저 길의 끝이 어디인지 알 수가 없다는 생각이 들고, 그림 속
의 수많은 까마귀들은 길이 끝난 곳에서 날아오른다는 느낌도 듭니다.
길이 시작되는 곳에서 까마귀떼가 날아가는 방향을 선으로 그어 보면,

                    법의관이 도끼에 맞아 죽을 뻔했디

〈두 마리 게〉, 고흐, 1889. 개인 소장.

사선으로 죽 이어지네요. 화가에게는 이런 식으로 구성한 이유가 있을 거 같습니다."

"그런데 말이요. 앞에서도 말했지만 자살하는 사람은 한 가지 이유로만 실행에 옮기는 것도 아니고, 또 자살의 이유는 오래전부터 시작되었다고 봐야 해. 그렇게 보면 1889년에 그린 〈뒤집힌 게〉와 〈두 마리 게〉, 그리고 1890년의 〈영원의 문턱에서〉는 죽음에 대한 좀 더 강한 메시지를 느낄 수 있어요. 이 그림을 보시오. 제목도 '영원의 문턱에서'라고 붙였잖소. 그리고 〈뒤집힌 게〉는 뒤집혀서 오도 가도 못하는 모습을 형상화하고 있어요. 그리고 얼마 지나지 않아서 그린 〈두 마리 게〉를 봐요. 한 마리는 뒤집혀 있고, 다른 한 마리는 바로 서 있어요. 아마 고흐가 자신은 죽겠지만, 동생인 테오는 남아 있을 거라는 생각을 했던 게 아닌가 싶어요."

"그러면 고흐의 직접 사인은 뭐라고 보시는데요?"

"급성 범발성 복막염이요."

"그 근거는요?"

"복부에 난 총창이 선행 사인으로 작용했지만, 큰 혈관이나 중요 장기는 다치지 않았기 때문에 30시간 이상 살 수 있었던 거요. 고흐는 사망 전에 '배가 답답하니 누가 이 배를 좀 열어 주었으면 좋겠다'고 소리쳤다는 점, 부상 직후에는 별다른 증상을 보이지 않다가 시간이 지나면서 점점 열이 나고 답답해했다는 점을 고려하면 총알이 장을 관통했거나 맹관(盲貫, 총알이 들어간 흔적만 있고, 나온 흔적이 없는 경우)하여 몸 안에 총알이나 파편이 남아 있었다고 볼 수 있어요.

그리고 총알이 신체에 들어간 곳의 위치와 방향으로 보아 좌측 횡행결장(가로잘록창자) 또는 하행결장(내림잘록창자)의 상부 손상으로 장 내용물이 복강에 유출되어 복막염을 일으킨 것 같아요. 특히 반 고흐가 사망하고 그날로 입관했는데 관의 나무 틈 사이로 냄새나는 액체가 흘러나왔고 부패하는 냄새가 방 안을 진동했으며, 또 묘지에 도착하여 장례차에서 운구하려 할 때 냄새나는 액체가 많이 흘러나왔다고 합니다. 이렇게 빠른 속도로 부패가 진행된 것은 복강 내에 장 내용물이 유출되어 장내 세균의 급격한 번식으로 일어난 사후 현상으로 볼 수 있디요. 또 이런 현상은 복막염이라는 짐작을 뒷받침해주는 거요."

　　　　　　　　　　　　　　법의관이 도끼에 맞아 죽을 뻔했디

엉덩이와 발은 억울하다

인터뷰가 끝날 즈음이었다. 문국진 박사는 '기숙사 효과'라는 게 무엇인지 아느냐고 물었다. 처음 듣는 말이다. 문국진이라는 아이덴티티로 보면 CSI 효과라는 게 뭔지 아느냐고 물어보아야 하는 것 아닌가? 나는 속으로 그렇게 생각했다. 최근에 서울신문에서 유영규 기자가 '범죄는 흔적을 남긴다'라는 제목으로 법의학적인 사건 수사에 대해 연재하고 있는데, 이렇게 쓴 적이 있다.

미국 드라마 〈CSI〉 시리즈의 시청률이 올라갈수록 수사 당국은 괴로워진다. 사람들의 법의학 지식을 마구 늘려주기 때문이다. 범죄자들이 아는 게 많아지면 그들이 현장에 남기는 흔적은 갈수록 희미해질 수밖에 없다. 하지만 아무리 그렇다 해도 현장에 아무것도 전혀 안 남길 수는 없다. 아주 작은 무엇이라도 남는다. 법의학에서는 이런 초미니 흔적들을 '미세증거물LCN, Low Copy Number'이라고 부른다. 현미경으로나 보이는 극미세 증거가 때로는 범인 검거에 결정적 한 방으로 작용한다.

— '범죄는 흔적을 남긴다', 6회, 〈서울신문〉, 2011년. 5월 25일. 23면.

이 글은 미세증거물에 대한 이야기의 마중물로 보인다. 아주 미세한 증거물이 과학수사에서 쓰이게 된 것은 DNA를 검출해내는 기술의 발달과 관련이 있다. 그리고 그 미세증거물은 범인이 남기고 싶지 않다고 남기지 않게 되는 것이 아니다. 어디에서든 DNA를 흘리지 않고 범행을 저지르는 것은 불가능하다. 앞서 언급한 적이 있지만, 30초 정도만 말을 해도 DNA는 주변에 들러붙게 된다.

아무튼 나는 머리속으로 CSI 효과에 대한 생각을 정리하고 있었다. 이제 인터뷰가 끝나면 글을 써야 한다. 그 부담감이 생각 속으로 나를 몰아넣는다.

"강군, 기숙사 효과라는 말, 처음 들어 봐요?"

"아, 예. 처음 듣습니다. 기숙사라면, 동성애와 관련이 있나요?"

기숙사는 대개 동성들끼리 함께 산다. 남자는 남자들끼리, 여자는 여자들끼리. 그러다 보면 동성애가 시작될 수도 있지 않을까. 군대나 감옥에서의 동성애 이야기는 자주 나오는 메뉴가 아닌가.

"성적인 것이긴 하지만 후각과 관련이 있는 것이요."

"후각이요?"

후각과 기숙사 효과가 무슨 관계인지 도무지 알 수 없었지만, 짐작되는 게 있었다. 무언가 '억울한' 것과 관련된 문제가 아닐까. 문국진은 억

법의관이 도끼에 맞아 죽을 뻔했디

울한 문제에 관심이 많다.

"선생님, 혹시… 이것 역시 억울한 문제인가요?"(웃음)

"허허, 어찌 알았나? 후각은 인간에게 '억울한' 대접을 받고 있어요. 기숙사 효과가 이를 증명 하디. 내 그 전에 먼저 그와 비슷하게 천대받고 있는 엉덩이와 발에 대해 말하고 싶구만."

엉덩이와 발이라… 어쩐지 웃음이 났다. 하지만 문국진 박사는 진지한 표정으로 말을 이어나갔다.

"내가 법의학자로서 평생 인권 옹호에 이바지해왔다고 생각했디요. 그런데 엉덩이를 보면 참 안타까워요. 외형은 단순한 것 같지만, 그 속에는 성기를 포함한 복잡한 기능을 가진 장기가 있어요. 또 나름대로 아름다움을 가지고 있지만, 항상 옷에 가려져야 하는 숙명을 안고 살아가야 해요. 게다가 그 사람이 잘못을 저지르면, 엉덩이가 몽둥이찜질을 당합니다. 나는 언젠가 이렇게 억울한 처지에 놓인 엉덩이의 입장을 살펴서 사람들에게 알려야겠다고 생각해왔디요."

글로 쓰고 보니, 조금 장난스럽다는 느낌도 있다. 그러나 당시 분위기는 워낙 진지했기 때문에 그런 느낌을 조금도 받지 못했다.

"엉덩이는 신비로우면서도 생산적인 내부 구조를 가지고 있디요. 인생의 아름다움과 추함, 정중동 또는 동중정의 절제와 쾌락을 간직했다가 적절한 때가 되면 거침없이 발산하며, 드라마를 만들어냅니다. 만일 사람들이 엉덩이를 드러내놓고 산다면, 엉덩이가 지닌 아름다움과 신비가 널리 알려지고 활발하게 논의되었을 거요. 그런데 엉덩이에도 종류가 있어요. 먼저 방둥이(유약둔幼若臀)가 있디. 이건 근육만 있고 지방이 빈약한 볼기를 이르는 거요. 대개 사춘기 이전의 볼기는 방둥이인 셈이디

왼쪽: 〈파리스의 심판〉, 장 앙투안 바토, 1720~1721.
루브르박물관, 파리.
오른쪽: 그림 일부 확대.

요. 그림으로 보자면 바르톨로메우스 슈프랑거(Bartholomeus Spranger, 1546~1611)가 그린 〈헤라클레스와 옴팔레〉의 볼기가 바로 방둥이요. 사춘기가 지나면, 특히 여자의 경우에는 골반이 넓어지고 평평해지면서 지방이 축적되어 아름다운 곡선이 만들어져요. 이렇게 성숙하고 풍만한 볼기가 엉덩이(성숙둔成熟臀)요. 아름다운 여성의 엉덩이는 하트 모양을 하고 있디요. 이런 엉덩이는 장 앙투안 바토(Jean-Antoine Watteau, 1684~1721)의 그림인 〈파리스의 심판〉에 그려진 비너스의 볼기에서 볼 수 있디요. 그리고 나이가 들면 근육이 위축되고 지방이 빠지면서 엉덩이도 밑으로 처지는데, 이렇게 처진 볼기를 궁둥이(하수둔下垂臀)라고 부르디요. 아름답던 하트 모양의 엉덩이가 살이 빠지고 뼈만 남아서 궁둥이가 되는 거디요. 궁둥이는 제롬(Jean-Léon Gérôme, 1824~1904)의

     법의관이 도끼에 맞아 죽을 뻔했디

왼쪽: 〈목욕하는 사람들〉, 제롬.
오른쪽: 〈헤라클레스와 옴팔레〉, 바르톨로메우스 슈프랑거, 1600. 미술사박물관, 빈.

〈목욕하는 사람들〉을 보면 확인할 수 있어요. 궁둥이를 가리키는 의학 용어도 있지요. 둔부하수증이라고 하는 거요. 말 그대로 볼기가 아래로 처지는 증상인데, 아기를 낳고 나이가 들면 둔부하수가 되는 것이 자연스러운 겁니다. 그러나 젊을 때부터 그렇게 되면 성기의 대음순과 소음순, 그리고 음핵의 발육에도 영향을 미쳐요. 그러니까 엉덩이가 처져서 궁둥이가 되지 않도록 운동을 해야 하는 거디.”

발 문제는 좀 더 심각하다. 여자들이 즐겨 신는 하이힐 때문이다.

“서양 사람들이 중국에 와서 전족한 여자들을 보고는 잔인하다고 비난했디 않아요? 그런데 서양여자들이 사용했던 코르셋이나 좀 더 나중 일이긴 하지만, 하이힐도 전족만큼 심각한 거요. 코르셋을 입다가 갈비뼈가 부러진 여자도 있었고, 하이힐은 오늘날까지 여성의 발 건강만이

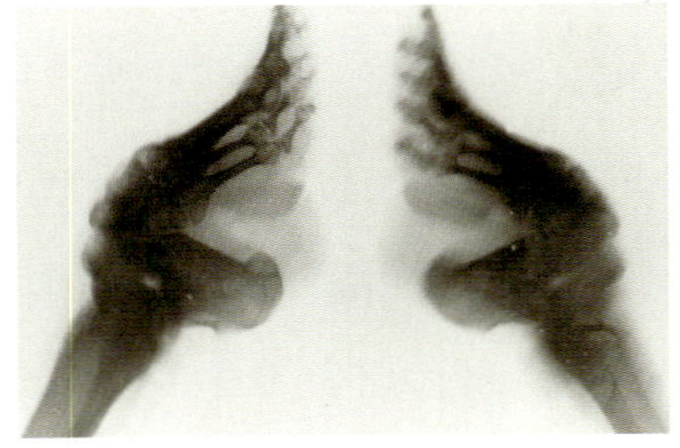

하이힐과 전족. 전족한 여성의 발을 찍은 엑스레이 사진. public domain.

아니라 몸의 건강까지 해치는 큰 요인이 되고 있디요. 더구나 옛날 전족은 강제성이 있었지만, 지금은 자발적으로 하고 있잖아요. 하이힐을 신으면 발, 특히 엄지발가락에 가해지는 고통도 심하고 발의 형태도 변형됩니다. 오랫동안 신게 되면 아킬레스건이 짧아져서 자기 앞에 떨어진 물건을 주울 수도 없게 되고, 두통이나 요통의 원인이 되기도 해요. 그리고 하이힐을 신고 우아하게 걸으려면 따로 걷는 연습도 해야 하디요."

이미지 자료를 찾아 비교해보니, 전족한 여자들이 신는 신발과 하이힐이 비슷한 형태를 띄고 있다. 그리고 전족한 여자의 발과 굽이 아주 높은 하이힐을 신은 여자의 발을 찍은 엑스레이 사진도 비교해보았다. 역시 비슷한 변형의 형태를 보이고 있었다. 물론 전족이 비교가 안될 만큼 기형인 것은 사실이다. 그러나 하이힐 역시 "여성에게 고통을 안겨주는 구조로 되어 있다. 하이힐을 오래 신으면 발 관절이 항상 꺾인 상태로 있게 되고 아킬레스건이 짧아지는 모양이 된다. 짧아진 아킬레스건은 걸을 때 발의 보폭을 줄이게 하므로 다리의 피로를 누적시킨다. 또한 발가락 쪽으로 힘이 쏠려 장기간 신을 경우 발의 변형, 티눈, 굳은살, 무지외반증 등을 초래할 수 있다."(《내발 사용설명서》, 이수찬 외 지음, 한국경제신문사, 2009년, 169쪽) 그 결과도 전족과 닮은 데가 있다.

"내가 어드멘가 썼디만, 전족은 그 자체로 성기의 일부처럼 인식되고 또 그렇게 쓰이기도 했어요. 좀 더 심하게 성적인 즐거움을 위한 것이긴 했디요."

"그런데 전족한 여성들의 발을 보면, 저 발로 걸을 수 있었겠나 싶어요."

"지팡이를 짚거나 다른 사람의 도움을 받아야 균형을 잡고 걸을 수 있었디. 그래봐야 총총거리며 걷는 게 고작이었을 거요. 그래도 그 걸음걸이가 미풍에 산들거리는 버들가지처럼 연약해 보인다 해서 '유보柳步'라 했디요."

성적인 즐거움을 위해 여자들의 발을 망가뜨려 놓고, 그 발걸음을 바람에 흔들리는 버들가지 같은 걸음이라며 찬양했다는 것이다.

"이야기가 좀 옆으로 빠지긴 하지만, 이슬람 쪽의 하렘이나 로마 시대의 문화를 생각해보면 오십보백보지. 그림 하나만 봅시다."

문국진은 제롬이 그린 〈노예 경매〉라는 그림을 보여주면서 말했다.

"이게 로마의 노예경매 시장의 모습이요. 여자노예가 남자노예보다 비쌌디요. 이유는 두 가지였디요. 하나는 여자가 생식능력이 있으니 아이를 낳아줄 텐데, 그 아이 역시 재산이 되는 노예가 되니 재산 증식용인 셈이고, 다른 하나는 성적인 이유 때문이었디요. 이 그림을 보면 경매되고 있는 여자는 젊고 건강한 여성이지만, 그림 왼쪽 구석을 보면 어린애들이 알몸으로 차례를 기다리고 서 있어요. 생각해보면 끔찍한 상

〈노예 경매〉, 제롬, 1884. 에르미타주미술관, 상트페테르부르크.

황 아니요?"

이런 그림은 은유적으로 받아들일 수 있다. 오늘날에도 노예와 같은 삶을 사는 사람과 인간다운 삶을 사는 사람이 있다. 그것은 남자에게도 마찬가지다. 이런 인식이 조각가나 화가 개인만의 것은 아닐 것이다.

여성의 가치가 엉덩이나 유방, 허리에 있다는 인식은 여성 인권에 나쁜 영향을 미치는 것은 두말 할 것 없이 확실하다.

함께 월경하게 만드는 기숙사 효과

"강군, 이야기를 다시 돌려서 말이요. 이런 엉덩이나 발처럼 후각의 처지도 그래요. 시각이나 촉각, 미각은 우리가 잘 알고 있고, 많이들 이야기하고 다뤄지지 않아요? 그런데 후각은 그렇지가 않아요. 우선 과학적인 실험을 할 수가 없으니, 일단 '과학'에서 다뤄지지가 않아요. 냄새는 빛이나 촉각, 미각처럼 계량화도 하기 어렵거든. 그런데 우리는 후각 덕분에 태어날 수 있었고, 후각 덕분에 어머니의 젖을 찾아 먹을 수 있는 거요. 또 사실은 후각 덕분에 미각이 살아나는 거요. 그리고 남녀 사

법의관이 도끼에 맞아 죽을 뻔했디

이의 관계에서도 후각은 무척이나 중요합니다. 이미 후각으로 자기 배필을 찾는 프로그램도 개발되어 있지요."

"우리의 생명이 후각의 힘으로 순환된다는 말씀이시군요."

"거의 그런 셈이요. 자, 봅시다. 맨 먼저 정자는 꽃향기를 쫓아갑니다. 그게 실험을 통해 증명되었어요. 독일 루르대학의 한 연구팀이 실험해보았더니 정자가 다른 향기에는 별다른 반응을 보이지 않았는데, 꽃향기에는 강하게 반응하더라는 거요. 꽃향기가 나는 쪽으로 맹렬하게 헤엄쳐 가더라는 거디. 이 실험 결과를 보면 정자가 난자를 찾아갈 수 있도록 해주는 길라잡이가 냄새라고 짐작할 수 있는 거요. 그런데 그리스 신화를 보면 마치 이런 사실을 설명해주는 듯한 내용이 있어요. 바로 비너스의 탄생에 대한 이야기요.

호메로스는 비너스를 제우스의 딸이라고 했지만, 헤시오도스(Hesiodos, 기원전 8~7세기)는 바다에서 태어났다고 설명합니다. 크로노스가 자기 아버지인 우라노스의 성기를 낫으로 잘라 쫓아내고는 그 성기를 바다에 던져버리지 않아요. 그런데 그 성기가 바다에 거품을 일으키고, 그 거품에서 비너스가 탄생했다는 거요. 비너스의 그리스 이름은 아프로디테Aphrodite요. 이 아프로디테의 아프로aphro가 바로 거품이라는 뜻이거든. 그렇게 보면 헤시오도스의 이야기가 더 그럴듯하디 않아요? 성기가 바다에 던져졌고, 그곳에서 생긴 거품이 새로운 신을 만들었다는 게 인간의 생식 과정처럼 느껴지지 않아요? 이런 신화를 아주 멋들어지게 그려낸 그림을 꼽는다면, 먼저 카바넬(Alexandre Cabanel, 1823~1889)이 그린 〈비너스의 탄생〉을 들 수 있어요. 그림을 보면, 춤을 추고 소라 고동을 불며 축하해주는 푸토putto들 아래에 비너스가 정액

〈비너스의 탄생〉, 알렉상드르, 카바넬, 1863. 오르세미술관, 파리.

의 거품에서 태어나고 있디요."

'푸토'를 굳이 한국말로 옮기면 '유아, 아기'쯤 된다. 그림에는 대개 아기 천사의 모습으로 등장한다. 미술사에서는 대략 1400년대, 보티첼리의 그림에서부터 시작된다고 설명하고 있다.

"이렇게 태어난 아기는 냄새로 엄마 젖을 찾아서 빨아 먹어요. 잘 알려진 사실이지만, 아기는 엄마 젖 냄새를 맡으면 그쪽으로 고개를 돌리다. 태어나고 4~6일만 지나면 자기 엄마 냄새를 알게 된다는 거요. 그런 실험 결과도 있어요. 생후 4일 된 아기에게 자기 어머니의 젖을 묻힌 스펀지와 다른 어머니의 젖을 묻힌 스펀지를 아기 가까이 가져가 보았더니, 자기 어머니의 젖이 묻은 스펀지로 고개를 돌리는 아기가 열에 여섯이었다는 거요. 그런 정도가 한 달쯤 지나면, 자기 어머니의 젖 냄새를 완전히 구분한다는 거요. 이렇게 아기 때는 냄새에 예민 하

   법의관이 도끼에 맞아 죽을 뻔했디

디요. 그리고 엄마는 아기를 낳고 10분만 안고 있어도 자기 아기의 냄새를 구별할 수 있다고 합니다. 이렇게 생명과 관련된 후각 기능은 정말 대단한 거요."

아, 어느 책에선가 엄마는 자기 아기의 냄새와 다른 아기의 냄새를 구별할 뿐만 아니라, 자기 아이 냄새는 좋아하지만 다른 아기의 냄새는 역겨워한다는 설명을 읽은 적이 있다. 이때 역겹다는 것은 선택적인 것이 아니다. 마치 임신한 뒤 입덧을 하듯, 생리적으로 그냥 그렇다는 것이다. 문국진은 계속해서 말을 이어갔다.

"그런데 이런 어머니와 아기가 냄새로 교감한다는 내용을 담은 그림이 있어요. 바로 클림트의 그림인데, 클림트라는 화가는 냄새에 대해 아주 잘 이해하고 있었던 것 같소. 물론 화가 자신은 몰랐을지 모르디요. 이 그림을 보라우요."

문국진이 보여준 그림은 구스타프 클림트의 〈여자의 세 시기〉 그리고 〈아기〉, 〈처녀〉였다. 먼저 〈여자의 세 시기〉에서 아기를 안고 있는 여자의 모습을 가리키며 이렇게 설명했다.

"어머니의 머리 주변을 감싸고 있는 작고 동그란, 흰 꽃무늬를 보라우요. 이 무늬의 가운데 점은 인체의 표면을 덮고 있는 세포의 핵核처럼 보이디 않아요? 그리고 이 무늬가 밑으로 흘러내려 아기의 머리를 감돌아 코앞에 도달해 있어요. 마치 아기가 어머니의 냄새를 맡으며 편안하게 잠이 든 것처럼 보입니다.

그리고 이 〈아기〉라는 그림은 말이요. 한 아기가 지나치게 큰 이불을 덮고 있는데, 이 이불의 전체 모습은 마치 사람 코의 형태처럼 보입니다. 가운데의 커다란 황색, 담갈색, 흰색이 어설픈 태극무늬처럼 만난 것이

왼쪽: 〈여자의 세 시기〉의 부분, 구스타프 클림트,
1905. 국립현대미술관, 로마.
오른쪽: 〈아기〉, 구스타프 클림트, 1917~18. 개인소장.

콧구멍 가운데 있는 칸막이에 해당되는 비중격鼻中隔이고, 이 비중격을
중심으로 두 개의 콧구멍이 있어요. 왼쪽 황색이 아기의 것이고, 흰색은
어머니의 콧구멍이라고 볼 수도 있을 거요. 그렇게 보면, 그 양쪽에 콧
방울과 같은 형태를 찾을 수 있어요. 여기에서도 왼쪽의 작은 것은 아기
의 것이고, 오른쪽 큰 것은 어머니의 것이라고 볼 수 있디요. 그리고 그
콧방울 안에는 냄새를 맡는 냄새세포가 들어 있디. 그런데 아기의 냄새
세포들은 청색을 띠고 단층을 이루고 있어요. 그리고 그 안에는 감색의
세포핵이 뚜렷합니다. 이런 표현을 보면, 클림트가 아기의 후각 기능이
어머니의 기능보다 더 예민하고 뚜렷하다는 걸 마치 알고 그린 것 같다
는 느낌이 들어요.

　마지막으로 이 〈처녀들〉이라는 작품에서는 페로몬을 느낄 수 있습니다."

　　　　　　　　　　　　법의관이 도끼에 맞아 죽을 뻔했디

〈처녀〉, 구스타프 클림트, 1913, 나로드니미 술관, 프라하.

"페로몬이라면 이성을 유혹하는 냄새를 풍긴다는 동물의 분비물 아닌가요?"

"페로몬이라는 말은 '운반하다'는 뜻을 가진 그리스어 'pherein'과 '자극하다'는 뜻을 가진 'hormone'의 합성어요. 그러니까 어떤 자극 물질을 운반하는 냄새쯤으로 이해할 수 있겠디요. 이 페로몬은 이성을 유혹하는 데에만 쓰이는 건 아니요. 중요한 의사소통을 할 때 다양하게 쓰입니다. 세력권을 표시한다거나, 길을 알려준다거나, 위험경보를 울린다거나 할 때도 쓰이디요. 그런데 이 페로몬의 발견으로 화학 커뮤니케이션이 동물의 세계에서 얼마나 중요한 역할을 하는지 알게 된 거요.

인간의 경우 페로몬의 영향이 절대적인 것은 아닐지 모르지만, 상당히 영향을 미친다는 건 사실이요. 이런 실험 결과가 있어요. 한 여자의 겨드랑이에서 채취한 땀을 다른 여성에게 냄새를 맡게 한 거요. 그랬더니 난포기에 채취한 땀 냄새를 맡게 하면 월경주기가 단축되고, 배란기에 채취한 땀 냄새를 맡게 하면 월경주기가 지연되더라는 거요. 그러니까 여자들 여럿이 함께 지내게 되면 이런 영향을 서로 주고받게 되고, 그런 과정에서 월경 주기가 같아져요. 이것을 '기숙사 효과dormitory effect'라고 합니다. 물론 이런 현상은 수녀원이나 여승들만 사는 암자에서도 비슷하게 나타난다고 하더요."

이 기숙사 효과는 '매클린톡 효과'라는 다른 이름도 갖고 있다. 이런 현상을 처음으로 발견한 심리학자 마사 매클린톡Martha McClintock의 이름을 딴 것이다.

"그러니까 인간의 경우도 겨드랑이가 여타 동물의 냄새분비샘이 하는 역할과 비슷한 기능을 한다는 거요."

"향수 중에 페로몬이 함유된 것들이 있는데요. 그것도 그런 효과가 있나요?"

"아마 효과가 없을 거요. 그 향수에 페로몬이 섞여 있다고 해도, 그건 사람의 것이 아닐 테니까 말이요."

향수에 관한 재미있는 글을 하나 인용해보자.

멋쟁이 여성들은 28그램에 300달러인 향수 '페로몬'을 뿌린다. 너무 비싼지도 모르겠지만, 그러나 최음제에 얼마의 가격을 매기겠는가? 동물들이 발산하는 성적 유인물질의 성분을 참고해서 만든 이 향수는 여성이 도발적인 냄새를 풍기도록 해주고 건장한 남자들을 욕망의 노예, 사랑의 좀비로 바꿔놓는다고 한다. 이상한 것은 이 향수를 제조한 쪽에서 그 속에 든 페로몬이 어느 동물의 것인지를 명확하게 밝히지 않는다는 점이다. 아직 인간 페로몬을 밝혀내지 못했지만, 수퇘지의 페로몬은 규명해냈다. 젊은 여성들이 수퇘지의 페로몬을 뿌리고 거리를 활

    법의관이 도끼에 맞아 죽을 뻔했디

보하는 모습은, 아무리 맨해튼이라 해도, 이상하게 보인다. 장난스러운 생각이 떠오른다. 파크 가에 한 무리의 암퇘지를 풀어놓자. 그리고 페로몬 향수를 뿌린 여성들과 잘 섞어놓아보자. 119가 급히 출동해야 할 것이다.

—《감각의 박물학》, 다이앤 애커먼 지음, 백영미 옮김, 작가정신, 2004년, 51쪽

"이제 클림트의 〈처녀〉를 보라우요. 이 그림에는 일곱 명의 처녀가 있어요. 그런데 가운데 있는 여자의 자세를 보시요. 마치 페로몬을 내뿜는 것 같은 자세를 하고 있디 않아요? 이 그림은 제목을 '기숙사 효과'라고 바꿔도 좋겠다 싶을 정도요. 이렇게 지낸다면 이 일곱 처녀들에게는 기숙사 효과가 강력하게 나타날 거요."

"후각과 관련된 내용을 이처럼 미술 작품에서 찾아내시는 거군요."

"그렇지, 이런 내용이 내가 최근에 연구하고 있는 분야요."

"선생님 책을 보면 엄청나게 많은 자료를 섭렵하셨다는 것을 알 수 있는데요. 조사를 좀 해보니, 이 분야의 연구는 아직 충분히 이루어지지 않은 것 같던데요. 페로몬 발견이 1959년이고, 기숙사 효과에 대한 이야기가 처음 나온 것이 1971년이더라고요."

"그렇긴 하디요. 그렇지만 이와 관련된 학문적 연구는 빠르게 진행되고 있어요. 그리고 이런 과학적인 내용을 예술 작품에서 확인하고 찾아볼 수 있는 사례는 아주 많습니다. 아마 내가 죽을 때까지 써도 다하지 못할 정도로 많을 거요."

"그런 것들 가운데 하나만 더 소개해주시면요?"

"우선 후각은 애정을 감지해내는 안테나 역할을 합니다. 그런 것 가운

〈안토니우스와 클레오파트라〉, 로렌스 알
마-타데마, 1885. 개인 소장.

데 클레오파트라의 장미꽃 향기와 조세핀의 제비꽃 향기를 들 수 있다
요. 클레오파트라는 안토니우스를 맞이할 때, 늘 장미꽃잎을 융단처럼
바닥에 깔았다고 하지 않아요. 아마 남자와의 관계에서 향기를 가장 잘
이용한 인물일 거요. 이 그림을 보라우요. 그림 제목은 〈안토니우스와
클레오파트라〉요. 안토니우스가 클레오파트라의 배에 오르고 있는 장
면인데, 배 위쪽을 보면 장미가 주렁주렁 매달려 있잖아요?”

　아마도 클레오파트라는 로마에서 온 손님에 대해 잘 알고 있었을 것
이다. 다음 글은 로마인들이 얼마나 장마를 좋아했는지 잘 보여준다.

　고대 로마인치고 장미에 빠지지 않은 사람은 드물었다. 공식적인 의식
과 연회석상에는 장미가 넘쳐났다. 황제의 분수에서는 장미수가 샘솟고
공중목욕탕에도 장미수가 흘렀다. 원형 경기장에서, 차양 아래 앉은 사
람들은 장미 향수를 흠뻑 뿌리고 있었다. 장미 꽃잎은 베갯속으로 사용
되었고, 사람들은 머리에 장미 화관을 쓰고 장미 푸딩을 먹었다. 약, 사
랑의 미약, 최음제에는 빠짐없이 장미가 들어 있었다. 로마의 공식적인
축제인 바커스제에는 언제나 장미가 넘쳐났다. 로마인들은 꽃에 대한

　　　　　　　　　　　　법의관이 도끼에 맞아 죽을 뻔했디

<헬리오가발루스 황제의 장미>, 로렌스 알마-타데마, 1888. 개인 소장. 헬리오가발루스는 218~222년까지의 로마 황제다. 그는 천장에서 장미꽃잎을 뿌려서 순진한 손님들을 질식하게 만들기도 했다. 로마의 황제들이 얼마나 장미꽃 향기에 파묻혀 지냈는지를 잘 보여주는 그림이다.

열정을 공식화하기 위해 로사리아라는 휴일을 만들어냈다. 네로는 모든 접시 아래 은제 파이프를 놓아두어 손님들이 식사 중에 향기에 젖을 수 있도록 한 적도 있었다. 로마인들은 천장에 천국의 하늘을 그려 넣었는데, 사람들은 그 하늘이 활짝 열려 꽃과 향수를 비처럼 내려줄 거라 믿었다. 네로는 장미에 요즘 돈으로 16만 달러나 쓴 적도 있는데, 비처럼 내리는 장미 꽃잎에 질식해 죽은 손님도 있었다.

— 《감각의 박물학》, 63~64쪽

물론 클레오파트라 자신이 향기의 숭배자이기도 했다. 옥좌 주변에는 늘 향로가 타고 있었고 여왕은 머리끝에서부터 발끝까지 향기를 풍겼다. 발에는 아몬드 오일과 벌꿀, 계피, 오렌지꽃, 헤나 로션을 발랐고 양손에는 장미와 크로커스, 제비꽃 오일을 함유한 향료를 발랐다고 한다. 제비꽃도 아주 오래된 옛날부터 쓰였던 향수의 재료였던 모양이다.

문국진 박사의 이야기가 이어진다.

"그리고 나폴레옹의 부인이었던 조세핀의 제비꽃 향기 말이요. 제비꽃 향은 처음 맡으면 강하게 느껴져요. 그런데 곧 냄새가 사라져요. 그

것은 제비꽃에 이오논ionone이라는 물질이 들어 있어서 그렇디요. 이 물
질은 후각을 마비시키거든. 그러니까 꽃향기는 계속되지만, 인간은 그
것이 나타났다가 사라지고, 다시 나타난다고 느끼게 되는 거요. 신비로
운 꽃향기 가운데 하나요. 나폴레옹은 조세핀의 이 제비꽃 향기를 너무
나 사랑했어요. 이 그림을 보라우요. 자세히 들여다보면 망토에 수놓은
게 모두 제비꽃 무늬라는 걸 알 수 있어요. 그리고 그림의 배경 여기저기
에 제비꽃 무늬가 있지 않아요. 그만큼 나폴레옹과 조세핀이 제비꽃을
사랑했다는 걸 알 수 있는 거디요."

문국진 박사가 보여준 것은 자크 다비드Jacques-Louis David의 유명한 그
림인 〈나폴레옹의 대관식〉이었다. 조세핀의 망토와 조세핀 옆에 놓인
검은 쿠션처럼 보이는 것에서, 그리고 왼쪽의 큰 벽면, 오른쪽에 호위병
으로 보이는 이가 걸친 검은 외투에서 제비꽃 무늬가 보인다. 나폴레옹
은 조세핀이 죽자 그녀의 무덤가에 제비꽃을 심었다. 그리고 세인트헬
레나로 유배를 떠나기 전에 조세핀의 무덤가에 핀 제비꽃을 꺾어 로켓
locket에 넣었고 그것을 죽을 때까지 걸고 다녔다. 그런데 조세핀은 왜 제
비꽃 향기를 자신의 트레이드 마크처럼 사용했을까.

"제비꽃 향기는 나타났다 사라지고, 다시 나타났다 사라지면서 우리
의 후각과 숨바꼭질을 하는 것 같디요. 그래서 질리질 않아요. 조세핀
은 그 당시 사교계를 주름잡던 풍만한 여자였고, 바람기도 좀 있었디요.
그러니 그런 제비꽃 향기의 매력을 잘 알고 있었을 거요."

실제로 영국 빅토리아 시대의 여인들은 술을 마실 때 제비꽃 향을 섞
은 구중향정(口中香錠, cachou, 입 냄새를 좋게 해주는 알약)을 써서 숨결
을 달콤하게 만들기도 했다.

    법의관이 도끼에 맞아 죽을 뻔했디

〈나폴레옹의 대관식〉, 자크 루이 다비드, 1805~1808. 루브르박물관, 파리.

"그리고 구라파에서는 냄새로 궁합을 맞춰보는 프로그램도 이미 만들어져 있어요."

"그렇군요."

어떤 연구자들은 키스할 때 느끼는 기쁨은 주로 향기가 풍부한 상대방의 얼굴 냄새를 맡고 애무하는 기쁨이라고 주장하는 학자도 있다. 서부 아프리카의 감비아 강 유역에 사는 부족이나 버마, 시베리아, 인도의 어떤 부족들에겐 '키스'가 '냄새'라는 말과 똑같은 의미로 쓰이기도 한다. 사실 키스는 연인이나 친척 혹은 친구의 냄새를 오랫동안 맡는 행위인 것이다(《감각의 박물학》, 43쪽 참조). 그런데 냄새로 궁합을 볼 수 있다면 사람마다 모두 체취가 다르다는 말이다.

"그런 정도라면 선생님, 체취로 개인식별이 가능할 수도 있겠군요."

후각에 대한 이야기를 나누는 동안 법의학자가 왜 이렇게까지 깊이 냄새에 파고드는지 궁금했는데, 냄새로 궁합을 볼 수도 있다는 말을 들으니 '개인식별'이 퍼뜩 떠올랐다.

"그래요. 그게 마치 지문처럼 쓸 수 있을 정도로 사람마다 다릅니다. 그러니 앞으로는 사람의 개인식별도 냄새를 통해 할 수 있을 거요."

그러고 보니 〈CSI 라스베이거스〉 시즌 2 에피소드 4에 냄새를 감별하는 기계가 등장했던 것이 떠올랐다. 살인 현장에서 향수 냄새를 맡은 CSI 요원(워릭)이 새로 나온 기계를 시험적으로 사용하는 장면이 나온다. 기계를 통해서 향수의 이름을 알아내려고 했던 것이다. 길 그리섬 반장은 가격을 물어보더니 엄청나게 비싸다는 것을 알고는 그냥 그동안 하던 대로 하라고 핀잔을 준다. 그러나 결국 그 기계 덕분에 향수 이름을 알아내게 되고 범인을 잡게 된다. 사실 "육식을 하는 사람과 채식을 하는 사람은 냄새가 다르다. 어린이는 어른과 냄새가 다르고, 흡연자들은 비흡연자와 냄새가 다르다. 사람들은 유전인자, 건강 상태, 직업, 식습관, 약 복용, 감정 상태에 따라 다른 냄새를 풍긴다."(《감각의 박물학》, 43쪽)

"〈CSI 라스베이거스〉를 보면, 살인 현장에서 채취한 냄새를 보관하고 있다가 수색견이 범인을 찾아낼 수 있도록 하는 에피소드가 나옵니다."

"나는 그 드라마를 보지는 않지만, 그런 것이 현실적으로 충분히 가능할 거요."

후각과 예술 감각에 대한 연구, 여기가 여든일곱의 문국진 박사가 머물고 있는 지금의 자리다. 그는 아직도 새벽 3시에 잠에서 깨어 책을 읽고, 명상에 잠기고 메모를 하고 글을 쓴다. 그는 스스로 죽음이 얼마 남지 않았다고 하지만, 내가 보기에는 그렇지 않다. 우리는 아마도 적어도 몇 권의 이야기를 그에게서 더 듣게 될 것이다.

'미수'를 전부 다룰 수는 없었다

이번 인터뷰집에서는 프롤로그와 에필로그를 쓰기가 무척 힘들었다. 마무리 글을 쓰기 위해 머리를 싸매고 고민하던 어느 날, 문국진 박사를 만났다. 인터뷰는 아니었다. 저녁을 먹고 술을 한잔 하는 그런 편안한 자리였다. 이런저런 이야기를 나누다가 나이 이야기가 나왔다.

"강군, 미수米壽가 뭔지 알아요?"

"아뇨, 잘 모르겠습니다."

"미수란 일본식으로 여든여덟을 가리키는 말이요. 그런데 왜 미수인지 알겠어요?"

지난해에는 이어령 선생의 희수喜壽였다. 그래서 들은 적이 있다. 희수는 일흔일곱을 말한다. '기쁠 희' 자를 쓰는 데는 두 가지 의미가 있다. 하나는 장수를 축하하는 의미, 그리고 한자 희喜를 초서로 쓰면 칠십칠을 세로로 쓴 것처럼 보인다. 미수도 그와 비슷한 의미일까?

"'미' 자의 훈이 뭔가요?"

"'쌀 미' 자요."

'쌀 미※' 자를 가만히 떠올려보았다. 파자를 해보니 팔십팔[※ = 八十八]이다. 지난해 있었던 이어령 선생의 희수 잔치가 생각났다.

"아, 선생님께서 내년에 여든여덟이 되시는군요. 그러면 미수 잔치를 하셔야겠네요."

"그래서 얼마 전에 제자들이 찾아왔어요. 그런데 그 희수나 미수라는 것이 일본식 용어요. 일제강점기에 들어와서 아직도 그대로 쓰이고 있는 거디. 그래서 나는 미수 잔치는 안 한다고 했어. 그 대신 내 인생의 마지막 책을 내겠다고 했디. 강군도 알겠지만 내년에 한 권을 더 내면, 그게 내가 쓴 쉰 번째 책이 되는 거요. 그리고 내가 살면 얼마나 더 살겠어? 길어야 한 5년이디."

문국진 박사에게 어떻게 원고를 쓰는지, 그 방법을 물었던 적이 있다. 이어령 선생도 나이 때문에 '이제는' 모니터를 오랫동안 들여다보기 힘들다는 말을 한 적이 있다. 문국진 박사는 이어령 선생보다 나이가 열 살이 더 많다. 당연히 쉽지 않을 것이다.

"눈이 아파서 모니터를 오래 들여다볼 수가 없어요. 그래서 처음에는 모니터를 보지 않고 타자만 해요. 그렇게 다 쓰고 나서 글을 정리할 때만 모니터를 보디요. 그것도 한꺼번에는 다 못하고, 쉬어가면서 해야 합니다."

이 책의 에필로그를 쓰는 일이 어려운 이유를 알 듯하다. 49권의 저서를 쓴 여든일곱의 노학자인 문국진 박사가 아닌가. 일제강점기에 태어나서 한국전쟁 때 월남했고, 자유당 독재정권에서부터 여러 군사정권을 살았다. 그는 살아 있는 현대사, 그 자체다. 그 여든일곱 해의 긴 세월을 생각하면, 내가 만난 몇 개월은 너무나 짧은 시간이다. 49권의 저서에 담긴 웅숭깊고 넓은 세계를 이 한 권의 인터뷰집에 담아 보겠다는 욕심 자체가 불가능한 일이다.

고금무원록

써야 할 말이 아직도 너무나 많이 남아 있다는 생각 때문에 에필로그를 쓸 수 없었는지도 모른다. 꼭 하고 싶었지만, 다루지 못한 이야기들은 아직도 많다. 그런 것들 가운데 하나가 문국진이 쓴 《고금古今무원록無冤錄》에 대한 이야기다. 이 책은 《무원록》을 번역해서 현대의 법의학 내용과 함께 정리한 것이다. 그래서 고금(옛날과 지금) 무원록이라고 이름을 붙였다.

무원록이란 살인 사건과 관련해서 백성들의 원한을 없애기 위한 책이라는 뜻이다. 이 무원록의 유래는 대략 13세기 송나라 시대로 거슬러 올라간다. 1235년에 송자宋慈가 쓴 《세원록洗冤錄》이 그 기원이다. 독자들 가운데 법의학에 관심이 많은 사람들은 중국의 법의학 드라마인 〈대송제형관大宋提刑官〉을 기억할 것이다. 이 드라마에는 《세원록》의 저자인 송자와 역시 판관(제형관)이었던 송자의 아버지가 등장한다. 이 드라마에 따르면, 송자는 판관인 아버지에게 배운 지식과 자신의 경험을 정리해서 《세원록》을 썼다고 한다.

혹시 '세계 최초의 법의학 책'이 중국 송나라에서 나왔다는 점을 이상하게 여기는 분이 있을지도 모르겠다. 그런 생각이 든다면, 중국의 4대

발명품을 떠올려보라. 중국은 종이, 인쇄술, 나침판, 화약을 발명한 나라다. 그래도 미심쩍다면 조지프 니덤의 유명한 저작인 《중국의 과학과 문명》을 로버트 템플이 많은 도판과 함께 다시 정리해서 쓴 책 《그림으로 보는 중국의 과학과 문명》을 보면 좀 더 잘 이해할 수 있을 것이다.

대부분의 사람들은 체내의 혈액순환을 발견한 것은 윌리엄 하비 William Harvey였으며 그가 1628년에 자신의 발견을 공표함으로서 최초로 세상의 이목을 끌게 되었다고 믿고 있다. 그러나 하비는 유럽인 가운데서도 그것을 최초로 발견한 사람이 아니었으며 중국인은 이미 이것을 2천 년 전에 발견했다.

유럽에는 하비의 선구자로서 미카엘 세르베투스(1546), 레알도 콜롬보 (1559), 안드레아 체잘피노(1571), 조르다노 브루노(1590)가 있었다. 이들은 다마스쿠스의 아라비아인인 알-나피스(1288년 사망)의 저서를 통해 혈액의 순환을 알게 되었으며, 알-나피스는 중국으로부터 그 지식을 얻은 듯하다. 알-나피스의 라틴어 번역서는 한때 분실되었으나 1956년에 어느 학자에 의해서 재발견되었으며, 유럽인의 지식의 원천이 중국임을 증명한 바 있다.

다수의 문헌에 남아 있는 명백한 증거로 보아 우리는 중국에서 혈액순환의 원리가 늦어도 기원전 2세기에는 이미 확립되었다는 것을 알 수 있다. 그러나 이 시대에 이 원리가 완전하고 복잡한 학설로서 《황제내경黃帝內經》에 기록된 사실로 볼 때 최초의 아이디어는 그보다 훨씬 이전에 이루어졌을 것이다. 안전하게 말하더라도, 이 학설이 중국에 나타난 것은 서양보다 약 2천 년 정도 빨랐다.

 법의관이 도끼에 맞아 죽을 뻔했다

(중략)

《황제내경》에는 이렇게 기록되어 있다. '인체의 경로망의 작용은 혈액과 기의 정상적인 통과(순환)를 촉진하며, 그에 의해 인간이 음식물로부터 섭취하는 생명의 필수 요소가 음과 양의 내장을 보양하고, 근육과 체력과 뼈를 유지하며, 관절의 움직임을 좋게 한다.'

또한 이 책에는 이런 구절이 있다. '이른바 혈관계는 도랑과 옹벽으로 된 순환의 터널과 같은 것으로, 혈액이 그 통로로부터 일탈하거나 새어나가지 않도록 제어한다.' 항상 꼼꼼하게 물건의 길이나 무게를 재는 중국인은 신체도 조사하여 주검으로부터 꺼낸 혈관의 전체 길이를 측정하고 혈액이 한 번 순환하는 거리를 쟀다. 이 측정법에 의해서 추정된 거리는 50미터였다.

—《그림으로 보는 중국의 과학과 문명》, 로버트 템플 지음, 과학세대 옮김, 까치, 2009년, 136~138쪽

혈액만이 아니다. 오늘날 서양의 현대의학에서 이뤄지는 의술들이 중국 고대에 그대로 있었다. 예를 들면 내분비학도 기원전 2세기에 활용했다는 기록이 있다. 그러니 서양인들 역시 세계 최초의 법의학 책으로 주저없이 《세원록》을 꼽는 것도 무리는 아니다.

〈CSI 라스베이거스〉를 보면 이런 대사가 나온다.

길 그리섬: 최근 지구 반대편에서 살인 사건이 일어났지. 마을 사람들은 모두 범행을 부인했어. 그런데 피해자의 목은 낫*으로 잘려져 있었어.

---

* 드라마에서는 삽shovel이라고 하지만 낫이라고 나오는 자료가 많다. 삽보다는 낫sickle이 더 적절한 것 같다.

그래서 한 남자가, 그러니까 자네가 말하는 '과학 얼간이' 하나가 마을 사람들 모두에게 자기 낫을 가지고 마을 광장에 나오라고 해서는 날이 위로 가게 들고 있으라고 했지. 그리고 기다렸어. 마침내 낫 가운데 하나에 파리가 몰려들기 시작했지. 파리들이 미세한 피와 살점 조각을 찾아준 거야.

세라 사이들: 파리가 최초의 목격자인 셈이죠.

길 그리섬: 범인은 잡혔고.

세라 사이들: 1235년 송자에 의해 법의학이 시작된 거죠. 그런데 800년 전의 이야기를 최근이라고 하시는 거예요?

길 그리섬: 천문학자들이 보기에는 최근이지. 그러나 그 뒤에 사람들은 법의학을 잊어버렸잖아. 그러고는 1600년대에 가서야 프란체스코 레디 때문에 기억을 되살리게 되었지.

— 〈CSI 라스베이거스〉 시즌 1, 에피소드 10.

물론 이 이야기는 순전히 자기네들을 기준으로 세상이 돌아가고 있다는 사고방식 때문에 좀 거북하게 들린다. 세계에서 가장 큰 나라 가운데 하나였고, 문명이 발달했던 중국에서는 송자 이후에도 법의학이 계속 발달했기 때문이다. 한국에서도 법의학은 계속 발달했다. 그리고 길 그리섬은 이탈리아의 의사였던 프란체스코 레디(Francesco Redi, 1626~1697)가 마치 서양의 최초 법의학자인 것처럼 말한다. 그러나 나는 어디에서도 레디가 서양의 최초 법의학자라거나, 그 비슷한 설명을 찾아볼 수 없었다. 어쩌면 길 그리섬은 자신이 법의곤충학자였기 때문에 레디의 파리와 구더기 연구에 높은 점수를 주었던 것인지도 모른다

　　　　　　　　　　　　법의관이 도끼에 맞아 죽을 뻔했디

(물론 길 그리섬이 아니라 대본을 쓴 사람이 그랬겠지만). 레디가 그런 연구를 했던 것은 사실이지만, 그것은 '과학수사'를 위한 연구도 아니었고, 그것이 과학수사에 사용되지도 않았다.

내가 찾아본 자료에서는 어디에서도 서양의 '최초' 법의학 서적이라거나, 법의학자가 누구였다는 것이 분명치 않았다. 앙브루아즈 파레(Ambroise Paré, 1510~1590)를 법의학의 시작으로 꼽는 사람도 있다. 파레는 근대 외과외학의 아버지라고도 불린다. 파레의 경우에는 전쟁터에서 외상으로 인해 죽어가는 사람들을 많이 보살폈고, 그런 종류의 사인死因을 연구했으며 그 내용을 책으로도 남겼다. 오늘날 살인 사건이 발생할 때 법의학은 부검을 기본으로 한다는 것을 생각하면 그럴듯해 보인다.

그러나 법의학이라는 것이 누구 한두 사람의 경험 또는 연구만으로 시작될 수 있는 것은 아니다. 오랫동안 많은 사례가 모이고 의학, 특히 병리학과 해부학의 발달을 기다려야 했을 것이다. 근대에 들어 해부학의 새로운 장을 연 《인체의 구조De humani corporis fabrica》를 안드레아스 베살리우스(Andreas Vesalius, 1514~1564)가 써서 1543년에 출간해 해부학에 혁명적인 변화를 일으켰지만, 병리해부학이 의학의 정규 영역에 포함된 것은 그로부터 300년이 지난 뒤였다. 게다가 개인식별을 확실하게 함으로써 고문을 전제로 한 '자백 만능'의 시대를 끝낼 준비가 시작된 것은 지금으로부터 겨우 100년 전쯤의 일이다. 19세기 말에 '지문이 같은 사람은 없다'는 사실이 널리 알려지기 시작했고, 법정에서 처음으로 지문을 통해 유죄를 인정받은 것은 1902년 영국에서였다. DNA 검사는 겨우 20년 전인 1989년에 처음으로 적용되었다.

다시 《무원록》 이야기로 돌아가보자. 《무원록》은 앞에서 설명한 《세원록》과 또 다른 송대의 법의학 책인 《평원록平寃錄》, 그리고 원나라 때의 다양한 판례 등을 참고하여 왕여(王與, 1261~1346)가 썼다. 이 《무원록》이 조선에 전해진 것이다. 그러나 《무원록》을 그대로 활용할 수는 없었던 것 같다. 용어가 너무 어려워 이해할 수 없었고, 한국의 사정이 중국과 달랐기 때문이다. 그래서 세종은 최치운(崔致雲, 1390~1440) 등에게 '음주音柱'를 달도록 했고, 최치운 등은 음주만이 아니라 다른 법의학서를 참고해서 보다 완벽한 주를 달고 신주본新註本 《무원록》을 완성했다.

그러나 《신주무원록》도 여전히 이해하기 어렵고, 조선 실정에 충분히 잘 맞지 않아 널리 활용되지 못했던 것 같다. 그래서 영조는 구택규(具宅奎, 1693~1754)에게 잘못된 곳을 바로잡고, 빠진 부분을 보충하라고 지시했다. 이 일은 정조 때 그의 아들 구윤명(具允明, 1711~1797)에 의해서 완성된다. 정조는 그 내용을 검토한 뒤 다시 서유린(徐有隣, 1738~1802)으로 하여금 한종호(韓宗祜, 1740~?) 등 당시의 법률 전문가들과 함께 내용을 좀 더 보완해서 한글로 번역하게 한다. 이렇게 만들어진 것이 《증수무원록언해增修無寃錄諺解》(1792년, 정조 16년)다. 그러니까 이 책에서는 한글과 한문이 혼용되어 쓰였다. 이런 사실은 참으로 놀랍다. 한글이 반포된 해를 1446년으로 보면 대략 350년 뒤의 일로서, 한글이 소통을 쉽게 만든다는 것을 알았다는 이야기다. 한문본인 《증수무원록대전》은 그보다 4년 뒤에 출간되었다.

이렇게 만들어진 《증수무원록언해》는 갑오경장 이후에까지 범죄수사를 위한 중요한 지침서로 쓰였다. 최근에 텔레비전에서 조선시대 CSI

 법의관이 도끼에 맞아 죽을 뻔했디

드라마 〈별순검〉이 인기리에 방영된 적이 있다. 이 드라마에 자주 등장하는 '법의학 교과서'가 바로 《증수무원록언해》다. 이 《무원록》을 처음으로 소개한 이가 바로 문국진이다. 그에게 이 책을 알게 된 경위에 대해 물었다.

"김만달(1916~1995) 박사를 통해 알게 되었디요. 그분은 일제말기에 일본 규슈대학에 법의학을 배우러 다녀오신 분이요. 그러고 경북대학교 의과대학 교수를 지냈어요. 법의학을 한국에 뿌리내리게 하고 싶었지만, 환경이 되질 않았으니 못 하셨디. 내가 법의학회를 처음 만들고 김만달 박사를 초청했더니, 제일 먼저 뛰어오셨더라고. 그리고 그 당시 돈으로 50만 원을 내주시면서, 내가 하고 싶었던 것을 네가 해주어서 얼마나 고마운지 모르겠다면서 내 손을 잡고 놓아주시질 않았디. 그리고 오실 때마다 10만 원이든 20만 원이든 내놓으셨디. 그때는 법의학이라는 게 아직 제대로 뿌리를 내리지 못하고 있을 때였으니 크게 도움이 되었어요."

'그 당시'라면 1976년이다. 당시 서울 종로의 하숙비가 15,000원 정도였다. 그것을 기준으로 대략 계산해보면, 1500만 원이 넘는 큰돈이다. 그처럼 법의학에 애정이 컸던 분이니 당연히 옛날 조선의 법의학 서적에도 관심이 많았을 것이다.

"그런데 김만달 박사가 《무원록》 이야기를 하는 거요. 진작 나를 만났더라면 그 책을 나에게 줬을 텐데, 하며 아쉬워하셨디. 이미 경북대학교 의과대학 도서관에 기증했다는 거요. 그런데 그 자리에 대구 파티마병원 원장인 문세광 박사가 함께 있었는데, 나중에 그가 《무원록》 사본을 구해줬어요. 고맙고 반가워서 금방 읽어보고 싶었디. 그런데 한문이 어려워서 금방 읽을 수가 없었지요. 그래서 천천히 조금씩 봐야겠다고 생각하고 덮어두었어.

그 뒤에 남미를 여행할 때였지. 화려한 잉카 문명은 참으로 매혹적이었어요. 그런데 그렇게 대단한 문명을 일궈낸 그들에게 문자가 없었다는 거요. 아니, 없는 것은 아니고 우리가 그 문자를 해독하지 못하고 있다고 봐야지요. 잉카 사람들은 수많은 매듭을 남겼어요. 학자들은 그것을 그들의 문자라고 보고 해독하려고 애쓰고 있다고 했어. 그때 번쩍 《무원록》 생각이 나는 거요. 이대로 내버려두고 시간이 좀 더 지나면 그 내용을 잃게 되는 것이 아닌가, 하는 걱정이 되었던 거요. 그래서 여행에서 돌아오는 대로 번역을 서둘렀지.

한자 해석은 민족문화추진회 서기종徐祺鍾 전문위원과 화교화가인 조윤근趙潤勤 선생의 도움을 받았어요. 그런데 번역을 하고 보니, 하도 오래된 것이라 현대에 적용할 만한 것은 거의 없었지요. 그렇지만 그 아이디어는 너무나 훌륭해서 오늘날의 법의학이 탄생하게 된 계기를 일목요연하게 알 수 있을 것 같았지. 그래서 현대 법의학과 연계시켜서 책을 쓰기로 했던 거요. 그렇게 준비해서 고려대학교 법의학교실 20주년에 맞춰서 책을 내었지.”

문국진이 이렇게 《고금무원록》을 낸 것이 1996년이다. 《무원록》에 대해서 알고 있는 사람이 거의 없었을 때였다. 그러고 한참 뒤인 2003년에 김호가 《신주무원록》을 번역해서 출간했고, 2004년에는 송철의와 이현희가 《역주 증수무원록언해》를 펴냈다. 김호는 1994년에 서울대학교 규장각에서 근무할 때 비로소 《무원록》의 존재를 알았다고 한다. 물론 문국진이 법의학자이기는 했지만, 아직 그런 종류의 고문서 존재가 알려지기도 전에 그 책을 번역하고 내용을 검토한 뒤 현대 법의학 지식과 함께 버무려 정리했던 것이다. 그는 이 책을 내면서 "과거 현재 미래에 바친다"고 했다. "과거는 법의학을 전공하다 고인이 되신 선현들의 넋을 위로하는데, 현재는 대한법의학회와 고려대학교 의과대학 법의학교실 창설 20주년을 기념하는데, 미래는 법의학을 공부하는 여러 후진들에게"라고 썼다.

Cl형 혈액형을 발견하다

책이 마무리될 즈음에 문국진 박사가 사진 몇 장을 보내왔다. 그 가운데 알렉산더 솔로몬 위너Alexander Solomon Wiener 박사와 함께 찍은 사진이 있었다. 위너 박사는 Rh형을 발견한 유명한 혈청학자다. 이 사진은 설명이 필요하다. 문국진 박사가 새로운 혈액형인 Cl형을 발견하고 위너 박사를 공동연구자로 하여 발표한 것은 1976년이었다. 잘 알려져 있지는 않지만, 혈액형을 감별하는 방법은 열두 가지나 된다. 그러나 체액을 통해서도 확인할 수 있는 것은 ABO식뿐이었다. 그런데 문국진 박사가 발견한 이 Cl 혈액형도 침이나 땀, 정액, 콧물, 눈물, 대소변을 통해서 감별할 수 있다. Cl형은 Cl+형과 Cl-형이 있다. Cl이란 한국 야산에서 흔하게 볼 수 있는 개똥나무(누리장나무)의 학명인 Clerodendrum trichotomum Thunb의 머리글자를 딴 것이다. 이 개똥나무의 씨앗에서 추출한 응집소를 사람의 피에 넣었을 때 응집되면 Cl+형, 응집이 되지 않으면 Cl-형이다.

Rh혈액형 발견자인 위너 교수와 공동연구로 새로운 혈액형인 CI혈액형을 증명한 문국진 박사. 뉴욕대학 의대 혈형학교실에서(1974년 7월).

알 만하니 죽는다

'철이 드니 죽는다'는 말이 있다. 인생이 그런가 보다. 이제 인생이라는 것을 좀 알 것 같은데 죽게 되는 것이다. 〈지금 알고 있는 것을 그때도 알았더라면〉이라는 시가 있다. 아마 우리는 죽을 때까지 같은 시를 외울 수밖에 없을 것이다. 나는 인터뷰집을 마무리할 때마다 이와 비슷한 느낌을 받는다. 끝내려고 할 때 늘 새롭게 깨닫는 것이 있다. 그럴 때마다 간이 철렁하고 내려앉는다. 그래서 원고를 다시 읽어보게 된다. 그러나 그래서 다시 깨닫는 것은 '이렇게라도' 끝내야 한다는 것이다. 그것이 무엇이든 다시는 시작되지 않는 '끝'이란 없기 때문이다. 새로운 깨달음은 다시 시작되는 내 글에 스며들 것이다. 이번 인터뷰집은 안타까움을 뒤로 하고 여기서 끝을 맺기로 한다.

이 글을 시작할 때가 떠오른다. 나는 맨 먼저 해보아야 할 것으로 시체를 만지는 일을 꼽았다. 문국진 박사는 2,500구나 되는 시신을 부검

오른쪽에 세워진 시체 앞에서 해부를 하고 있는 사람이 군터 폰 하겐스 박사다. 위 장면은 독일의 하이델 베르크에 있는 플라스티네이션 연구소Institute for Plastination에서 실시했던 다섯 번의 해부학 강의 가운데 첫 번째 것으로, 우리 몸에서 운동movement을 담당하는 근육 대부분을 발라내어 보여주면서 작동 방식을 설명해주는 장면이다.

해보았다지 않는가. 그러나 실제로 시체를 만져보는 것은 불가능했다. 그래서 동영상과 책을 구해서 보았다. 혹시 해부학에 관심이 있는 사람이라면 보았을지도 모르겠다. 독일의 해부학자 군터 폰 하겐스Gunther von Hagens 박사가 기증받은 시체를 해부하면서 인체의 구조를 설명해주는 〈초보자를 위한 해부학Anatomy for Beginners〉(모두 다섯 편으로 구성)이다. 이 동영상은 많은 사람들이 본 〈인체의 신비전〉(이것도 군터 폰 하겐스 박사의 작품이다)보다 훨씬 더 충격적이다.

하겐스는 기증받은 시신을 청중들 앞에 놓고 껍질을 벗기고, 뼈와 근육, 주요 장기들을 하나하나 꺼내 보여주면서 그것들이 어떻게 작동하는지를 설명한다. 가끔 청중들의 얼굴 표정을 비춰주는데 다들 뭐라 말할 수 없는 표정을 짓고 있다. 일반인들 입장에서는 인간 도살장에 와 있다는 느낌을 받을 수밖에 없었을지 모른다. 그러나 군터 폰 하겐스의 얼굴에는 별다른 감정이 드러나지 않는다. '그저 해부학적인 지식을 전달한다'는 입장만을 보였을 뿐이다. 문국진 박사 역시 부검을 끝내고 내장탕을 먹으러 다닌 적이 있었다고 한다. 나는 그것이 심리적으로 부담이 되지 않느냐고 물었던 적이 있다. 그는 "부검은 일일 뿐이요"라고 간단하게 대답했다.

나는 해부학 비디오에서 메스로 시체를 해부하는 군터 박사의 모습에 문국진 박사를 겹쳐서 보곤 했다. 그리고 〈CSI〉 드라마를 날마다 챙겨 보았다. 드라마에서 받은 느낌이 살아 있을 때 글을 쓰려고 애를 썼다. 내가 느낀 그 음란성과 선정성이 독자들에게도 전해지면 얼마나 좋을까.

간단하게 나가려고 했는데 길었다. 역시 죽음은 '큰' 일이다.

| 참고 도서 |

《가스등 이펙트》, 로빈 스턴 지음, 신준영 옮김, 랜덤하우스코리아, 2008년

《감각의 박물학》, 다이앤 애커먼 지음, 백영미 옮김, 작가정신, 2004년

《강시 강시》, 문국진 지음, 청림출판, 1991년

《고금무원록》, 문국진 지음, 고려의학, 1996년

《고문과 조작의 기술자들》, 조갑제 지음, 한길사, 1987년

《고문의 역사》, 브라이언 이니스 지음, 김윤성 옮김, 들녘, 2004년

《공안사건기록》, 세계편집부 엮음, 세계, 1987년

《과학수사 50년사》, 국립과학수사연구소 엮음, 국립과학수사연구소, 2005년

《그림으로 보는 신화와 의학》, 문국진 지음, 예담, 2006년

《그림으로 보는 중국의 과학과 문명》, 로버트 템플 지음, 과학세대 옮김, 까치, 2009년

《내 친구 빈센트》, 박홍규 지음, 소나무, 2006년

《누가 반 고흐를 죽였나》, 앙리 앙드레 마르땡 지음, 이연행 옮김, 아트블루, 2008년

《도상문집》, 문국진 지음, 고려대학교 의과대학 법의학교실 동문회, 1990년

《독살의 기록》, 브라이언 마리너 지음, 정태원 옮김, 이지북, 2007년

《독약의 박물지》, 다치키 다카시 지음, 김영주 옮김, 해나무, 2006년

《독약의 세계사》, 시부사와 다쓰히코 지음, 오근영 옮김, 가람기획, 2003년

《돌연변이: 유전적 변이와 인체의 형성》, 아먼드 마리 르로이 지음, 조성숙 옮김, 해
　　나무, 2006년

《동성애의 역사: 문학과 예술을 통해 본 동성애, 그 탄압과 금기의 기록》, 플로랑스
　　타마뉴 지음, 이상빈 옮김, 이마고, 2007년

《매독》, 데버러 헤이든 지음, 이종길 옮김, 길산, 2004년

《명화로 보는 사건》, 문국진 지음, 해바라기, 2004년

《명화로 보는 인간의 고통》, 문국진 지음, 예담, 2005년

《명화와 의학의 만남》, 문국진 지음, 예담, 2002년

《모남갈녀훈》, 문국진 지음, 청림출판, 1996년

《모든 범죄는 흔적을 남긴다》, 마르크 베네케 지음, 김희상 옮김, 알마, 2008년

《모든 살인은 증거를 남긴다: 법의학과 과학수사》, 브라이언 이니스 지음, 이경식 옮김, 휴먼앤북스, 2005년

《모차르트》(전4권), 크리스티앙 자크 지음, 성귀수 옮김, 문학동네, 2007년

《모차르트의 귀》, 문국진 지음, 음악세계, 2000년

《몸: 3차원 영상으로 보는 놀라운 인체 여행》, 리처드 워커 지음, 김호정 옮김, 해나무, 2007년

《미술과 범죄》, 문국진 지음, 예담, 2006년

《미의 역사》, 움베르토 에코 지음, 이현경 옮김, 열린책들, 2005년

《바우보》, 문국진 지음, 미진사, 2009년

《바흐의 두개골을 열다》, 문국진 지음, 늘푸른, 2002년

《반 고흐, 영혼의 편지》, 빈센트 반 고흐 지음, 신성림 옮김, 예담, 2005년

《반 고흐, 죽음의 비밀》, 문국진 지음, 예담, 2003년

《반고흐 컨스피러시》, 매디슨 데이비스 지음, 이지선 옮김, 마로니에북스, 2006년

《방각본 살인사건》(전2권), 김탁환 지음, 민음사, 2007년

《배꼽의 미소》, 문국진 지음, 청림각, 1986년

《백설공주에게 죽음을》, 넬레 노이하우스 지음, 김진아 옮김, 북로드, 2011년

《범인은 바로 뇌다: 연쇄살인자 사이코패스 극렬 테러리스트를 위한 뇌과학의 변론》, 한스 J. 마르코비치·베르너 지퍼 지음, 김현정 옮김, 알마, 2010년

《범죄의 해부학: 살인자의 심리를 완벽하게 꿰뚫어 보는 방법》, 마이클 스톤 지음, 허형은 옮김, 다산초당, 2010년

《법의검시학》, 문국진 지음, 청림출판, 1987년

《법의관》, 퍼트리샤 콘웰 지음, 유소영 옮김, 랜덤하우스코리아, 2010년

《법의학자가 풀어본 그림속 표정의 심리와 해부》, 문국진 지음, 미진사, 2007년

《법의학자의 눈으로 본 그림 속 나체》, 문국진 지음, 예담, 2004년

《불량 의학: 의학 상식의 치명적 오류와 맹점을 고발한다》, 크리스토퍼 완제크 지음, 박은영 옮김, 허정 감수, 열대림, 2006년

《불편해도 괜찮아: 영화보다 재미있는 인권 이야기》, 김두식 지음, 창비, 2010년

《붉은 방·해변의 길손: 1988년도 제12회 이상문학상 수상작품집》, 임철우 외 지음, 문학사상사, 1988년

《빈센트 반 고흐: 그림과 편지로 읽는 고독한 예술가의 초상》, 빈센트 반 고흐 지음, 이창실 옮김, 생각의나무, 2007년

《빈센트, 빈센트, 빈센트 반 고흐》, 어빙 스톤 지음, 최승자 옮김, 청미래, 2007년

《빈센트가 사랑한 밀레: 반 고흐 삶과 예술의 위대한 스승》, 박홍규 지음, 아트북스,

 법의관이 도끼에 맞아 죽을 뻔했디

2005년

《사형수 오휘웅 이야기》, 조갑제 지음, 한길사, 1986년

《살인 본능: 법의곤충학자가 들려주는 살인자 추적기》, 마르크 베네케 지음, 김희상 옮김, 알마, 2009년

《살인의 역사: 중세에서 현대까지 살인으로 본 유럽의 풍경》, 피테르 스피렌부르그 지음, 홍선영 옮김, 개마고원, 2011년

《살인의 현장: 법의학과 과학수사 최신 이론편》, 브라이언 이니스 지음, 이용완·이경식 옮김, 휴먼앤북스, 2006년

《살인자들과의 인터뷰》, 로버트 K. 레슬러 지음, 황정하·손명희 옮김, 바다출판사, 2004년

《새튼이》, 문국진 지음, 김영출판사, 1985년

《생각의 역사 2: 20세기 지성사》, 피터 왓슨 지음, 이광일 옮김, 들녘, 2009년

《생명세탁》(시화집), 청년사, 1998년

《생명윤리와 안락사》, 문국진 지음, 여문각, 1999년

《서승의 옥중 19년》, 서승 지음, 김경자 옮김, 역사비평사, 1999년

《서양미술사》, E. H. 곰브리치 지음, 백승길·이종숭 옮김, 예경, 2002년

《성난 고갱과 슬픈 고흐》(전2권), 김광우 지음, 미술문화, 2005년

《세계적인 과학수사》, 콜린 에반스 지음, 김옥진 옮김, 가람기획, 2009년

《세상에서 가장 아름다운 편지: 빈센트 반 고흐 편지 선집》, 빈센트 반 고흐 지음, 박홍규 옮김, 아트북스, 2009년

《세상을 바꾼 독약 한 방울: 죽음을 부르는 독극물의 화학사》(전2권), 존 엠슬리 지음, 김명남 옮김, 사이언스북스, 2010년

《스키너의 심리상자 열기: 세상을 뒤바꾼 위대한 심리 실험 10장면》, 로렌 슬레이터 지음, 조증열 옮김, 에코의서재, 2005년

《시체는 말한다》, 우에노 마사히코 지음, 이규원 옮김, 실천문학사, 1994년

《신주무원록: 억울함을 없게 하라》, 왕여 지음, 최치운 주석, 김호 옮김, 사계절, 2003년

《아는 사람아 전해주렴》, 문국진 지음, 동아일보사, 1995년

《아마도의 실마리》, 문국진 지음, 청림출판, 1990년

《야만시대의 기록》(전3권), 박원순 지음, 역사비평사, 2006년

《약해: 원인, 법의병리, 법률》, 문국진 지음, 일조각, 1983년

《어떻게 살인자를 변호할 수 있을까?: a True Story》, 페르디난트 폰 쉬라크 지음, 김희상 옮김, 갤리온, 2010년

《어떻게 살인자를 변호할 수 있을까? 2》, 페르디난트 폰 쉬라크 지음, 김희상 옮김,
　　갤리온, 2011년
《엉덩이의 재발견: 문화와 예술로 읽는 엉덩이의 역사》, 장 뤽 엔니그 지음, 이세진
　　옮김, 예담, 2005년
《에곤 실레: 에로티시즘과 선 그리고 비틀림의 미학》, 박덕흠 지음, 재원, 2001년
《연쇄살인범 파일》, 해럴드 셰터 지음, 김진석 옮김, 휴먼앤북스, 2007년
《연쇄살인범의 고백: 법의학자가 들려주는 살인 조서 이야기》, 마르크 베네케 지음,
　　송소민 옮김, 알마, 2009년
《오호라》, 문국진 지음, 청림출판, 1992년
《완벽한 죽음의 나쁜 예: 법의학이 밝혀낸 엉뚱하고 기막힌 살인과 자살》, 에두아르
　　로네 지음, 권지현 옮김, 궁리, 2010년
《왜 그녀는 그의 스킨 냄새에 끌릴까: 후각심리학이 밝히는 세상의 블랙박스》, 에이
　　버리 길버트 지음, 이수연 옮김, 21세기북스, 2009년
《우리가 그들을 죽였다》, 크리스토퍼 조이스·에릭 스토버 지음, 이대훈 옮김, 실천문학
　　사, 1994년
《위험한 심리학: 천가지 표정 뒤에 숨은 만가지 본심 읽기》, 송형석 지음, 청림출판,
　　2009년
《유혹의 심리학》, 파트릭 르무안 지음, 이세진 옮김, 북폴리오, 2005년
《의료 인간학》, 문국진 지음, 청림출판, 1993년
《의학의 역사: 한권으로 읽는 서양 의학의 역사》, 재컬린 더핀 지음, 신좌섭 옮김, 사
　　이언스북스, 2006년
《이 사람아!》(시집), 문국진 지음, 청림출판, 1996년
《이방인》, 알베르 까뮈 지음, 김화영 옮김, 책세상, 1999년
《인간 동물원: 철책 안에 갇힌 현대인의 고독한 자화상》, 데스먼드 모리스 지음, 김석
　　희 옮김, 한길사, 1994년
《인권, 그 위선의 역사》, 커스틴 셀라스 지음, 오승훈 옮김, 은행나무, 2003년
《인권의 발명》, 린 헌트 지음, 전진성 옮김, 돌베개, 2009년
《인상주의: 영원한 빛, 움직이는 색채》, 가브리엘레 크레팔디 지음, 하지은 옮김, 마로
　　니에북스, 2009년
《인체, 자연이 만든 가장 완벽한 디자인》, 알렉산더 치아라스·배리 워스 지음, 박경
　　한 옮김, 김영사, 2006년
《인체: 3차원 입체 영상으로 보는 사람 몸 대백과사전》, 스티븐 파커·로버트 윈스턴
　　지음, 박경한·김이석·윤호·김명남·권기호 옮김, 사이언스북스, 2009년

《잔혹》(전2권), 콜린 윌슨 지음, 황종호 옮김, 하서출판사, 1991년

《젊은 의사가 고백하는 읽기 두려운 메디컬 스캔들》, 베르너 바르텐스 지음, 박정아 옮김, 알마, 2008년

《정의란 무엇인가》, 마이클 샌델 지음, 이창신 옮김, 김영사, 2010년

《조선을 뒤흔든 16가지 살인사건: 과학수사와 법의학으로 본 조선시대 이야기》, 이수광 지음, 다산초당, 2006년

《좌우는 있어도 위아래는 없다》, 박노자 지음, 한겨레신문사, 2002년

《죄와 벌》(전2권), 표도르 도스토예프스키 지음, 홍대화 옮김, 열린책들, 2009년

《주검이 말해주는 죽음 시활사: 법의학자의 죽음에 관한 고찰》, 문국진 지음, 오픈하우스, 2009년

《죽은자들은 토크쇼 게스트보다 더 많은 말을 한다: 마이클 베이든의 법의학 이야기》, 마이클 베이든 지음, 안재권 옮김, 바다출판사, 2005년

《즐거운 살인: 범죄소설의 사회사》, 에르네스트 만델 지음, 이동연 옮김, 이후, 2001년

《지문: 범인을 읽는 신체 코드》, 콜린 비번 지음, 유혜경 옮김, 황금가지, 2006년

《지상아》, 문국진 지음, 청림출판, 1990년

《직장으로 간 사이코패스》, 폴 바비악·로버트 D. 헤어 지음, 이경식 옮김, 랜덤하우스코리아, 2007년

《진단명 사이코패스: 우리 주변에 숨어있는 이상인격자》, 로버트 D. 헤어 지음, 조은경·황정하 옮김, 바다출판사, 2005년

《질병이 탄생시킨 명화》, 문국진 지음, 자유아카데미, 2008년

《책과 혁명: 프랑스 혁명 이전의 금서 베스트셀러》, 로버트 단턴 지음, 주명철 옮김, 길, 2003년

《최신법의학》, 문국진 지음, 일조각, 1980년

《추리꽁트》, 임철우·이창동 외 지음, 책나무, 1992년

《추리소설》, 이브 뢰테르 지음, 김경현 옮김, 문학과지성사, 2000년

《추의 역사》, 움베르토 에코 지음, 오숙은 옮김, 열린책들, 2008년

《클림트》, 엘리자베스 히키 지음, 송은주 옮김, 예담, 2006년

《파리가 잡은 범인》, M. 리 고프 지음, 황적준 옮김, 해바라기, 2002년

《파워 오브 아트》, 사이먼 샤마 지음, 김진실 옮김, 아트북스, 2008년

《파이트 클럽》, 척 팔라닉 지음, 최필원 옮김, 책세상, 2002년

《풍속의 역사》(전4권), 에두아르트 푹스 지음, 이기웅·박종만 옮김, 까치, 2001년

《한국의 시체 일본의 사체》, 문국진·우에노 마사히코 지음, 문태영 옮김, 해바라기, 2003년

《한국의 연쇄살인: 희대의 살인마에 대한 범죄수사와 심리분석》, 표창원 지음, 랜덤
　하우스코리아, 2005년
《한국현대사 60년》, 서중석 지음, 역사비평사, 2007년
《현대의학의 역사》, 제임스 르 파누 지음, 조윤정 옮김, 아침이슬, 2005년
《CSI는 하이힐을 신지 않는다: 드라마에선 절대 보여주지 않는 CSI 수사현장 이야
　기》, 데이너 콜먼 지음, 김양희 옮김, 뜨인돌, 2007년
《DNA, 연쇄 살인의 끝: DNA 과학수사와 잔혹범죄의 역사》, 김형근 지음, 글항아리,
　2009년
《FBI 심리분석관》, 로버트 K. 레슬러·톰 샤흐트만 지음, 황보석 옮김, 미래사, 1994년
《Gustav Klimt구스타프 클림트: 황금빛 에로티시즘으로 세상을 중독시킨 화가》, 편
　집부 지음, 예담, 2006년
《The Body Book바디북》, 데이비드 보더니스 지음, 이석인 옮김, 생각의나무, 2009년

| 참고 영상물 |

다큐멘터리

〈70대 노어부는 왜 연쇄살인범이 되었나?〉, 그것이 알고 싶다 466회, 2008년 3월
　15일
〈고문, 끝나지 않은 전쟁〉, 이제는 말할 수 있다 28회, 2000년 10월 22일
〈국과수 사건파일: 모든 범죄는 흔적을 남긴다〉, SBS스페셜 60회, 2006년 10월 29일
〈기억의 흔적을 감식하라-최면수사〉, 그것이 알고 싶다 761회, 2010월 7월 17일
〈미궁속의 살인, 미제사건을 푸는 열쇠〉, 그것이 알고 싶다 411회, 2007년 1월 13일
〈사라진 악마를 찾아서-화성연쇄살인사건〉, 그것이 알고 싶다 800회, 2011년 5월 7일
〈사이먼 샤마의 미술특강: 빈센트 반 고흐〉(원제: Simon Schama's Power of Art,
　BBC, 2006년)
〈서래마을 영아유기사건의 미스터리, 두 아이의 부모는 누구인가?〉, 그것이 알고 싶
　다 399회, 2006년 9월 23일
〈악의 가면, 사이코패스〉, KBS스페셜, 2005년 4월 10일
〈완전범죄는 가능할까?〉, EBS 다큐 10+, 2009년 4월 29일(원제: How to Commit
　the Perfect Murder, BBC, 2007년)
〈위험한 폭로-동성애 outing〉, 그것이 알고 싶다 461회, 2008년 2월 2일
〈인간 고문, 형벌의 역사〉, 히스토리 채널

〈인권의 무덤, 청송감호소〉, 이제는 말할 수 있다 71회, 2003년 5일 4일
〈죽음의 미스터리, 나는 왜 죽었는가〉, 그것이 알고 싶다 350회, 2005년 8월 6일
〈죽이고 싶어 죽였다, 강호순 연쇄살인 미스터리〉, 그것이 알고 싶다 705회, 2009년
　　2월 21일
〈집중해부 ‘국립과학수사연구소’〉, 추적 60분, 2008년 10월 1일
〈초보자를 위한 해부학Anatomy for Beginners〉 (전5편), 군터 폰 하겐스 박사와
　　존 리 교수, 하이델베르크의 플라스티네이션 연구소에서 기록
〈한인 살해범은 잡히지 않는다-워싱턴DC 미제 살인사건 13〉, 그것이 알고 싶다
　　756회, 2010년 5월 15일
〈“훨씬 센 놈입니다”-CSI vs 연쇄살인범〉, 뉴스추적 499회, 2009년 2월 11일
〈희대의 연쇄살인마 유영철〉, 그것이 알고 싶다 304회, 2004년 7월 24일
〈FBI 사건파일-살인자의 본능〉, 디스커버리 채널
〈the FBI files〉, 디스커버리 채널

영화

〈본 콜렉터〉, 던젤 워싱턴·안젤리나 졸리 주연, 필립 노이스 감독, 1999년
〈아이들…〉, 박용우·류승룡 주연, 이규만 감독, 2011년
〈용서는 없다〉, 설경구·류승범 주연, 김형준 감독, 2009년
〈일급 살인〉, 크리스찬 슬레이터 주연, 마크 로코 감독, 1995년
〈추격자〉, 김윤식·하정우 주연, 나홍진 감독, 2008년
〈크림슨 리버〉, 장 르노·뱅상 카셀 주연, 마티유 카소비츠 감독, 2000년
〈테드 번디〉, 마이클 레일리 버크·보티 블리스 주연, 매튜 브라이트 감독, 2002년
〈프랙처〉, 안소니 홉킨스 주연, 그레고리 호블릿 감독, 2007년
〈하숙인〉, 알프리드 몰리나·홉 데이비스 주연, 데이빗 온다체 감독, 2008년
〈유 돈 노우 잭〉, 알 파치노 주연, 베리 레빈슨 감독, 2010년

중국 드라마

〈대송제형관〉1부(7편)

일본 드라마

〈보이스: 생명 없는 자의 목소리〉

〈별순검 시즌3〉(20편)
〈신의 퀴즈 시즌1〉(10편)
〈싸인〉(20편)

〈덱스터 시즌1~5〉(60편)
〈라이투미 시즌1~3〉(38편)
〈본즈 시즌1~6〉(약 130편)
〈크리미널 마인드 시즌1~6〉(약 140편)
〈CSI 라스베이거스 시즌1~11〉(약 250편)
〈CSI 마이애미 시즌1〉(24편)
〈NCIS 시즌1~7〉(약 150편)

법의관이
도끼에
맞아 죽을
뻔했디

1판 1쇄 찍음 2011년 9월 28일
1판 1쇄 펴냄 2011년 10월   5일

지은이   문국진 강창래
펴낸이   정혜인
편집   전상희 천경호 성기승
디자인   윤종윤 문성미
책임 마케팅   심규완
마케팅   안정원
온라인 마케팅 이상혁 한민아 장선아
제작처   영신사

펴낸곳   (주)알마
출판등록   2006년 6월21일 제406-2006-000044호
주소   (우)413-756 경기도 파주시 문발동 파주출판도시 513-8
전화   031) 955-8888(판매) 031) 955-3565(편집)
전송   031) 955-2557
전자우편   alma@munhak.com
트위터   @alma_books

ISBN   978-89-94963-13-6 03300

이 책의 내용을 쓰고자 할 때는 저작권자와 (주)알마의 허락을 받아야 합니다.